| 高职高专新商科系列教材 |

企业财务管理

黄东坡　张　蕾　主　编
崔艳丽　葛　静　副主编

清华大学出版社
北京

内 容 简 介

本书共分为九章,主要内容为财务管理总论、财务管理的价值观念、筹资管理、项目投资管理、证券投资管理、营运资金管理、利润分配和财务分析。本书编写时结合会计准则、财务通则及相关法律、法规变化,精心设计体例框架,力求主线清晰、内容完整。

本书可以作为职业院校财经商贸类专业教学用书,也可供在职财务人员、企业管理人员等参考使用。

本书封面贴有清华大学出版社防伪标签,无标签者不得销售。
版权所有,侵权必究。举报:010-62782989,beiqinquan@tup.tsinghua.edu.cn。

图书在版编目(CIP)数据

企业财务管理 / 黄东坡,张蕾主编. —北京:清华大学出版社,2023.1
高职高专新商科系列教材
ISBN 978-7-302-62253-6

Ⅰ.①企… Ⅱ.①黄… ②张… Ⅲ.①企业管理—财务管理—高等职业教育—教材 Ⅳ.①F275

中国版本图书馆 CIP 数据核字(2022)第 229819 号

责任编辑:吴梦佳
封面设计:傅瑞学
责任校对:李 梅
责任印制:朱雨萌

出版发行:清华大学出版社
　　　　网　　址:http://www.tup.com.cn,http://www.wqbook.com
　　　　地　　址:北京清华大学学研大厦 A 座　邮　编:100084
　　　　社 总 机:010-83470000　　　　　　　邮　购:010-62786544
　　　　投稿与读者服务:010-62776969,c-service@tup.tsinghua.edu.cn
　　　　质量反馈:010-62772015,zhiliang@tup.tsinghua.edu.cn
　　　　课件下载:http://www.tup.com.cn,010-83470410
印 装 者:天津安泰印刷有限公司
经　　销:全国新华书店
开　　本:185mm×260mm　　　　印　张:11.75　　　字　数:282 千字
版　　次:2023 年 1 月第 1 版　　　　　　　　印　次:2023 年 1 月第 1 次印刷
定　　价:39.00 元

产品编号:095518-01

前言

我国职业教育的目标:到 2025 年,职业教育类型特色更加鲜明,现代职业教育体系基本建成,技能型社会建设全面推进;到 2035 年,职业教育整体水平进入世界前列,技能型社会基本建成。

本书以企业价值最大化作为企业最佳的财务管理目标,结合财务管理过程中的资金时间价值和投资风险价值两个基本的价值观念,对筹资管理、投资管理、营运资金管理和利润分配进行了详细的阐述。本书每一章设有学习目标、学习内容、本章小结、思考题和练习题,并提供电子课件及练习题答案。

本书突出技能型教育,具有以下特点。

(1) 本书编写人员均为教学经验和实践经验丰富的一线教师。本书由河南工程学院、山西工商学院、陆军炮兵防空兵学院、天津商业大学宝德学院和洛阳理工学院具有丰富教学经验和实践经验的一线教师联合编写。

(2) 本书教学内容匹配技能型教育。本书在编写时,按照企业的生产实际和岗位需求设计开发教学内容,使教学内容与企业实际的财务管理活动紧密结合。

(3) 本书注重学生的技能训练与提升。本书每章都紧密结合章节内容设计了思考题和练习题,有助于学生掌握扎实的财务管理基本知识和方法,提升学生的财务管理技能。其中部分思考题很灵活,可以挖掘和培养学生的管理才能。

(4) 本书章节设计高度仿真,教学内容的逻辑结构与企业财务管理实践高度吻合。资金是企业生命之源,筹资管理是企业财务管理的排头兵。本书主要讲述工商企业的财务管理,所以企业首要的投资是项目投资,然后是证券投资。项目投资后,必须高度重视营运资金管理,常抓不懈,项目投资才能获得预期利润。利润分配是企业定期的财务管理活动,一般在年底进行,是企业财务管理循环的最后一个环节。

本书由河南工程学院黄东坡、山西工商学院张蕾担任主编,陆军炮兵防空兵学院崔艳丽、天津商业大学宝德学院葛静担任副主编。黄东坡编写第一、二、四、五、七章,葛静编写第三章,崔艳丽编写第六章,洛阳理工学院袁豪文编写第八章,张蕾编写第九章。

本书可以作为职业院校财经商贸类专业教学用书,也可供在职财务人员、企业管理人员等参考使用。

虽然编者在大纲拟定、资料收集与整理、书稿编写与修订过程中尽心尽力,但由于能力有限,书中难免存在不足与疏漏之处,敬请专家与同行批评指正。

在本书编写过程中,我们参考了许多学者及同行的研究成果和文献资料,在此一并表示感谢。

编　者

2022 年 6 月

目 录

第一章　财务管理总论 …………………………………………………………… 1
第一节　财务管理的内容 …………………………………………………… 1
第二节　财务管理的目标 …………………………………………………… 6
第三节　财务管理的环境 …………………………………………………… 8

第二章　财务管理的价值观念 …………………………………………………… 14
第一节　资金时间价值 ……………………………………………………… 14
第二节　投资风险价值 ……………………………………………………… 24
第三节　证券投资组合与资本资产定价模型 ……………………………… 27

第三章　筹资管理（上） ………………………………………………………… 35
第一节　筹资管理概述 ……………………………………………………… 35
第二节　资金需要量预测 …………………………………………………… 38
第三节　股权融资 …………………………………………………………… 45
第四节　债务融资 …………………………………………………………… 49
第五节　混合融资 …………………………………………………………… 55

第四章　筹资管理（下） ………………………………………………………… 60
第一节　资金成本 …………………………………………………………… 60
第二节　杠杆效应 …………………………………………………………… 64
第三节　资本结构决策 ……………………………………………………… 67

第五章　项目投资管理 …………………………………………………………… 73
第一节　项目投资概述 ……………………………………………………… 73
第二节　项目投资的现金流量分析 ………………………………………… 75
第三节　项目投资评价的基本方法 ………………………………………… 79

第六章　证券投资管理 …………………………………………………………… 89
第一节　证券投资概述 ……………………………………………………… 89
第二节　债券投资管理 ……………………………………………………… 94
第三节　股票投资管理 ……………………………………………………… 100

第七章 营运资金管理 ····· 108
第一节 营运资金管理概述 ····· 108
第二节 现金管理 ····· 112
第三节 应收账款管理 ····· 119
第四节 存货管理 ····· 127

第八章 利润分配 ····· 138
第一节 利润分配的内容及程序 ····· 138
第二节 股利分配政策 ····· 142
第三节 股票分割与回购 ····· 147

第九章 财务分析 ····· 153
第一节 财务分析概述 ····· 153
第二节 偿债能力分析 ····· 161
第三节 营运能力分析 ····· 167
第四节 盈利能力分析 ····· 171
第五节 发展能力分析 ····· 174
第六节 财务综合分析 ····· 176

参考文献 ····· 180

第一章

财务管理总论

【学习目标】
(1) 掌握财务管理的含义。
(2) 掌握财务活动及财务关系的内容。
(3) 掌握各个财务管理目标的内容及优缺点。
(4) 熟悉所有者与经营者、债权人之间的矛盾和协调方法。
(5) 了解财务管理的各个环节和影响财务管理的环境因素。

第一节 财务管理的内容

一、财务管理的含义

财务管理是企业组织财务活动、处理财务关系的一项价值管理工作。

《史记·货殖列传》中写道"天下熙熙,皆为利来;天下攘攘,皆为利往"。从财务管理角度讲,这里的"熙熙"和"攘攘"可以理解为企业从事的资金筹集、资金投放和资金分配等一系列纷繁复杂的财务活动,"利来"和"利往"可以理解为企业与投资者、债权人等利益相关者之间的财务关系。财务关系是伴随着财务活动产生的,与财务活动密不可分。财务关系主要在本章介绍,后面各章主要讲解各种财务活动。

二、企业财务活动

企业筹资、投资和利润分配构成了完整的企业财务活动,相应地,企业资金筹集、资金投放和资金分配便成为企业财务管理的基本内容。

（一）资金筹集

资金筹集是企业财务管理的首要环节，是企业投资活动的基础。事实上，在企业发展过程中，筹资及筹资管理贯穿始终。无论在企业创立之初，还是在企业成长过程中追求规模扩张，甚至在日常经营周转过程中，都需要筹措资金。筹资是指企业为了满足投资和用资的需要，筹措和集中所需资金的过程。在筹资过程中，企业一方面要确定筹资总量，以保证投资和用资所需要的资金；另一方面要选择筹资方式，确保降低筹资成本和筹资风险。

企业筹集的资金按产权关系分为权益资金和负债资金。一般来说，企业筹集的资金若全部是权益资金则并不合理，因为这样不能得到负债经营带来的财务杠杆效应。企业利用负债资金可以产生财务杠杆效应，但负债的比例大，财务风险也大，企业随时可能陷入财务危机。因此，筹资决策的一个重要内容是确定最佳的资本结构。

企业筹集的资金按使用期限分为长期资金和短期资金。长期资金和短期资金的筹资速度、筹资成本、筹资风险及筹资时企业所受到的限制都有所不同。一般地，长期资金的筹资速度慢于短期资金，筹资成本要高于短期资金。至于筹资风险和筹资时企业所受到的限制，不仅取决于资金的使用期限，还与该项资金是权益资金还是负债资金有关。一般来说，长期资金的筹资风险高于短期资金，权益资金的筹资风险高于负债资金。因此，筹资决策的另一个重要内容是确定长期资金与短期资金的比例关系。

（二）资金投放

1. 投资活动

企业筹集资金是为了把资金用于经营活动以谋求最大的经济效益。

投资按其方式可分为直接投资和间接投资。直接投资是指将资金投放在生产经营性资产上，以便获得利润的投资，如购买设备、兴建厂房、开办商店等。间接投资又称证券投资或金融投资，是指将资金投放在金融商品上，以便获得利息或股利收入的投资，如购买政府债券、企业债券和企业股票等。

投资按其影响的期限长短可分为长期投资和短期投资。长期投资是指其影响超过一年的投资，如固定资产投资和长期证券投资。固定资产投资又称资本性投资。短期投资又称流动资产投资或营运资金投资，是指其影响和回收期限在一年以内的投资，如应收账款、存货和短期证券投资。由于长期投资涉及的时间长、风险大，直接决定企业的生存和发展，因此，在决策分析时要比短期投资更重视资金时间价值和投资风险价值。

投资按其使用范围可分为对内投资和对外投资。对内投资是指将资金用于建造、购买或研发企业生产经营所需的各项固定资产、流动资产、无形资产等。对外投资是指企业通过投资购买其他企业的股票、债券，或者以现金、实物资产、无形资产等方式向其他单位进行直接投资。对内投资和对外投资都需要支付资金。而当企业变卖其对内投资形成的各种资产或收回其对外投资时，则会产生资金的收入。这种因投资而产生的资金收付，便是由投资而引起的财务活动。

企业在投资过程中必须考虑投资规模的大小（即投入资金数额的多少），同时，企业还必须通过对投资方向和投资方式的选择来确定合理的投资结构，以提高投资效益，降低投资风险。

2. 营运活动

企业在日常生产经营过程中会发生一系列的资金收付活动。首先，企业要采购材料或商品,以便从事生产和销售活动,同时还要支付工资和其他营业费用;其次,企业销售产品或商品后便可取得收入,收回资金;最后,如果企业现有资金不能满足经营的需要,还要采取短期借款等方式来筹集所需短期资金。上述各方面都会产生资金的收付活动,这就是因经营而引起的财务活动,也称资金营运活动。

企业的营运资金主要是为满足企业日常营业活动的需要而垫支的资金,营运资金的周转与生产经营周期具有一致性。因此,企业加速资金的周转就可以提高资金的利用效果。

(三) 资金分配

企业投放和使用资金的目的是取得一定的收益,这种收益最终表现为收入与费用的差额——利润,所以,分配是指对利润的分配。

企业销售产品获得资金流入,按规定缴纳各项流转税,补偿产品成本及其他耗费,并形成产品利润。企业分配就是对企业生产经营和投资所实现的税后利润,按照法定程序和办法进行分配。现行财务制度规定,企业在一定时期所实现的营业利润和营业外收支净额,必须先缴纳企业所得税,然后才形成税后利润。税后利润按规定的标准提取盈余公积金和公益金,剩余部分可以作为红利在投资者之间进行合理分配。企业销售产品实现的资金流入,有部分资金通过利息、股利等形式分配给债权人和投资者等,这部分资金将从企业资金运动中退出。这就是因资金分配而引起的财务活动。

随着企业分配过程的进行,资金或者退出企业或者留存企业,必然会影响公司的资金运动,这不仅表现在资金规模上,还表现在资金运动的结构上,如筹资结构。因此,企业应依据法律规定,充分考虑各相关利益主体的要求,合理确定分配规模和分配方式,力争使企业和各相关利益主体取得最大的长期利益。

上述财务活动的三个方面相互联系、相互依存,共同构成企业财务活动的完整过程,同时也成为财务管理的基本内容。

三、企业财务关系

企业财务活动以企业为主体进行,企业作为法人,在组织财务活动的过程中,必然与企业内外部有关各方发生广泛的经济利益关系,这种经济利益关系就是企业财务关系。企业财务关系可概括为以下八个方面。

(一) 企业与投资者之间的财务关系

企业与投资者之间的财务关系主要是指企业的所有者向企业投入资本形成的所有权关系,具体表现为独资、控股和参股关系。企业的所有者主要有国家、个人和法人单位。企业作为独立的经营实体,独立经营,自负盈亏,实现所有者资本的保值与增值。所有者以出资人的身份参与企业税后利润的分配,与企业的关系体现为所有权性质的投资与受资的关系。

(二) 企业与受资者之间的财务关系

企业与受资者之间的财务关系主要是指企业以购买股票或直接投资的形式向其他企业投资所形成的经济关系。随着市场经济的发展,企业经营规模和经营范围不断扩大,这种关系会越来越广泛。企业与受资者之间的财务关系体现为所有权性质的投资与受资的关系。企业向其他单位投资,依据其出资额的多少,可形成独资、控股和参股三种情况,并根据其出资份额参与受资方的重大决策和利润分配。企业投资的最终目的是取得收益,但预期收益能否实现,也存在一定的投资风险。投资风险大,要求的收益就高。投资风险和预期收益同方向变动。

(三) 企业与债权人之间的财务关系

企业与债权人之间的财务关系主要是指债权人向企业贷放资金,企业按借款合同的规定按时支付利息和归还本金所形成的经济关系。企业的债权人主要有金融机构、企业和个人。企业除利用权益资金进行经营活动外,还要借入一定数量的资金,以便扩大企业经营规模,降低资金成本。企业与债权人之间的财务关系在性质上属于债务与债权关系。在这种关系中,债权人不能直接参与企业经营管理,对企业的重大活动不享有表决权,不能参与剩余收益的分配,但在企业破产清算时享有优先求偿权。因此债权人投资的风险相对较小,相应的收益也较低。

(四) 企业与债务人之间的财务关系

企业与债务人之间的财务关系主要是指企业将资金以购买债券、提供借款或商业信用等形式出借给其他单位所形成的经济关系。企业将资金借出后,有权要求其债务人按约定的条件支付利息和归还本金。企业与债务人之间的财务关系体现为债权与债务关系。企业在提供信用的过程中,一方面会产生直接的信用收入(主要表现为与应收账款相对应的销售收入的增加额),另一方面会发生相应的机会成本和坏账损失的风险。企业必须考虑两者的对称性。

(五) 企业与供应商及客户之间的财务关系

企业与供应商及客户之间的财务关系主要是指企业购买供应商的商品或接受其服务,以及企业向客户销售商品或提供服务过程中形成的货款结算关系。

(六) 企业与政府之间的财务关系

政府作为社会管理者,行使政府行政职能,担负着维护社会秩序、保卫国家安全、组织和管理社会活动等任务。为完成这一任务,政府必然无偿参与企业利润的分配。企业与政府之间的财务关系主要是指政府通过收缴各种税款的方式与企业发生经济关系。这种关系体现为一种强制的和无偿的分配关系。

(七) 企业内部各部门之间的财务关系

企业内部各部门之间的财务关系主要是指企业内部各单位之间在生产经营各环节中相互提供产品或劳务所形成的经济关系。企业在内部实行责任预算和责任考核与评价的情况下,各责任中心之间相互提供产品与劳务,应以内部转移价格进行核算。这种在企业内部形成的资金结算关系,体现了企业内部各单位之间的利益均衡关系。

(八) 企业与职工之间的财务关系

企业与职工之间的财务关系主要是指企业向职工支付劳动报酬过程中所形成的经济利益关系。职工是企业的劳动者,他们以自身提供的劳动作为参与企业分配的依据。企业根据劳动者的劳动情况,用其收入向职工支付薪酬、津贴和奖金,并按规定提取和支付社会保险费、住房公积金等职工薪酬,体现了职工个人和集体在劳动成果上的分配关系。

四、财务管理基本环节

企业财务管理一般包括财务预测、财务决策、财务预算、财务控制和财务分析五个环节。

（一）财务预测

财务预测是企业根据财务活动的历史资料（如往年的财务报表），考虑现实条件与要求，运用特定方法对企业未来的财务活动和财务成果做出科学的预计或测算。财务预测是进行财务决策的基础，是财务管理的基础职能，是编制财务预算的前提。

财务预测所采用的方法主要有两种：一种是定性预测，是指企业在缺乏完整的历史资料或有关变量之间不存在较为明显的数量关系时，专业人员进行的主观判断与推测；另一种是定量预测，是指企业根据比较完备的资料，运用数学方法，建立数学模型，对企业经营的未来进行的预测。在实际工作中，通常将两者结合起来进行财务预测。

（二）财务决策

财务决策是企业财务人员按照企业财务管理目标，利用专门的方法对各种备选方案进行比较分析，并从中选出最优方案的过程。财务决策不是拍板决定的瞬间行为，而是提出问题、分析问题和解决问题的全过程。正确的决策有可能使企业起死回生，错误的决策有可能导致企业毁于一旦，所以财务决策是企业财务管理的核心，其成功与否直接关系到企业的兴衰成败。

财务决策的工作程序主要包括：确定决策目标；提出备选方案；选择最优方案。

（三）财务预算

财务预算是指企业运用科学的技术手段和数量方法，对未来财务活动的内容及指标进行综合平衡与协调的具体规划。它是以财务决策确立的方案和财务预测提供的信息为基础编制的，是财务预测和财务决策的具体化，是财务控制和财务分析的依据，贯穿企业财务活动的全过程。

（四）财务控制

财务控制是在财务管理过程中，利用有关信息和特定手段，对企业财务活动所施加的影响和进行的调节。实行财务控制是落实财务预算、保证预算实现的有效措施，也是责任绩效考评与奖惩的重要依据。

（五）财务分析

财务分析是根据企业核算资料，运用特定方法，对企业财务活动过程及其结果进行分析和评价的一项工作。财务分析既是本期财务活动的总结，也是下期财务预测的前提，具有承上启下的作用。通过财务分析，可以掌握企业财务预算的完成情况，评价企业财务状况，研究和掌握企业财务活动的规律，改善财务预测、财务决策、财务预算和财务控制，提高企业财务管理水平。

财务管理各工作环节的性质和内容如表1-1所示。

表 1-1 财务管理各工作环节的性质和内容

工作环节	性质	内容
财务预测	基础、前提	销售预测、成本预测、利润预测等
财务决策	核心、关键	筹资决策、投资决策、生产决策、利润分配决策、企业设立、合并、分拆、股份改造、终止解散决策等
财务预算	规划、统筹	收入预算、成本预算、资本预算、预计资产负债表、预计利润表、预计现金流量表等
财务控制	监督、调节	调节不适当的预算项目，保证预算的执行
财务分析	评价、准备	寻找问题，分析原因，提高下一轮财务活动的质量

第二节 财务管理的目标

一、认识财务管理的目标

企业财务管理的目标又称为企业的财务目标或理财目标，是企业财务管理预期要达到的目的，是企业财务管理工作尤其是财务决策所依据的最高准则，是企业财务活动所要达到的最终目标。

目前，人们对财务管理目标的认识主要有三种观点：利润最大化、每股利润最大化和企业价值最大化。

（一）利润最大化

这种观点认为，利润代表企业新创造的财富，利润越多说明企业的财富增加得越多，越接近企业的目标。

这种观点有其自身的缺陷。首先，利润是一个绝对指标，没有考虑企业的投入与产出之间的关系，难以在不同资本规模的企业或同一企业的不同期间进行比较。例如，同样是获得100万元利润，甲项目投资500万元，乙项目投资1 000万元，哪个项目更优？仅仅根据利润最大化将难以做出正确选择。其次，利润最大化没有区分不同时期的收益，没有考虑资金的时间价值。例如，今年获利100万元和明年获利100万元，哪一个更符合企业目标？如果不考虑资金时间价值就难以做出判断。投资项目收益现值的大小，不仅取决于其收益将来值总额的大小，还要受取得收益时间的制约。因为早取得收益，就能早进行再投资，进而早获得新的收益，利润最大化目标则忽视了这一点。再次，利润最大化没有考虑风险问题。一般而言，收益越高，风险越大。追求最大利润，有时会增加企业风险。最后，利润最大化可能使企业财务决策带有短期行为，即片面追求利润的增加，不考虑企业长远的发展。

（二）每股利润最大化

每股利润是净利润与普通股股数的比值。这种观点认为，将企业实现的利润与投入的股本进行对比，可以在不同资本规模的企业或期间进行对比，揭示其盈利水平的差异。但是这种观点仍然存在两个问题：一是没有考虑资金的时间价值；二是没有考虑风险问题。

（三）企业价值最大化

这种观点认为，企业价值最大化可以通过企业的合理经营，采用最优的财务决策，充分考虑资金的时间价值和风险与收益的关系，在保证企业长期稳定发展的基础上，使企业总价值达到最大。一般认为，企业价值最大化是衡量企业财务行为和财务决策的合理标准。

企业价值最大化也可表述为股东财富最大化、股票市价最大化。股票市价代表了投资大众对公司价值的客观评价。股价的高低不仅反映了资本和获利之间的关系，而且体现了预期每股收益的大小、取得的时间、所承担的风险及企业股利政策等诸多因素的影响。企业追求其市场价值最大化，有利于避免企业在追求利润上的短期行为，因为不仅目前的利润会影响企业的价值，预期未来的利润对企业价值的影响所起的作用更大。

企业价值最大化在运用时也存在一些缺陷：一是非上市企业的价值确定难度较大；二是股票价格的变动除受企业经营因素影响外，还要受到企业无法控制的因素影响，如公众的投机心理预期及投资机构的炒作等。

二、实现财务管理目标过程中与各方利益关系的协调

企业的利益主体有所有者、经营者、债权人、政府机构、企业职工和社会公众等。为使各利益主体的自身目标服从企业财务管理目标，各利益主体之间应当不断加以协调。这种协调主要表现在以下两个方面。

（一）所有者与经营者的矛盾和协调

所有者的目标是使企业价值最大化，而经营者的目标：一是增加报酬，包括物质和非物质报酬，如工资、奖金，提高荣誉和社会地位等；二是增加闲暇时间，包括较少的工作时间、工作时间里较多的空闲和有效工作时间中较小的劳动强度等；三是避免风险。

经营者与所有者的目标并不完全一致，经营者可能为自身利益而背离所有者利益。这种背离主要表现在以下两个方面。

一是道德风险。经营者为了达到自己的目标，不是尽最大努力去实现企业的目标。他们没有必要为提高企业价值而冒险，企业价值提高的好处将归于所有者，如若失败，他们的"身价"将下跌。经营者不做什么错事，不十分卖力，以增加自己的闲暇时间。这样做只是道德问题，不构成法律和行政责任问题，所有者很难追究他们的责任。

二是逆向选择。经营者为了达到自己的目标而背离股东的目标。比如，装修豪华的办公室，为公司购置高档汽车等，以工作需要为借口乱花公司的钱；或者蓄意压低股票价格买入股票，导致股东财富受损。

为有效防止经营者对所有者财务目标的背离，一般有以下两种方法协调所有者与经营者的矛盾。

1. 监督

经营者背离所有者目标的条件是经营者了解的公司信息比所有者多。避免"道德风险"和"逆向选择"的办法是完善公司治理结构，所有者获取更多信息，对经营者进行制度性监督，在经营者背离股东目标时，减少其各种形式的报酬，甚至解雇他们。

2. 激励

防止经营者背离所有者利益的另一种方法是采取激励措施，使经营者分享企业增加的财富，鼓励他们采取符合股东利益最大化的行动。比如，企业盈利率或股票价格提高后，给经营者以现金、股票期权等奖励。

（二）所有者与债权人的矛盾和协调

所有者的财务目标与债权人渴望实现的目标可能发生矛盾。首先，所有者可能未经债权人同意，要求经营者投资于比债权人预计风险要高的项目，这会增加负债的风险。若高风险的项目成功，额外利润就会被所有者独享；若项目失败，债权人却要与所有者共同负担由此造成的损失。这对债权人来说风险与收益是不对称的。其次，所有者或股东未征得现有债权人同意，而要求经营者发行新债券或借新债，这增大了企业的破产风险，致使旧债券或老债的价值降低，侵犯了原有债权人的利益。

所有者与债权人的上述矛盾，一般通过以下方式进行协调。

1. 限制性借款

它是通过对借款的用途限制、借款的担保条款和借款的信用条件来防止和迫使股东不能利用上述两种方法侵犯债权人的利益。

2. 提前收回借款

当债权人发现公司有侵蚀其利益的意图时，提前收回债权，并且不向公司重新放款，从而保护自身的权益。

3. 债转股

债转股是指通过合约的方式将债权转为股本，使债权人转换为企业的股东，从而实现两者利益目标的统一。

第三节 财务管理的环境

财务管理环境是指对企业财务活动和财务管理产生影响的企业内外部的各种条件。

一、企业外部环境

影响企业财务管理的外部环境有各种因素，其中最主要的有经济环境、金融市场环境和法律环境。

（一）经济环境

财务管理作为一种微观管理活动，与其所处的经济环境的经济发展水平、宏观经济调控政策等密切相关。

1. 经济发展水平

任何国家的经济发展都不可能呈现长期的快速增长之势，而是表现为"波浪式前进，螺旋式上升"的状态。当经济发展处于繁荣时期时，经济发展速度较快，市场需求旺盛，销售额大幅度上升。为扩大生产，企业需要增加投资，与此相适应，需筹集大量的资金以满足投资扩张的需要。当经济发展处于衰退时期时，经济发展速度缓慢，甚至出现负增长，企业的产量和销售量下降，投资锐减。另外，经济发展中的通货膨胀也会给企业财务管理带来较为不利的影响，主要表现在：资金占用额迅速增加；利率上升，企业筹资成本加大；证券价格下跌，筹资难度增加；利润虚增、资金流失。

2. 宏观经济调控政策

政府具有对宏观经济发展进行调控的职能。在一定时期，政府为协调经济发展，往往通过计划、财税、金融等手段对国民经济总运行机制及其子系统提出一些具体的政策措施。这些宏观经济调控政策对企业财务管理的影响是直接的,企业必须按国家政策办事,否则将寸步难行。例如,国家采取收缩的调控政策时,会导致企业的现金流入减少、现金流出增加、资金紧张、投资压缩。反之,当国家采取扩张的调控政策时,企业财务管理则会出现相反的情形。

(二)金融市场环境

金融市场是指资金供应者和资金需求者双方通过金融工具进行交易的场所。狭义的金融市场一般是指有价证券市场,即股票和债券的发行和买卖市场。

1. 金融市场的分类

(1)按交易的期限不同,金融市场可分为短期资金市场和长期资金市场。短期资金市场是指期限不超过一年的资金交易市场,因为短期有价证券易于变成货币或作为货币使用,所以也叫货币市场。长期资金市场是指期限在一年以上的股票和债券交易市场,因为发行股票和债券主要用于固定资产等资本货物的购置,所以也叫资本市场。

(2)按交易的性质不同,金融市场可分为发行市场和流通市场。发行市场是资金需求者将证券首次出售给公众时形成的市场,也叫初级市场或一级市场,它是新证券和票据等金融工具的买卖市场。流通市场是在证券发行后,各种证券在不同投资者之间买卖流通所形成的市场,也叫次级市场或二级市场。

(3)按交易的直接对象不同,金融市场可分为同业拆借市场、国债市场、企业债券市场、股票市场和金融期货市场等。

(4)按交割的时间不同,金融市场可分为现货市场和期货市场。现货市场是指买卖双方成交后,当场或几天之内买方付款、卖方交出证券的交易市场。期货市场是指买卖双方成交后,在双方约定的未来某一特定的时间才交割的交易市场。

2. 金融市场与企业财务活动

企业从事投资活动需要资金,除所有者直接投入外,主要从金融市场取得。金融政策的变化必然影响企业的筹资与投资。所以,金融市场环境是企业最主要的环境因素。它对企业财务活动的影响主要如下。

(1)金融市场为企业提供良好的投资和筹资场所。当企业需要资金时,可以在金融市场上选择合适的方式筹资;而当企业有闲置的资金时,可以在市场上选择合适的投资方式,为其资金寻找出路。

(2)金融市场为企业的长短期资金相互转化提供方便。企业可通过金融市场将长期资金(如股票、债券)转为短期资金,也可以通过金融市场购进股票、债券等将短期资金转为长期资金。

(3)金融市场为企业财务管理提供有意义的信息。金融市场的利率变动反映资金的供求状况,有价证券市场的行情反映投资人对企业经营状况和盈利水平的评价,这些都是企业生产经营和财务管理的重要依据。

3. 我国主要的金融机构

(1)中国人民银行。中国人民银行是我国的中央银行,它代表政府管理全国的金融机构和金融活动。

(2)政策银行。政策银行是指由政府设立,以贯彻国家产业政策、区域发展政策为目的,不以营利为目的的金融机构。我国目前有三家政策银行:国家开发银行、中国进出口银行、中国农业发展银行。

(3)商业银行。商业银行是以经营存款、放款、办理转账结算为主要业务,以营利为主要经营目标的金融企业。我国商业银行有国有独资商业银行、股份制商业银行。

(4)非银行金融机构。我国主要的非银行金融机构有保险公司、信托投资公司、证券机构、财务公司、金融租赁公司。

4. 利率

利率也称利息率,是一定时期的利息与本金的比值。从资金的借贷关系看,利率是一定时期运用资金资源的交易价格。从理论上讲,利率是由资金的供求关系决定的,但在实际运行过程中,确定利率通常要考虑以下因素,用公式表示为

利率=纯利率+通货膨胀附加率+风险附加率

纯利率是指没有风险和通货膨胀情况下的平均利率。在没有通货膨胀时,国库券的利率可以视为纯利率。

通货膨胀附加率是由于通货膨胀会降低货币的实际购买力,为弥补其购买力损失而在纯利率的基础上所增加的利率。

风险附加率是由于存在违约风险、流动性风险和期限风险而要求在纯利率和通货膨胀附加率之外增加的利率。其中,违约风险附加率是指为弥补因债务人无法按时还本付息所带来的风险,而由债权人要求提高的利率;流动性风险附加率是指为弥补因债权人资产流动不佳所带来的风险,而由债权人要求附加的利率;期限风险附加率是指为弥补因偿债期长所带来的风险,而由债权人要求增加的利率。

(三)法律环境

市场经济是法制经济,公司财务管理必须依法进行。财务法规是公司依法理财的法律依据,主要包括国家公布的各种有关法律、法规和规章。

法律规定了企业从事各项业务活动必须遵守的规范或前提条件,对企业行为进行约束的同时,也为企业依法从事各项业务活动提供了保护。在市场经济中,通常要建立一个完整的法律体系来维护市场秩序,从企业的角度看,这个法律体系涉及企业设立、企业运转、企业合并和分立及企业的破产清算。

二、企业内部环境

(一)企业组织形式

企业类型不同,其财务组织和财务管理方式也不相同。企业的财务组织取决于企业的组织形式。按企业资本金的构成不同,企业组织有以下三种形式。

1. 个人独资企业

个人独资企业是指按照《中华人民共和国个人独资企业法》在中国境内设立的,由一个自然人出资,其财产为个人所有、其债务由个人偿还的承担无限责任的经济实体。

2. 合伙企业

合伙企业是指按《中华人民共和国合伙企业法》在中国境内设立的由两个或两个以上合伙人订立合伙协议,共同出资、合伙经营、共享收益、共担风险,并对合伙企业债务承担无限

连带责任的营利性组织。

3. 公司制企业

公司制企业是依照《中华人民共和国公司法》(以下简称"《公司法》")在中国境内设立的,以营利为目的的企业法人。从股东责任角度分,公司制企业分为有限责任公司、股份有限公司、无限责任公司和两合公司四种。

我国《公司法》规定的公司只包括有限责任公司和股份有限公司两种。

(二) 企业资本实力

企业资本实力是指企业所拥有的资本总量及与之相应的资产总量。资本实力在一定程度上反映了企业的规模大小、生产经营的复杂程度及财务管理的难易程度。

(三) 经营管理水平

财务管理是整个企业经营管理的一部分,其职能能否充分发挥取决于企业管理基础工作的好坏、其他专业管理水平的高低及它们之间的相互协调与配合。如果企业的管理基础较差,其他专业管理水平不高,各职能部门之间缺乏沟通与理解,再好的财务决策也难以顺利实施,该企业的财务管理工作也不可能做得太好。因此,企业在进行财务决策时,必须准确估计自身的经营管理水平,做好相互之间的协调与沟通,相互促进,共同提高,以实现企业的财务目标和整体目标。

(四) 采购环境

采购环境是指企业在市场上采购物资时涉及采购数量和采购价格的有关条件。企业采购环境按物资供应是否充裕分为稳定的采购环境和波动的采购环境。前者材料资源相对比较充足,运输条件比较便利,能保证企业生产经营的经常性需要。后者材料资源相对比较紧缺,运输条件不便利,有时不能如期供货。

(五) 生产环境

生产环境是指企业的生产条件和企业产品的寿命周期。

就生产条件而言,企业可分为劳动密集型、技术密集型和资源开发型企业。劳动密集型企业所需工资费用较多,长期资金的占用则较少;技术密集型企业需要使用较多的先进设备,而所用人力较少,企业需要筹集较多的长期资金;至于资源开发型企业则需要投入大量资金用于勘探、开采,资金回收期较长。

产品的寿命周期通常分为试产期、成长期、成熟期、衰退期四个阶段。无论是就整个企业而言,还是就个别产品而言,在寿命周期的不同阶段,收入多少、成本高低、收益大小、资金周转快慢都有很大的差异。

本章小结

财务管理是企业组织财务活动、处理财务关系的一项经济管理工作。其基本内容包括筹资管理、投资管理和利润分配管理。

财务管理目标主要有三种观点,即利润最大化、每股利润最大化和企业价值最大化,每种观点各有优缺点。为使各利益主体的目标服从企业财务管理目标,各利益主体之间应当不断加以协调。这种协调主要表现在所有者与经营者、所有者与债权人的矛盾和协调两个方面。

财务管理工作环节是指财务管理的工作步骤和一般程序。其内容包括财务预测、财务决策、财务预算、财务控制和财务分析等。

财务管理环境是指对企业财务活动和财务管理产生影响作用的企业内外部的各种条件,包括企业外部环境和企业内部环境。

很多同学在毕业后要先进入企业基层工作。随着工作经验的不断丰富、工作能力的提升,不少同学逐渐进入企业的管理层,成为企业的"经营者"。请大家设想一下,当同学们成为经营者之后,你们的目标是什么?你们和所有者的矛盾有哪些?如何解决这些矛盾(可以从"大河无水小河干""祖国繁荣昌盛,人民才能更幸福"的角度思考该问题)?

一、单项选择题

1. 企业与投资者之间的财务关系主要是( )。
   A. 所有权性质的投资与受资的关系　　B. 债务与债权关系
   C. 强制和无偿的分配关系　　D. 各单位之间的利益均衡关系
2. 企业与债权人之间的财务关系主要是( )。
   A. 所有权性质的投资与受资的关系　　B. 债务与债权关系
   C. 强制和无偿的分配关系　　D. 各单位之间的利益均衡关系
3. 企业与政府之间的财务关系主要是( )。
   A. 所有权性质的投资与受资的关系　　B. 债务与债权关系
   C. 强制和无偿的分配关系　　D. 各单位之间的利益均衡关系
4. 企业内部各部门之间的财务关系主要是( )。
   A. 所有权性质的投资与受资的关系　　B. 债务与债权关系
   C. 强制和无偿的分配关系　　D. 各单位之间的利益均衡关系
5. 企业与职工之间的财务关系主要是( )。
   A. 个人和集体在劳动成果上的分配关系　　B. 债务与债权关系
   C. 强制和无偿的分配关系　　D. 各单位之间的利益均衡关系
6. 下列各项中,不能协调所有者与债权人之间矛盾的是( )。
   A. 市场对公司强行接收或吞并　　B. 收回借款或不再借款
   C. 规定借款用途　　D. 要求提供借款担保
7. 以每股利润最大化作为财务管理目标,存在的缺陷是( )。
   A. 不能反映资本的获利水平　　B. 不能用于不同资本规模的企业间比较
   C. 没有考虑风险因素和时间价值　　D. 不能用于同一企业的不同期间比较
8. 没有风险和通货膨胀情况下的社会平均利率是( )。
   A. 流动风险报酬率　　B. 纯利率
   C. 国债利息率　　D. 市场利率

二、多项选择题

1. 下列经济行为中,属于企业财务活动的有(　　)。
   A. 资金营运活动　　　　　　　　B. 资金分配活动
   C. 筹资活动　　　　　　　　　　D. 投资活动
2. 下列各项经济活动中,属于对内投资的是(　　)。
   A. 购买设备　　　　　　　　　　B. 购买零部件
   C. 购买专利权　　　　　　　　　D. 购买国库券
3. 可用于协调所有者与经营者矛盾的措施有(　　)。
   A. 所有者解聘经营者　　　　　　B. 所有者减少经营者的报酬
   C. 现金奖励　　　　　　　　　　D. 股票期权奖励
4. 在不存在通货膨胀的情况下,利率的组成因素包括(　　)。
   A. 纯利率　　　　　　　　　　　B. 违约风险附加率
   C. 流动性风险附加率　　　　　　D. 期限风险附加率

三、判断题

1. 在协调所有者与经营者矛盾的方法中,"监督"是一种使所有者了解更多公司信息的方法。(　　)
2. 财务管理环境是指对企业财务活动和财务管理产生影响作用的企业各种外部条件的统称。(　　)
3. 市场上短期国库券利率为5%,通货膨胀附加率为2%,实际市场利率为10%,则风险附加率为3%。(　　)

四、简答题

1. 什么是财务管理?
2. 企业在财务管理活动中应当处理哪些财务关系?
3. 利润最大化和企业价值最大化理财目标各有哪些优点和缺点?
4. 所有者与债权人有哪些矛盾?债权人如何保护自己的利益不受损害?
5. 财务管理工作受哪些环境因素的影响?
6. 所有者与经营者有哪些矛盾?所有者应该如何协调这些矛盾?

财务管理的价值观念

【学习目标】
(1) 掌握单利、复利计息方式下各种现值、终值的计算。
(2) 掌握利率和期数的推算。
(3) 掌握风险的衡量方法。
(4) 理解资金时间价值和投资风险价值的概念。
(5) 明确风险的分类。

第一节 资金时间价值

一、资金时间价值的定义与表示方法

(一) 资金时间价值的定义

资金时间价值又称为货币时间价值,是指一定量资金经历了一定时间的投资和再投资所增加的价值。资金时间价值来自一定量的资金进入社会再生产过程后的价值增值,通常情况下相当于没有风险、没有通货膨胀情况下的社会平均利润率。

(二) 资金时间价值的表示方法

资金时间价值一般有两种表示方法:第一种是用绝对数表示,指资金在再生产过程中的增加额,即利息额;第二种是用相对数表示,指没有风险和没有通货膨胀条件下的社会平均资金利润率,即利息率。相比较而言,第二种方法便于进行比较,在财务管理中一般用相对数表示资金的时间价值。

二、资金时间价值的计算

不同时间资金的价值不相等,所以,不同时点上的资金收支不宜直接比较,必须将它们换算到相同的时点上,才能进行大小的比较和有关计算。一般用"现值"和"终值"两个概念来表示不同时点资金的价值。现值又称为本金,是指未来某一时点上的一定量资金折算到现在的价值。终值又称本利和,是指现在一定量的资金在未来某一时点上的价值。谈现值和终值离不开某段时间,这段时间有起点和终点。比如,一年有年初这个起点和年末这个终点。一般地,现值可以理解为一段时间内终点的一定量资金折算到起点的价值;终值可以理解为一段时间内起点的一定量资金折算到终点的价值。

资金时间价值的计算方法有两种,即单利计算和复利计算。在不特别指明是单利计算还是复利计算的情况下,均用复利计算资金时间价值。

(一) 单利的计算

单利是指计算利息时,仅就本金计息,计算出的利息不再计息。通常情况下,用 P 表示现值,F 表示终值,i 表示利率(贴现率、折现率),n 表示计算利息的期数,I 表示利息。如果不做特别说明,利率一般指年利率。另外,i 和 n 在时间上要匹配,即 i 和 n 要同为年利率和年数,或同为月利率和月数。

(1) 单利利息的计算公式为

$$I = P \times i \times n$$

(2) 单利终值的计算公式为

$$F = P(1 + i \times n)$$

(3) 单利现值的计算公式为

$$P = \frac{F}{1 + i \times n}$$

【例 2-1】 黄某在银行存入 1 000 元现金,如果银行存款利率为 4%,采用单利计息,请问一年以后黄某能得到多少利息?一年后黄某的银行账户上会有多少存款?

解:一年后的利息为

$$I = P \times i \times n = 1\,000 \times 4\% \times 1 = 40(元)$$

一年后的银行存款为

$$F = P(1 + i \times n) = 1\,000 \times (1 + 4\% \times 1) = 1\,000 + 1\,000 \times 4\% = 1\,040(元)$$

【例 2-2】 如果黄某希望 10 年后购入价值 20 000 元的商品,银行存款利率为 4%。采用单利计息,请问他现在须在银行存入多少款项?

解:黄某现在须在银行存入的款项为

$$P = \frac{F}{1 + i \times n} = \frac{20\,000}{1 + 4\% \times 10} = 14\,285.71(元)$$

(二) 复利的计算

复利是指计算利息时,不仅本金要计算利息,其产生的利息也要计算利息,逐期滚算,俗称"利滚利"。

1. 一次性收付款项终值和现值的计算

(1) 复利终值的计算。复利终值是指一定量的资金在某一特定的利率下,按照复利方

法计算的将来某个时点的本利和。复利终值的计算公式为

$$F = P(1+i)^n$$

其推导过程为

$$F_1 = P(1+i)$$
$$F_2 = F_1(1+i) = P(1+i)(1+i) = P(1+i)^2$$
$$F_3 = F_2(1+i) = P(1+i)^2(1+i) = P(1+i)^3$$
$$\ldots$$
$$F_n = F_{n-1}(1+i) = P(1+i)^{n-1}(1+i) = P(1+i)^n$$

式中,$(1+i)^n$ 称为"复利终值系数"或"1 元的复利终值",用符号 $(F/P, i, n)$ 表示。其中,n 表示复利的次数,i 表示复利期间的利率,复利终值系数可以查阅"复利终值系数表"直接获得。

【例 2-3】 黄某存入银行 5 年期定期存款 10 000 元,银行年存款利率为 5%,问 5 年后黄某的银行账户里的资金是多少?

解:
$$F = P(1+i)^n = 10\,000 \times (F/P, 5\%, 5)$$
$$= 10\,000 \times 1.276\,3 = 12\,763(元)$$

(2)复利现值的计算。复利现值是指将来某一特定时间收到或付出的一笔款项,在一定的利率下,按复利方法计算的现在的价值。复利现值的计算公式为

$$P = \frac{F}{(1+i)^n} = F \times (1+i)^{-n}$$

式中,$(1+i)^{-n}$ 称为"复利现值系数"或"1 元的复利现值",用符号 $(P/F, i, n)$ 表示。其中,n 表示复利的次数,i 表示复利期间的利率,复利现值系数可以查阅"复利现值系数表"直接获得。

【例 2-4】 黄某 5 年后需要资金 50 000 元投资某项目,现在银行年利率为 5%,问黄某现在应往银行存入多少资金?

解:
$$P = F \cdot (P/F, i, n) = 50\,000 \cdot (P/F, 5\%, 5)$$
$$= 50\,000 \times 0.783\,5 = 39\,175(元)$$

2. 年金的计算

除一次性收付款项外,在现实经济活动中,还存在一定时期内多次收付的款项,即系列收付款项。如果每次收付的金额相等,则这样的系列收付款项便称为年金(annuity)。简言之,年金是指定期等额的系列收付款项(通常记作 A)。

年金按其每次收付款项发生时间的不同,可分为普通年金、即付年金、递延年金、永续年金。

1)普通年金

(1)普通年金终值的计算(已知年金 A,求年金终值 F)。普通年金是指从第一期起,在一定时期内每期期末等额发生的系列收付款项,又称后付年金。普通年金的收付形式如图 2-1 所示。横线代表时间的延续,用数字标出各期的顺序号,竖线的位置表示收付的时刻,竖线下端的数字表示收付的金额。

普通年金终值犹如零存整取的本利和,它是一定时期内每期期末等额收付款项的复利终值之和。

设 A 为年金，i 为利息率，n 为计息期数，F 为年金终值，则普通年金终值的计算可用图 2-2 来说明。

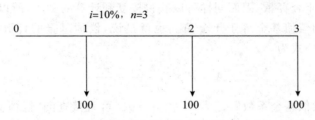

图 2-1 普通年金示意图

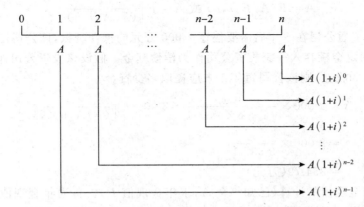

图 2-2 普通年金终值的计算示意图

由图 2-2 可知，普通年金终值的计算公式为

$$F = A + A(1+i) + A(1+i)^2 + \cdots + A(1+i)^{n-1}$$

等式两边同时乘以 $(1+i)$：

$$(1+i)F = A(1+i) + A(1+i)^2 + A(1+i)^3 + \cdots + A(1+i)^n$$

上述两式相减（后式减前式）：

$$(1+i)F - F = A(1+i)^n - A$$

$$F = \frac{A(1+i)^n - A}{(1+i)-1}$$

$$F = A\frac{(1+i)^n - 1}{i}$$

式中的 $\frac{(1+i)^n-1}{i}$ 称作"年金终值系数"，是普通年金 1 元、利率为 i 和经过 n 期的年金终值，记作 $(F/A,i,n)$，可在"年金终值系数表"中查阅。上式也可写为 $F=A(F/A,i,n)$。

【例 2-5】 黄某每年年末存入银行 1 000 元，期限 5 年，如果已知存款利率为 6%，则 5 年后的总金额是多少？

解：$F = 1\,000 \times \dfrac{(1+6\%)^5 - 1}{6\%} = 1\,000 \times (F/A,6\%,5)$

$= 1\,000 \times 5.637\,1 = 5\,637.1 (元)$

(2) 偿债基金的计算(已知年金终值 F,求年金 A)。偿债基金是指为在约定的未来某一时点清偿某笔债务或积累一定数额的资金而必须分次等额提存的准备金。由于每次提存的等额准备金类似年金存款,因而同样可以获得按复利计算的利息,所以债务实际上等于年金终值,每年提取的偿债基金等于年金 A。也就是说,偿债基金的计算实际上是年金终值的逆运算。其计算公式为

$$A = F \times \frac{i}{(1+i)^n - 1}$$

式中的分式称作"偿债基金系数",记为 $(A/F, i, n)$。可直接查阅"偿债基金系数表"或通过年金终值系数的倒数推算出来。上式也可写作:

$$A = F(A/F, i, n) \text{ 或 } A = F\left[\frac{1}{(F/A, i, n)}\right]$$

【例 2-6】 宇通公司在 5 年后需要偿还 2 000 万元的抵押贷款,该公司每年年末需从税后利润中提取固定金额存入一家投资公司作为偿债基金。假设该投资公司保证这笔偿债基金每年获得 6% 的收益,则该公司每年年末应提取多少资金?

解:
$$A = 2\,000 \times \frac{6\%}{(1+6\%)^5 - 1} = 2\,000 \times \left[\frac{1}{(F/A, 6\%, 5)}\right]$$
$$= 2\,000 \times \frac{1}{5.637\,1}$$
$$= 354.79(万元)$$

(3) 普通年金现值的计算(已知年金 A,求年金现值 P)。普通年金现值是指一定时期内每期期末等额收付款项的复利现值之和。普通年金现值的计算可用图 2-3 来说明。

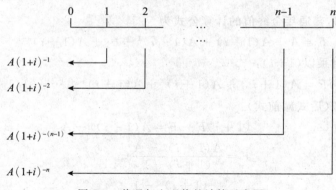

图 2-3 普通年金现值的计算示意图

由图 2-3 可知,普通年金现值的计算公式为

$$P = A(1+i)^{-1} + A(1+i)^{-2} + \cdots + A(1+i)^{-(n-1)} + A(1+i)^{-n}$$

整理上式可得

$$P = A \times \frac{1 - (1+i)^{-n}}{i}$$

式中的分式称作"年金现值系数",记为 $(P/A, i, n)$,可通过直接查询"1 元年金现值系数表"求得有关数值。上式也可以写为

$$P = A(P/A, i, n)$$

【例 2-7】 东方公司准备在今后的 8 年内,每年年末发放奖金 60 000 元,若年利率为 12%,问该企业现在需往银行一次性存入多少钱?

解: $P = 60\,000 \times (P/A, 12\%, 8) = 60\,000 \times 4.967\,6 = 298\,056 (元)$

(4) 年资本回收额的计算(已知年金现值 P,求年金 A)。年资本回收额是指在给定的年限内等额回收初始投入资本或清偿所欠债务的价值指标。年资本回收额的计算是年金现值计算的逆运算。其计算公式

$$A = P \times \frac{i}{1-(1+i)^{-n}}$$

式中的分式称作"资本回收系数",记为 $(A/P, i, n)$。可直接查询"资本回收系数表"或利用年金现值系数的倒数求得。上式也可写作:

$$A = P(A/P, i, n) \text{ 或 } A = P\left[\frac{1}{(P/A, i, n)}\right]$$

【例 2-8】 东方公司现在存入银行 1 000 万元,准备在今后的 8 年内等额取出,用于发放职工奖金,若年利率为 10%,问每年年末可取出多少钱?

解: $A = 1\,000 \times \frac{10\%}{1-(1+10\%)^{-8}} = 1\,000 \times \left[\frac{1}{(P/A, 10\%, 8)}\right]$

$\approx 187.44 (万元)$

2) 即付年金

即付年金是指从第一期起,在一定时期内每期期初等额收付的系列款项,又称先付或预付年金。它与普通年金的区别仅在于收付款时间的不同。

(1) 即付年金终值的计算。n 期即付年金终值和 n 期普通年金终值之间的关系可以用图 2-4 来说明。

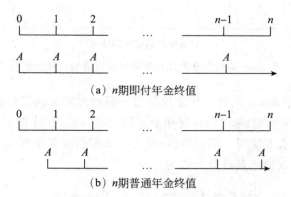

图 2-4 即付年金终值与普通年金终值的计算示意图

从图 2-4 可以看出,n 期即付年金与 n 期普通年金的收付款次数相同,但由于收付款时间的不同,n 期即付年金终值比 n 期普通年金终值多计算一期利息。因此,可以先求出 n 期普通年金终值,然后再乘 $(1+i)$ 便可求出 n 期即付年金的终值。其计算公式为

$$F = A\frac{(1+i)^n - 1}{i}(1+i) = A\left[\frac{(1+i)^{n+1} - 1}{i} - 1\right]$$

式中方括号内的内容称作"即付年金终值系数",它是在普通年金终值系数的基础上,期数加

1,系数值减 1 所得的结果,通常记为 $[(F/A,i,n+1)-1]$。可以通过查阅"普通年金终值系数表"得到 $(n+1)$ 期的系数值,然后减去 1 便可得对应的即付年金终值系数的值。

此外,还可根据 n 期即付年金与 $n+1$ 期普通年金的关系推导出另一个公式。n 期即付年金与 $n+1$ 期普通年金的计息期数相同,但比 $n+1$ 期普通年金少收付一次款。因此,只要将 $n+1$ 期普通年金的终值减去最后一期付款额 A,便可求出 n 期即付年金终值,其计算公式为

$$F=A(F/A,i,n+1)-A=A[(F/A,i,n+1)-1]$$

【例 2-9】 东方公司准备在今后 6 年内,每年年初从利润留成中提取 300 万元存入银行,计划 6 年后将这笔存款用于建造某一福利设施,若年利率为 10%,问 6 年后共可以积累多少资金?

解: $F=A[(F/A,i,n+1)-1]=300\times[(F/A,10\%,6+1)-1]$
$=300\times(9.4872-1)$
$=2546.16$(万元)

(2)即付年金现值的计算。n 期即付年金现值与 n 期普通年金现值之间的关系,可以用图 2-5 加以说明。

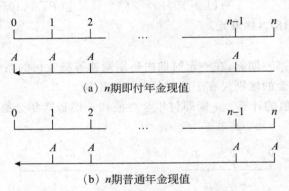

(a) n 期即付年金现值

(b) n 期普通年金现值

图 2-5 即付年金现值与普通年金现值的计算示意图

从图 2-5 中可以看出,n 期普通年金现值与 n 期即付年金现值的收付款次数相同,但由于 n 期普通年金是期末收付款,n 期即付年金是期初收付款,在计算现值时,n 期普通年金现值比 n 期即付年金现值多贴现一期。所以,可先出 n 期普通年金现值,然后乘以 $(1+i)$,便可求出 n 期即付年金现值。其计算公式为

$$P=A\left[\frac{1-(1+i)^{-n}}{i}\right](1+i)$$

此外,根据 n 期即付年金与 $n-1$ 期普通年金现值的关系,还可推出计算 n 期即付年金现值的另一个公式。n 期即付年金现值与 $n-1$ 普通年金现值的贴现期数相同,但 n 期即付年金比 $n-1$ 期普通年金的现值多收付一次款。因此,只要将 $n-1$ 期普通年金的现值再加上一期不需要折现的收付款 A,便可求出 n 期即付年金的现值。其计算公式为

$$P=A(P/A,i,n-1)+A=A[(P/A,i,n-1)+1]$$

【例 2-10】 8 年分期付款购物,每年年初付 200 元,设银行利率为 10%,该项分期付款相当于一次现金支付的购物价格是多少?

解： $P=A[(P/A,i,n-1)+1]=200\times[(P/A,10\%,7)+1]$
$=200\times(4.8684+1)$
$=1\,173.68(元)$

3）递延年金

递延年金是指第一次收付款发生时间与第一期无关,而是隔若干期(假设为 s 期,$s\geqslant 1$)后才开始发生的系列等额收付款项,如图 2-6 所示。它是普通年金的特殊形式,凡不是从第一期开始的年金都是递延年金。

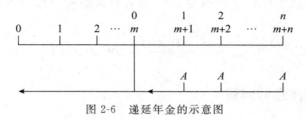

图 2-6 递延年金的示意图

（1）递延年金终值的计算。递延年金终值与递延期无关,其计算方式和普通年金终值类似。从图 2-6 中可看出,递延年金终值的计算公式为

$$F=A\times(F/A,i,n)$$

【例 2-11】 东方公司于年初投资项目,估计从第 4 年开始至第 10 年,每年年末可得收益 10 万元,假定年利率为 5%,计算该投资项目的年收益的终值。

解： $F=A\times(F/A,i,n)=10\times(F/A,5\%,7)=10\times8.142=81.42(万元)$

（2）递延年金现值的计算。递延年金现值的计算有以下两种方法。

第一种：把递延年金视为 n 期的普通年金,求出年金在递延期期末 m 点的现值,再将 m 点的现值调整到第一期期初。相当于看成两部分,n 期的普通年金和 m 期的递延期。因此,递延年金的现值可用以下公式计算：

$$P=A(P/A,i,n)(P/F,i,m)$$

第二种：先假设递延年金的递延期也发生收支,变成一个 $m+n$ 的普通年金,求出 $m+n$ 期的年金现值,再减去实际没有发生年金收支的 m 期递延期的年金现值。因此,递延年金的现值可用以下公式计算：

$$P=A[(P/A,i,m+n)-(P/A,i,m)]$$

【例 2-12】 黄某在年初存入银行一笔资金,从第 4 年开始每年年末取出 2 000 元,至第 10 年年末取完,银行存款利率为 10%,则黄某应在最初一次性存入银行多少资金?

解： $P=A[(P/A,10\%,10)-(P/A,10\%,3)]=2\,000\times(6.1446-2.4869)$
$\approx 7\,315(元)$

或

$P=A(P/A,10\%,7)(P/F,10\%,3)=2\,000\times4.8684\times0.7513\approx 7\,315(元)$

可以看出,两种方法的计算结果是一样的,因查系数表原因有极小误差是正常的。

4）永续年金

永续年金是指无限期等额收付的特种年金。它可视为普通年金的特殊形式,是期限趋于无穷的普通年金。

由于永续年金没有期限,没有终止时间,因此没有办法计算永续年金的终值。但可以计算永续年金的现值。永续年金现值的计算为

$$P_{(n\to\infty)} = A\frac{1-(1+i)^{-n}}{i}$$

当 n 趋向于无穷大时,$(1+i)^{-n}$ 趋向于零,因此 $P_{(n\to\infty)} = A\frac{1-(1+i)^{-n}}{i}$ 趋向于 $\frac{A}{i}$。

【例2-13】 宇通公司想设立一项专门存款用于某学校的永久性奖学金,计划每年颁发 10 000 元奖学金,假如银行存款利率为 5%,那么公司最初应该存入专门存款的金额是多少?

解:
$$P_{(n\to\infty)} = \frac{A}{i} = \frac{10\ 000}{5\%} = 200\ 000(元)$$

三、复利计算中应注意的问题

(一)利率(折现率)的计算

1. 若已知复利终值系数(或复利现值系数)和期数

若已知复利终值系数(或复利现值系数)和期数,通过查"复利终值系数表(或复利现值系数表)",找出与已知复利终值系数(或复利现值系数)对应的 i 值,就是我们要求的利率,如果没有找到对应的数值,需采用内插法。现举例详细介绍内插法计算利率的步骤。

【例2-14】 黄某现有 50 000 元现金,欲在 20 年后连本带利使其达到 250 000 元,选择投资机会时回报率是多少才有可能实现?

解:(1) 计算复利终值系数。
$$50\ 000 \times (F/P, i, 20) = 250\ 000$$
得 $(F/P, i, 20) = 5$。

(2) 查"复利终值系数表",如能恰好找到对应的利率,则计算到此结束,该利率就是所求的 i 值。

(3) 若无法找到对应的利率,则可找到系数表上同期略大和略小的两个临界值 B_1、B_2 及对应的两个利率 i_1 和 i_2。

当 $i_1 = 8\%$ 时,$(1+8\%)^{20} = 4.661 < 5$;
当 $i_2 = 9\%$ 时,$(1+9\%)^{20} = 5.604 > 5$。

(4) 按内插法公式求利率。
$$i = i_1 + \frac{B-B_1}{B_2-B_1} \times (i_2-i_1) = 8\% + \frac{5-4.661}{5.604-4.661} \times (9\%-8\%)$$
$$= 8\% + \frac{0.339}{0.943} \times 1\% = 8.359\%$$

即投资回报率为 8.359% 时,才能使 50 000 元在 20 年后变为 250 000 元。

2. 若已知年金现值系数(或年金终值系数)和期数

若已知年金现值系数(或年金终值系数)和期数,通过查"年金现值系数表(或年金终值系数表)",找出与已知年金现值系数(或年金终值系数)对应的 i 值,就是要求的利率。如果没有找到对应的数值,就需要采用内插法。

【例 2-15】 宇通公司今年年初从银行借款 40 000 元,以后每年年末的还本付息额均为 8 000 元,连续 10 年还清,问借款利率为多少?

解: 已知 $P=40\ 000$ 元,$A=8\ 000$ 元,$n=10$,则

$$(P/A,i,n)=40\ 000\div 8\ 000=5$$

查表可得:当 $i_1=15\%$ 时,$(P/A,15\%,10)=5.018\ 8>5$;当 $i_2=16\%$ 时,$(P/A,16\%,10)=4.833\ 2<5$。

所以

$$i=i_1+\frac{B-B_1}{B_2-B_1}\times(i_2-i_1)=15\%+\frac{5-5.018\ 8}{4.833\ 2-5.018\ 8}\times(16\%-15\%)$$

$$=15\%+\frac{-0.018\ 8}{-0.185\ 6}\times 1\%=15.1\%$$

3. 永续年金的利率

永续年金的利率可以根据公式 $i=A/P$ 计算。

(二) 期间的推算

期间的推算与利率的推算相似,现以普通年金为例,说明在已知现值 P(终值 F)、年金 A、利率 i 的条件下推算期间的基本步骤。

(1) 计算年金现值系数(年金终值系数)。

(2) 查"普通年金现值(终值)系数表",如能恰好找到对应的系数,则计算到此结束,该系数所对应的期数就是所求的 n。

(3) 若无法找到对应的系数,则可找到系数表上同期略大和略小的两个临界值 B_1、B_2 及对应的两个期数 n_1 和 n_2,然后应用内插法求 n。其计算公式为

$$n=n_1+\frac{B-B_1}{B_2-B_1}\times(n_2-n_1)$$

【例 2-16】 宇通公司拟购置一台新设备来代替现有旧设备,新设备要多支付 50 000 元,但每年可节约维修保养费 10 000 元,若折现率为 10%,新设备至少应使用多少年对企业来说才有利?

解: 已知 $P=50\ 000$(元),$A=10\ 000$(元),$i=10\%$,则

$$(P/A,10\%,n)=50\ 000\div 10\ 000=5$$

查表可得:当 $n_1=7$ 时,$(P/A,10\%,7)=4.868\ 4<5$;当 $n_2=8$ 时,$(P/A,10\%,8)=5.334\ 9>5$。

所以:

$$n=n_1+\frac{B-B_1}{B_2-B_1}\times(n_2-n_1)=7+\frac{5-4.868\ 4}{5.334\ 9-4.868\ 4}\times(8-7)$$

$$=7+\frac{0.131\ 6}{0.466\ 5}\times 1\approx 7.28(年)$$

(三) 名义利率和实际利率的关系

以上讨论的有关计算均假定利率为年利率,在实际中,复利的计息期间不一定总是一年,有可能是季度、月或日,当利息在一年内要复利几次时,给出的年利率叫作名义利率,每年只复利一次的利率叫作实际利率。

名义利率和实际利率之间存在这样的关系：

$$1+i=\left(1+\frac{r}{m}\right)^m$$

$$i=\left(1+\frac{r}{m}\right)^m-1$$

式中，r 表示名义利率；m 表示每年复利次数；i 表示实际利率。

【例 2-17】 银行存款年利率为 8%，每季度复利一次，该存款的实际利率是多少？

解： 实际利率 $=\left(1+\frac{r}{m}\right)^m-1=\left(1+\frac{8\%}{4}\right)^4-1=1.0824-1=8.24\%$

第二节 投资风险价值

一、投资风险价值的概念

投资是为将来获得更多的收益而发生的支出行为，将来具有很多不确定性因素，所以投资具有风险性。风险是现代企业财务管理环境的一个重要特征，是客观存在的，企业财务管理的每一个环节都不可避免地要面对风险。因此，要理解投资风险价值的概念，需要先了解风险的相关知识，这样才能有效防范和化解风险，以达到风险与报酬的优化配置。

（一）风险的概念

风险是一个重要的经济概念，是在一定条件下和一定时期内可能发生的各种结果的变动程度，或是指人们事先能够确定采取某种行为所有可能的后果，以及每种后果出现的可能性的状况。

这里所说的风险是指投资风险，与投资活动密切相关。投资活动是一种典型的风险活动，既有可能获得收益，也有可能发生损失。由于人们比较厌恶风险，提到风险，很多人都将其理解为损失或不利的事情。人们在研究风险时，也主要是从不利的角度去分析风险。

（二）风险的类别

1. 从风险形成的原因看，风险可分为系统风险和非系统风险

系统风险是指那些可影响所有公司的因素所引起的风险，如战争、经济衰退、通货膨胀、利率上调等。系统风险是与市场的整体运动相关联的，影响面大，通常涉及所有的投资对象，并且不能通过多样化的投资来分散，因此系统风险又称不可分散风险或市场风险。

非系统风险是指发生于个别公司的特有事件造成的风险，如罢工、新产品开发失败、管理层决策失误、诉讼失败等。这类事件是随机发生的，对于投资者来说可以通过多元化投资来分散这些风险，即在众多的投资对象中，一家公司发生的不利事件可以被其他公司的有利事件抵销。因此，非系统风险又称为可分散风险或公司特有风险。

2. 从公司本身来看，风险可分为经营风险和财务风险

经营风险是指生产经营的不确定性给公司盈利带来的风险，它是任何商业活动都有的风险，又称商业风险。公司市场销售情况、技术开发、生产成本及竞争对手的变化等因素都会影响企业的经营。

财务风险是指因借款而增加的风险，公司在做筹资决策时因举债经营而使公司财务结构不合理带来的风险,所以也叫筹资风险。

(三) 风险的衡量

风险无处不在,影响企业投资决策的效果,因此,正视风险并对可能的风险进行衡量,是进行投资决策工作的关键环节。风险与概率直接相关,衡量风险大小需要运用数理统计中的期望值、离散程度进行分析。

1. 概率与概率分布

在经济活动中,某一事件在相同的条件下可能发生也可能不发生,这类事件称为随机事件。概率就是用于表示随机事件发生可能性大小的数值。通常把必然发生的事件的概率定为 1,把不可能发生的事件的概率定为 0。而一般随机事件的概率是介于 0 与 1 之间的一个数。概率越大就表示该事件发生的可能性越大。如果用 X 表示随机事件,X_i 表示随机事件的第 i 种结果,p_i 为出现该种结果的相应概率,此时,概率必须符合以下两个条件。

(1) 所有的概率值都在 0 和 1 之间,即 $0 \leqslant P_i \leqslant 1$。

(2) 同一事项所有结果的概率值之和等于 1,即 $\sum_{i=1}^{n} P_i = 1$。

把随机事件出现的各种可能结果按一定的规则排列,同时列出各种结果对应的概率,这一完整的描述称为概率分布。

【例 2-18】 东方公司有 A、B 两个投资机会,假设未来经济发展有三种情况:繁荣、正常、衰退。A、B 项目的预期收益及概率分布如表 2-1 所示。

表 2-1 A、B 项目的预期收益及概率分布

经济情况	概率 P_i	A 项目预期收益/万元	B 项目预期收益/万元
繁荣	0.3	80	30
正常	0.5	15	15
衰退	0.2	−20	10

2. 期望值

期望值是概率分布的平均值,是将随机变量的各个取值以相应的概率为权数计算的加权平均数,一般用 $\overline{K}$ 来表示,其计算公式为

$$\overline{K} = \sum_{i=1}^{n}(P_i \times K_i)$$

式中,$\overline{K}$ 表示期望报酬率;P_i 表示第 i 种结果出现的概率;K_i 表示第 i 种结果出现后的预期收益;n 表示所有可能结果的数目。

【例 2-19】 沿用例 2-18 的资料:

A 项目的期望值 $\overline{K} = \sum_{i=1}^{n}(P_i \times K_i) = 80 \times 0.3 + 15 \times 0.5 + (-20) \times 0.2 = 27.5$(万元)

B 项目的期望值 $\overline{K} = \sum_{i=1}^{n}(P_i \times K_i) = 30 \times 0.3 + 15 \times 0.5 + 10 \times 0.2 = 18.5$(万元)

3. 离散程度

离散程度是用于衡量风险大小的统计指标。一般来说,离散程度越大,风险越大;离散

程度越小,风险越小。反映离散程度的指标有很多,在这里主要介绍标准离差和标准离差率两项指标。

(1) 标准离差是指可能出现的各种收益率偏离期望收益率的综合差异,其计算公式为

$$\delta = \sqrt{\sum_{i=1}^{n}(K_i - \overline{K})^2 \times P_i}$$

在多种方案的情况下,若期望值相同,则标准离差越大,说明离散程度越大,偏离期望值的幅度越大,风险也越大;反之,标准离差越小,风险也越小。

【例 2-20】 根据例 2-18 和例 2-19 的资料可计算 A、B 两个项目的标准离差如下。

$$A \text{ 项目的标准离差 } \delta = \sqrt{\sum_{i=1}^{n}(K_i - \overline{K})^2 \times P_i}$$

$$= \sqrt{(80-27.5)^2 \times 0.3 + (15-27.5)^2 \times 0.5 + (-20-27.5)^2 \times 0.2}$$

$$= \sqrt{1356.25} \approx 36.83$$

$$B \text{ 项目的标准离差 } \delta = \sqrt{\sum_{i=1}^{n}(K_i - \overline{K})^2 \times P_i}$$

$$= \sqrt{(30-18.5)^2 \times 0.3 + (15-18.5)^2 \times 0.5 + (10-18.5)^2 \times 0.2}$$

$$= \sqrt{60.25} \approx 7.76$$

(2) 标准离差率是标准离差同期望值的比率,通常用 q 来表示,其计算公式为

$$q = \frac{\delta}{\overline{K}}$$

标准离差是一个绝对值,不是相对值,只能用来比较期望值相同的投资决策方案,而不能用来比较期望值不同的投资决策方案。对期望值不同的投资决策方案,应该用标准离差同期望值的比值,即标准离差率来进行衡量。

标准离差率是一个相对数,在期望值不同时,标准离差率越大,风险越大;标准离差率越小,风险也越小。

【例 2-21】 根据例 2-19 和例 2-20 的资料可计算 A、B 两个项目的标准离差率如下。

$$A \text{ 项目的标准离差率为 } q = \frac{\delta}{\overline{K}} = \frac{36.83}{27.5} \approx 1.34$$

$$B \text{ 项目的标准离差率为 } q = \frac{\delta}{\overline{K}} = \frac{7.76}{18.5} \approx 0.42$$

由结果可知,A 项目的标准离差率大于 B 项目的标准离差率,说明 A 项目的风险大于 B 项目的风险。

通过以上方法将投资决策的方案加以量化后,决策者便可据此做出决策。

4. 投资风险价值的概念

投资风险价值是指投资者因承担风险进行投资而要求获得的超过资金时间价值的额外收益,又称投资风险收益、投资风险报酬。一般来说,投资者承担的风险越大,要求的回报越高。

投资风险价值有两种表现形式:风险收益和风险收益率。风险收益是指投资者因为承担风险进行投资而要求获得的超过资金时间价值的额外收益;风险收益率是指风险收益与

投资额的比率。在财务管理中,投资风险价值通常采用相对数,即风险收益率来加以计量。

二、投资风险价值的计算

(一)风险收益率

由于投资风险价值主要用风险收益率来表示,所以投资风险价值的计算就是计算风险收益率。风险收益率的计算一般要通过风险收益系数和标准离差率来确定。其计算公式为

$$R_R = b \times q$$

式中,R_R表示风险收益率,b表示风险收益系数,q表示标准离差率。

风险收益系数的大小通常由企业领导或相关专家加以确定,也可以根据相关历史数据加以统计。在实际工作中,风险收益系数在很大程度上取决于企业对风险的态度。一般来说,敢于冒险的企业把系数定得较低;保守的企业则把系数定得较高。

(二)投资收益率

在不考虑通货膨胀因素的影响下,投资者进行风险投资所要求的投资收益率由无风险收益率(资金时间价值)和风险收益率组成,即

$$K = R_F + R_R = R_F + b \times q$$

式中,K表示投资的总收益率,R_F表示无风险收益率。

在财务管理实务中,一般把短期政府债券(如短期国库券)的收益率作为无风险收益率。

第三节 证券投资组合与资本资产定价模型

一、证券投资风险的种类

证券投资的风险按照形成原因分为系统风险与非系统风险。

非系统风险可以通过投资多样化来分散。值得注意的是,在风险的分散过程中,不应当过分夸大资产多样性和资产个数的作用。实际上,在资产组合中资产种类的数目较低时,增加资产的种类,分散风险的效果会非常明显,但资产种类增加到一定程度时,分散风险的效果就会逐渐减弱。经验数据表明,组合中不同行业的资产种类达到 20 个时,绝大多数非系统风险均已被分散。此时,如果继续增加资产种类,对分散风险已没有多大的实际意义,只能增加管理成本。另外,不要指望通过资产多样化达到完全消除风险的目的,因为系统风险是不能够通过风险的分散来消除的。

尽管绝大多数企业和资产都不可避免地受到系统风险的影响,但并不意味着系统风险对所有资产或所有企业都有相同的影响。有些资产受系统风险的影响大,有些资产受系统风险的影响小。单项资产或资产组合受系统风险影响的程度,可以通过系统风险系数(β系数)来衡量。

二、证券投资组合的风险

(一)证券组合

两个或两个以上资产所构成的集合称为资产组合。如果资产组合中的资产均为有价证

券,则该资产组合也可称为证券组合。本部分内容对资产组合和证券组合的概念不进行严格区分。

(二)证券投资组合的风险计算

1. 两项资产组合的风险

两项资产组合的收益率的方差满足以下关系式:

$$\sigma_P^2 = W_1^2\sigma_1^2 + W_2^2\sigma_2^2 + 2W_1W_2\rho_{1,2}\sigma_1\sigma_2$$

式中,σ_P 表示资产组合的标准差,它衡量的是资产组合的风险;σ_1 和 σ_2 分别表示组合中两项资产的标准差,它们衡量的是该资产组合中两项资产的风险;W_1 和 W_2 分别表示组合中两项资产所占的价值比例;$\rho_{1,2}$ 反映两项资产收益率的相关程度,即两项资产收益率之间相对运动的状态,称为相关系数。理论上,相关系数介于 $[-1,1]$ 之间。

当 $\rho_{1,2}=1$ 时,表明两项资产的收益率具有完全正相关的关系,即它们的收益率变化方向和变化幅度完全相同,所以这样的组合不能降低任何风险。

当 $\rho_{1,2}=-1$ 时,表明两项资产的收益率具有完全负相关的关系,即它们的收益率变化方向和变化幅度完全相反,所以这样的组合可以最大限度地抵消风险。

在实际中,两项资产的收益率具有完全正相关和具有完全负相关的情况几乎是不可能的。绝大多数资产两两之间都具有不完全的相关关系,即相关系数小于 1 且大于 -1(多数情况下大于零)。因此,会有 $0 < \sigma_P < (W_1\sigma_1 + W_2\sigma_2)$,即资产组合的标准差小于组合中各资产标准差的加权平均数,也即资产组合的风险小于组合中各资产风险的加权平均数,所以资产组合可以分散风险,但不能完全消除风险。

2. 多项资产组合的风险

根据组合投资理论,一般来讲,随着资产组合中资产个数的增加,资产组合的风险会逐渐降低,当资产的个数增加到一定程度时,资产组合的风险程度将趋于平稳,这时资产组合的风险的降低将非常缓慢直到不再降低。

随着资产组合中资产数目的增加,由方差表示的各资产本身的风险状况对组合风险的影响逐渐减小,乃至最终消失。但由协方差表示的各资产收益率之间相互作用、共同运动所产生的风险并不能随着组合中资产个数的增大而消失,它是始终存在的。

方差只反映资产本身的特性,可通过增加组合中资产的个数而最终消除,即非系统风险。协方差反映资产之间的相互关系,共同运动,无法最终消除,即系统风险。

三、资本资产定价模型

(一)β 系数的含义

1. 单项资产的系统风险系数(β 系数)

单项资产的 β 系数是指可以反映单项资产收益率与市场平均收益率之间变动关系的一个量化指标,它表示单项资产收益率的变动受市场平均收益率变动的影响程度。换言之,就是相对于市场组合的平均风险而言,单项资产所含的系统风险的大小。

β 系数的经济意义在于,它告诉我们相对于市场组合而言特定资产的系统风险是多少。例如,市场组合相对于它自己的 β 系数是 1;如果一项资产的 β 系数为 0.5,表明它的系统风险是市场组合系统风险的 0.5,其收益率的变动性只及一般市场变动性的一半;如果一项资

产的 β 系数为 2.0，说明这种资产的变动幅度为一般市场变动性的 2 倍。总之，某一资产或股票的 β 系数的大小反映这种资产收益的变动与整个市场收益变动之间的相关关系，计算 β 系数就是确定该资产与整个市场收益变动影响的相关性及其程度。

在实务中，并不需要企业财务人员或投资者自己去计算证券的 β 系数，一些证券咨询机构会定期公布大量交易过的证券的 β 系数。

不同公司之间的 β 系数有所不同，即便是同一家公司，在不同时期，其 β 系数也会有所差异。

我国也有一些证券咨询机构定期计算和编制各上市公司的 β 系数，可以通过中国证券市场数据库查询。

2. 投资组合的系统风险系数（β_P 系数）

对于资产组合来说，其所含的系统风险的大小可以用 β_P 系数来衡量。资产组合的 β_P 系数是所有单项资产 β 系数的加权平均数，权数为各种资产在资产组合中所占的价值比例。其计算公式为

$$\beta_P = \sum W_i \times \beta_i$$

式中，β_P 是资产组合的 β 系数；W_i 为第 i 项资产在组合中所占的价值比重；β_i 为第 i 项资产的 β 系数。

由于单项资产的 β 系数不尽相同，因此通过替换资产组合中的资产或改变不同资产在组合中的价值比例，可以改变组合的风险特性。

【例 2-22】 某资产组合中有三只股票，有关的信息如表 2-2 所示，计算该资产组合的 β 系数。

表 2-2 某资产组合的相关信息

股票	β 系数	股票的每股市价/元	股票的数量/股
A	0.8	4	200
B	1.2	2	100
C	1.8	10	100

解：首先，计算三只股票所占的价值比例。
A 股票比例： $(4 \times 200) \div (4 \times 200 + 2 \times 100 + 10 \times 100) = 40\%$
B 股票比例： $(2 \times 100) \div (4 \times 200 + 2 \times 100 + 10 \times 100) = 10\%$
C 股票比例： $(10 \times 100) \div (4 \times 200 + 2 \times 100 + 10 \times 100) = 50\%$
然后，计算加权平均 β 系数。

$$\beta_P = 40\% \times 0.8 + 10\% \times 1.2 + 50\% \times 1.8 = 1.34$$

（二）投资组合风险收益率的计算

投资组合的风险收益率就是组成投资组合的各种资产风险收益率的加权平均数，其权数等于各种资产在组合中所占的价值比例。投资组合风险收益率的计算公式为

$$R_P = \sum W_i \times R_i$$

式中，R_P 表示投资组合的风险收益率；W_i 表示第 i 项资产在整个组合中所占的价值比例；

R_i 表示第 i 项资产的风险收益率。

【例 2-23】 东方公司拟分别投资于 A、B 两资产。其中，A 资产的风险收益率为 8%，计划投资额为 400 万元；B 资产的风险收益率为 12%，计划投资额为 600 万元。要求：计算该投资组合的风险收益率。

解：依题意

$$R_1=8\%, R_2=12\%$$
$$W_1=400\div(400+600)=40\%$$
$$W_2=600\div(400+600)=60\%$$

则该投资组合的风险收益率为

$$R_P=\sum W_i\times R_i=8\%\times40\%+12\%\times60\%=10.4\%$$

（三）资本资产定价模型的应用

1. 资本资产定价模型的基本原理

资本资产主要指的是股票，而定价是指解释资本市场如何决定股票收益率，进而决定股票价格。

根据风险与收益的一般关系，某资产的必要收益率是由无风险收益率和风险收益率决定的，即必要收益率＝无风险收益率＋风险收益率。

$$R=R_F+\beta(R_M-R_F)$$

这是资本资产定价模型的核心关系式。式中，R 表示某资产的必要收益率；R_F 表示无风险收益率，通常用短期国库券的利率来近似代替；β 表示该资产的系统风险；R_M 表示市场组合收益率，通常用股票价格指数收益率的平均值或所有股票的平均收益率来代替。

公式中 (R_M-R_F) 称为市场风险溢价，它是附在风险收益率之上的，由于承担了市场平均风险所要求的补偿，它反映的是市场作为整体对风险的平均"容忍"程度，也就是市场整体对风险的厌恶程度，对风险越是厌恶和回避，要求的补偿就越高，因此，市场风险溢价的数值就越大。反之，如果市场的抗风险能力强，则对风险的厌恶和回避就不是很强烈，因此，要求的补偿就越低，所以市场风险溢价的数值就越小。不难看出：某项资产的风险收益率是市场风险溢价和该资产系统风险系数的乘积，即

$$风险收益率=\beta(R_M-R_F)$$

【例 2-24】 某年由 MULTEX 公布的美国通用汽车公司的 β 系数是 1.170，短期国库券利率为 4%，股票价格指数收益率是 10%，那么，美国通用汽车公司该年股票的必要收益率应为多少？

解： $R=R_F+\beta(R_M-R_F)=4\%+1.170\times(10\%-4\%)=11.02\%$

2. 证券市场线

如果用图形来表示资本资产定价模型，则称为证券市场线（SML）。把资本资产定价模型公式中的 β 系数看作自变量（横坐标），必要收益率 R 作为因变量（纵坐标），无风险收益率（R_F）和市场风险溢价（R_M-R_F）作为已知量。

方程式 $R=R_F+\beta(R_M-R_F)$ 表示的直线如图 2-7 所示。

证券市场线对任何公司、任何资产都是适用的。只要将公司或资产的 β 系数代入上述直线方程中，就能得到该公司或资产的必要收益率。

证券市场线上每一点的横、纵坐标值分别代表每一项资产（或资产组合）的 β 系数和必

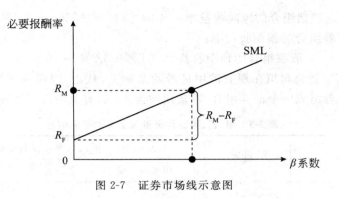

图 2-7 证券市场线示意图

要收益率。因此,证券市场线上任意一项资产或资产组合的 β 系数和必要收益率都可以在证券市场线上找到对应的一点。

3. 资本资产定价模型的应用

在资本资产定价模型的理论框架下,若假设市场是均衡的,则资本资产定价模型还可以表述为

$$预期收益率 = 必要收益率 = R_F + \beta(R_M - R_F)$$

【例 2-25】 宇通公司持有甲、乙、丙三种股票构成的证券组合,三种股票的 β 系数分别为 2.0、1.2 和 0.8,它们的投资份额分别为 60 万元、30 万元和 10 万元。股票市场平均收益率为 10%,无风险收益率为 5%。假定资本资产定价模型成立。要求:

(1) 确定证券组合的预期收益率。

(2) 若公司为降低风险而出售部分甲股票,使甲、乙、丙三种股票在证券组合中的投资份额为 10 万元、30 万元和 60 万元,其余条件不变。试计算此时的风险收益率和预期收益率。

解:(1)首先计算各股票在组合中的比例:

甲股票的比例 = 60 ÷ (60 + 30 + 10) = 60%

乙股票的比例 = 30 ÷ (60 + 30 + 10) = 30%

丙股票的比例 = 10 ÷ (60 + 30 + 10) = 10%

然后计算证券组合的 β 系数:

证券组合的 β 系数 = 2.0 × 60% + 1.2 × 30% + 0.8 × 10% = 1.64

接着计算证券组合的风险收益率:

证券组合的风险收益率 = 1.64 × (10% - 5%) = 8.2%

最后计算证券组合的预期收益率:

证券组合的预期收益率 = 5% + 8.2% = 13.2%

(2) 调整组合中各股票的比例后,首先计算各股票在组合中的比例:

甲股票的比例 = 10 ÷ (60 + 30 + 10) = 10%

乙股票的比例 = 30 ÷ (60 + 30 + 10) = 30%

丙股票的比例 = 60 ÷ (60 + 30 + 10) = 60%

然后计算证券组合的 β 系数:

股票组合的 β 系数 = 2.0 × 10% + 1.2 × 30% + 0.8 × 60% = 1.04

接着计算证券组合的风险收益率:

股票组合的风险收益率 = 1.04×(10%－5%) = 5.2%

最后计算证券组合的预期收益率：

股票组合的预期收益率 = 5%＋5.2% = 10.2%

【例 2-26】 宇通公司拟在现有的甲证券的基础上，从乙、丙两种证券中选择一种风险小的证券与甲证券组成一个证券组合，资金比例为 6∶4，有关的资料如表 2-3 所示。

表 2-3 甲、乙、丙三种证券收益率的预测信息

可能情况	概率	甲、乙、丙证券的收益率		
		甲证券/%	乙证券/%	丙证券/%
经济繁荣	0.5	15	20	8
经济一般	0.3	10	10	14
经济衰退	0.2	5	－10	12

要求：

(1) 应该选择哪一种证券？

(2) 假定资本资产定价模型成立，如果证券市场平均收益率是 12%，无风险收益率为 5%，计算所选择的组合的预期收益率和 β 系数。

解：(1) 甲证券的预期收益率 = 0.5×15%＋0.3×10%＋0.2×5% = 11.5%

乙证券的预期收益率 = 0.5×20%＋0.3×10%＋0.2×(－10%) = 11%

丙证券的预期收益率 = 0.5×8%＋0.3×14%＋0.2×12% = 10.6%

乙证券的标准差 = $\sqrt{(20\%-11\%)^2 \times 0.5 + (10\%-11\%)^2 \times 0.3 + (-10\%-11\%)^2 \times 0.2}$
= 11.36%

丙证券的标准差 = $\sqrt{(8\%-10.6\%)^2 \times 0.5 + (14\%-10.6\%)^2 \times 0.3 + (12\%-10.6\%)^2 \times 0.2}$
= 2.69%

乙证券的标准离差率 = 11.36%÷11% = 1.03

丙证券的标准离差率 = 2.69%÷10.6% = 0.25

由于丙证券的标准差和标准离差率均小于乙证券的标准差和标准离差率，说明丙证券的风险小于乙证券的风险，所以应该选择丙证券。

(2) 组合的预期收益率 = 0.6×11.5%＋0.4×10.6% = 11.14%

根据资本资产定价模型：11.14% = 5%＋β(12%－5%)

解得：β = 0.88

本章小结

资金时间价值是指一定量资金经历了一定时间的投资和再投资所增加的价值。投资风险价值是指投资者因为承担风险进行投资而要求获得的超过资金时间价值的额外收益，又称投资风险收益、投资风险报酬。投资风险价值主要用风险收益率来表示。投资风险总收益率由无风险收益率和风险收益率组成。

要注意单利和复利在计算资金时间价值中的应用。单利是指计算利息时，仅就本金计

息,计算出的利息不再计息。复利是指计算利息时,不仅本金要计算利息,所产生的利息也要计算利息。

衡量风险大小需要运用期望值和标准离差或标准离差率。

资本资产定价模型的主要内容是分析风险收益率的决定因素和度量方法。其表达形式为 $R = R_F + \beta(R_M - R_F)$。

1. 什么是资金时间价值?
2. 什么是终值?什么是现值?
3. 什么是年金?它主要包括哪些形式?
4. 什么是风险?如何衡量风险?
5. 什么是投资风险价值?如何计算风险收益率?

一、单项选择题

1. 一定时期内每期期末等额收付的系列款项是( )。
   A. 普通年金 B. 即付年金 C. 递延年金 D. 永续年金
2. 一企业向银行贷款,年利率为6%,若每半年复利一次,年实际利率是( )。
   A. 6.08% B. 6.09% C. 6.1% D. 6.2%
3. 东方公司想为员工设立奖励基金,计划每年拿出20 000元奖励优秀员工,假设银行的存款利率为5%,企业最初应该存入基金( )元。
   A. 400 000 B. 500 000 C. 550 000 D. 600 000
4. 东方公司现有甲、乙两方案可供选择,甲方案的标准离差是1.5,乙方案的标准离差是1.4,经过估算,两方案的期望值相同,则两方案的风险关系为( )。
   A. 甲方案大于乙方案 B. 甲方案小于乙方案
   C. 无法确定 D. 两方案一样
5. 影响所有资产的风险是( )。
   A. 系统风险 B. 非系统风险 C. 经营风险 D. 财务风险

二、多项选择题

1. 年金按其每次收付款项发生的时点不同,可以分为( )。
   A. 普通年金 B. 即付年金 C. 递延年金 D. 永续年金
2. 从个别投资主体的角度来看,风险可分为( )。
   A. 市场风险 B. 经营风险 C. 公司特有的风险 D. 财务风险
3. 下列年金既有现值又有终值的是( )。
   A. 普通年金 B. 即付年金 C. 递延年金 D. 永续年金

三、判断题

1. 期望值相同的多个方案,标准离差越小,风险越大。   (   )

2. 多个方案不管期望值相同与否,标准离差率越大,风险越大。　　　　　　　(　　)
3. 偿债基金的计算是年金终值的逆运算。　　　　　　　　　　　　　　　　(　　)
4. 永续年金只有现值没有终值。　　　　　　　　　　　　　　　　　　　　(　　)
5. 如果一项资产的 β 系数是1,说明该项资产收益率的变动性和一般市场收益率的变动幅度相同。　　　　　　　　　　　　　　　　　　　　　　　　　　　　　　　(　　)

四、计算题

1. 甲公司欠乙公司20万元债务,乙公司提出两种还款方式任其选择:A方案是现在一次性支付20万元;B方案是第一年年末支付10万元,第二年年末支付6万元,第三年年末支付6万元。假定年利率为5%,请问甲公司应选择哪个方案比较划算?

2. 乙公司准备租入某一厂房,有两种付款方式可供选择。
(1) 每年年初付租金2万元,连续支付10年,共计20万元。
(2) 从第四年开始,每年年初支付2.5万元,连续支付10年,共计25万元。
假定年利率为10%,请用年金现值方法为该公司做出选择。

3. 东风公司面临甲、乙两项投资项目,投资额均为1 000万元,预计可能获得的年收益及概率资料如表2-4所示。试比较两个项目风险的大小。

表2-4　甲、乙项目的年收益及概率

市场状况	概率	甲项目收益额/万元	乙项目收益额/万元
繁荣	0.3	2 000	3 000
一般	0.4	1 000	1 000
衰退	0.3	500	0

4. 宇通公司持有甲、乙两种股票构成的证券组合,这两种股票的 β 系数分别为1.2和1,它们的投资份额分别为60万元和40万元。股票市场平均收益率为10%,无风险收益率为5%。假定资本资产定价模型成立,确定该证券组合的预期收益率。

第三章

筹资管理(上)

【学习目标】
(1) 了解筹资的含义、原则、动机。
(2) 了解筹资的渠道和方式。
(3) 掌握企业资金需要量的预测方法。
(4) 熟悉销售百分比法的基本原理。
(5) 了解股权融资、债务融资和混合融资的种类、程序与优缺点。

第一节 筹资管理概述

一、筹资的含义

资金是企业经营活动的基本要素,是企业创建和生存发展的必要条件。一个企业从创建到生存发展的整个过程都需要资金,因此也就有了资金的筹集活动。筹资是企业根据其生产经营、对外投资和资本结构调整等需要,通过一定的筹资渠道,采取恰当的筹资方式,筹措和集中所需资金的行为,是企业财务管理的一项重要内容。通常所说的筹资主要是指长期资金的筹集,短期资金的筹集归入营运资金管理。

二、筹资的原则

企业筹资是一项重要且复杂的工作,为有效地筹集企业所需要的资金,必须遵循以下几个原则。

(一) 筹措资金合法

企业无论选择直接筹资还是间接筹资,股权筹资还是债券筹资,都必须遵守国家相关的法律法规,依法履行法律法规和筹资合同约定的责任,合法合规地筹资,依法披露信息,维护各方的合法权益。

(二) 融资规模恰当

财务人员应认真分析生产、经营状况,采用一定的方法预测资金需求量,合理确定筹资规模。筹资规模与资金需求量应当匹配,既要避免因筹资不足影响生产经营的正常进行,又要防止筹资过多造成资金闲置。

(三) 筹集资金及时

企业要根据资金投资时间合理安排筹资时间,既要避免过早筹集资金形成的资金投放前的闲置,又要防止取得资金的时间滞后而延误投资的有利时机。

(四) 筹资来源经济

企业通过对比不同的筹资渠道,选择经济、可行的资金来源。不同的筹资方式和渠道,资金成本不同,企业应当充分考虑筹资的难易度,并结合资金成本,选择经济、可行的筹资方式,并力求降低筹资成本。

(五) 资本结构合理

企业筹资要考虑债权资金和股权资金的关系、长期资金和短期资金的关系、内部筹资和外部筹资的关系,综合考虑各种筹资方式,优化资本结构,保障恰当的偿债能力,防范财务风险。

三、筹资的动机

企业进行筹资的最根本的目的就是生存和发展,但是每次具体的筹资行为往往受特定动机的驱动。概括起来,企业筹资的动机分为以下三种类型。

(一) 扩张性筹资动机

扩张性筹资动机是指企业为扩大生产规模或者对外进行投资而产生的筹资动机。企业为维持简单再生产所需要的资金是稳定的,一般不需要或者很少进行筹资,但是企业一旦研发新产品、扩建厂房、开拓市场、并购企业等就需要大量追加筹资。处于发展前景比较良好、成长型的企业往往会产生扩张性筹资动机。这种筹资动机往往会导致企业负债和所有者权益总额的增加。

(二) 支付性筹资动机

支付性筹资动机是指为满足企业正常经营业务波动所形成的支付需要而产生的筹资动机。企业在开展经营活动过程中,常常会出现超出维持正常经营活动资金需要的季节性、临时性的交易支付需要,如原材料的大额支付、职工工资的集中下发、现金股利的发放等。在这种情况下,企业需要临时性筹资来满足生产经营正常波动的需要,维持企业的支付能力。

(三) 调整性筹资动机

调整性筹资动机是指企业因调整资本结构而产生的筹资动机。企业进行资本结构的调整一方面是为合理利用财务杠杆,降低资本成本,控制财务风险,提升企业价值。另一方面是为偿还到期债务,调整债务结构,维持恰当的偿债能力。调整性筹资动机既增加了企业的负债和所有者权益总额,又调整了各种要素之间的比例。

四、筹资的渠道、方式及对应关系

企业的筹资活动需要通过一定的筹资渠道,运用恰当的筹资方式来完成。同一筹资渠道往往可以采用不同的筹资方式取得,而同一筹资方式又往往适用于不同的筹资渠道。

(一)筹资渠道

筹资渠道是指筹集资金的来源,体现资金的源泉。了解各种筹资渠道及其特点,有助于企业充分利用筹资渠道有效进行筹资。企业的筹资渠道主要有以下几种。

1. 政府财政资金

政府政财资金是指企业取得的来源于政府及其有关部门的财政补助、补贴、贷款贴息,以及其各类财政专项资金。我国国有企业筹资的主要来源是政府财政资金,它具有较强的政策性。政府财政资金具有广阔的来源和稳定的基础,并在国有企业预算中做出了安排。

2. 银行信贷资金

银行信贷资金是企业筹资的重要来源,是银行以信用方式聚集和运用的货币资金。银行信贷资金的来源主要是吸收存款、发行债券、向中央银行借款等,通过向企业提供短期贷款和长期贷款,适应各类企业债务资金的需要。

3. 非银行金融机构资金

非银行金融机构是指除银行以外的各种金融机构及金融中介机构,如信托投资公司、租赁公司、保险公司、证券公司、企业集团所属的财务公司等。这些金融机构提供的资金比较方便,能够提供包括信贷资金投放及为企业承销证券等各种金融服务。

4. 其他企业资金

企业在生产经营中往往形成部分暂时闲置的资金,为达到一定的收益,也会进行融通。另外,企业间的购销业务可以通过商业信用方式来完成,从而形成企业间的债权债务关系,形成债务人对债权人的短期信用资金的占用。企业间的相互投资和商业信用的存在,使其他企业也成为企业资金的来源。

5. 企业自留资金

企业自留资金是指企业通过从税后利润中提取的盈余公积金和未分配利润形成的内部资金。这类资金的主要特征是无须通过一定的方式去筹集,而是直接由企业内部自动生成或转移。

6. 居民个人资金

居民个人资金是指企业员工和居民个人的结余资金,作为游离于银行及非银行金融机构之外的个人资金可用于对企业进行投资,形成民间资金的来源渠道,从而为企业所用。

7. 境外资金

境外资金是指我国境外投资者及我国港澳台地区投资者投入的资金。随着国际经济业务的拓展,利用境外资金已成为企业筹资的一个新的重要来源。

(二)筹资方式

筹资方式是指企业筹集资金所采取的具体方式,它受到法律环境、经济体制、融资市场等筹资环境的制约,特别是受国家对金融市场和融资行为方面的法律法规制约。最基本的筹资方式主要有两种:股权筹资和债券筹资。股权筹资包括吸收直接投资、发行股票等方式;债券筹资包括向银行借款、发行公司债券、利用商业信用等方式。发行可转换债券、认股权证等筹集资金的方式,属于兼有股权筹资和债券筹资性质的混合性筹资方式。

(三)筹资渠道和筹资方式的对应关系

筹资渠道解决的是筹资来源问题,筹资方式解决的是筹资的具体形式和工具问题。两者之间的关系非常密切。同一筹资渠道往往可以采用不同的筹资方式取得,而同一筹资方式又往往适用于不同的筹资渠道。企业在筹资时,应当注意筹资来源和筹资方式的合理配合,两者之间的对应关系如表3-1所示。

表3-1　筹资渠道与筹资方式的对应关系

筹资方式	筹资渠道						
	吸收直接投资	发行股票	留存收益	银行借款	发行债券	融资租赁	商业信用
政府财政资金	√	√					
银行信贷资金				√			
非银行金融机构资金	√			√	√	√	
其他企业资金	√	√				√	√
企业自留资金		√	√				
居民个人资金		√					
境外资金	√	√		√	√		

第二节　资金需要量预测

资金需要量是企业筹资的数量依据,应当科学合理地进行预测。资金需要量预测的基本目的是保证筹集的资金既能够满足生产经营的需要,又不会产生多余资金而闲置。资金需要量预测的方法有多种,下面介绍两种常用的方法:销售百分比法、资金习性预测法。

一、销售百分比法

(一)基本原理

销售百分比法是指假设某些资产和负债与销售额存在稳定的百分比关系,根据这个假设预计外部资金需要量的方法。企业扩大销售规模时,应相应地增加流动资产,若销售规模增加较多,就需要筹措资金增加长期资产,一部分就可以通过随销售收入同比例增加的流动负债获取,另一部分是来自预测的留存收益增加额,剩余的则需要进行外部筹资获取。

(二)基本步骤

销售百分比法有两种计算方法:一种是总额法,即根据估计的销售收入的总额来预计资产、负债和所有者权益的总额,然后利用"资产=负债+所有者权益"的会计恒等式来确定外部筹资额;另一种是差额法,即根据估计的销售收入的变动额预计资产、负债和所有者权益的变动额,然后利用会计恒等式来确定外部筹资额。

1. 总额法

（1）确定随销售额变动而变动的资产和负债项目。通常情况下,随销售额的增长而增加的项目称为敏感项目,不随销售额的增长而增加的项目称为非敏感项目。一般地,敏感资产项目主要包括现金、应收账款、存货等流动资产;敏感负债项目主要包括应付账款、应付费用和其他应付款等短期债务,由于此类债务是随销售额的增长而增加的,因此也称为"自动性债务"。企业的对外投资、短期借款、长期负债、实收资本等项目,一般不随销售额的增长而增加,因此称为非敏感项目。

（2）计算相关项目与销售额的百分比。如果企业资金周转的营运效率保持不变,敏感性资产项目与敏感性负债项目会随销售额的变动而成正比例变动,保持稳定的百分比关系。企业应当根据历史资料和同业情况,剔除不合理的资金占用,寻找与销售额的稳定百分比关系。

（3）预计留存收益增加额=预计净利润×利润留存比率。

（4）利用敏感资产和敏感负债与销售额的百分比,预计资产负债表中各项目的金额。

$$预计资产（负债）=\sum 预计销售额 \times 各项目销售百分比$$

（5）确定外部资金需要量=预计资产－预计负债－预计所有者权益。

【例3-1】 华兴公司2021年的简化资产负债表和简化利润表分别如表3-2和表3-3所示。

表3-2 华兴公司2021年的简化资产负债表   单位:万元

资产	金额	负债和所有者权益	金额
货币资金	160	短期借款	300
交易性金融资产	160	应付账款	480
应收票据	180	应付职工薪酬	164
应收账款	720	应交税费	120
存货	560	其他应付款	80
其他流动资产	20	其他流动负债	36
长期股权投资	660	长期借款	660
固定资产	1 860	股本	1 400
无形资产	280	资本公积	520
		留存收益	840
资产总计	4 600	负债和所有者权益总计	4 600

华兴公司2022年预计营业收入为10 000万元。为扩大生产经营规模,公司决定于2022年扩建价值300万元的厂房和机器设备。公司的股利分配率为60%,所得税税率为25%。试预计公司2022年的外部融资需求(敏感项目占营业收入的百分比按2021年的数

据确定;2022年非敏感项目的预计额等于2021年的实际额)。

表3-3 华兴公司2021年的简化利润表   单位:万元

项目	金额
营运收入	8 000
减:营业成本	5 000
税金及附加	400
销售费用	920
管理费用	1 440
财务费用	54
加:投资收益	360
营业利润	546
加:营业外收入	94
利润总额	640
减:所得税	160
净利润	480

首先,编制华兴公司2022年的预计利润表,如表3-4所示。

表3-4 华兴公司2022年的预计利润表   单位:万元

项目 (1)	2021年实际额 (2)	占营业收入的百分比/% (3)	2022年预计额 (4)
营业收入	8 000	100	10 000
减:营业成本	5 000	62.5	6 250
税金及附加	400	5	500
销售费用	920	11.5	1 150
管理费用	1 440	18	1 800
财务费用	54	—	54
加:投资收益	360	—	360
营业利润	546	*	606
加:营业外收入	94	—	94
利润总额	640	*	700
减:所得税	160	/	175
净利润	480	*	525

表3-4中第(2)列的数据直接取自表3-3。第(3)列中各敏感项目占营业收入的百分比

等于第(2)列中相应项目的实际额除以2021年营业收入8 000万元;"一"代表非敏感项目;"/"代表变动幅度与营业收入变动幅度不成比例的项目;"*"代表根据其他项目推算出来的项目。第(4)列中敏感项目的预计额等于2022年预计营业收入10 000万元乘以第(3)列中对应的百分比;非敏感项目的金额等于第(2)列中对应的金额。

其次,计算预计留存收益增加额。

$$预计留存收益增加额 = 525 \times (1 - 60\%) = 210(万元)$$

最后,编制华兴公司2022年的预计资产负债表,如表3-5所示。

表3-5　华兴公司2022年的预计资产负债表　　　　　单位:万元

项　目 (1)	2021年实际额 (2)	占营业收入的百分比/% (3)	2022年预计额 (4)
资产			
货币资金	160	2	200
交易性金融资产	160	—	160
应收票据	180	2.25	225
应收账款	720	9	900
存货	560	7	700
其他流动资产	20	—	20
长期股权投资	660	—	660
固定资产	1 860	/	2 160
无形资产	280	—	280
资产总计	4 600	*	5 305
负债和所有者权益			
短期借款	300	—	300
应付账款	480	6	600
应付职工薪酬	164	2.05	205
应交税费	120	1.5	150
其他应付款	80	—	80
其他流动负债	36	—	36
长期借款	660	—	660
股本	1 400	—	1 400
资本公积	520	—	520
留存收益	840	/	1 050
追加外部筹资额	—	*	304
负债和所有者权益总计	4 600	*	5 305

表 3-5 中第(2)列的数据直接取自表 3-2。第(3)列中各敏感项目占营业收入的百分比等于第(2)列中相应项目的实际额除以 2021 年营业收入 8 000 万元;"一"代表敏感项目;"/"代表变动幅度与营业收入变动幅度不成比例的项目;"*"代表根据其他项目推算出来的项目。第(4)列中敏感项目的预计额等于 2022 年预计营业收入 10 000 万元乘以第(3)列中对应的百分比;非敏感项目的金额等于第(2)列中对应的金额;固定资产的金额等于第(2)列中的金额加上 300 万元新增投资;留存收益金额等于第(2)列中的金额加上预计新增留存收益 210 万元。

因此,2022 年华兴公司的外部融资需求为 304 万元。

2. 差额法

差额法的原理与总额法完全一样,即利用会计恒等式倒推出需要向外部筹资的金额。但是,在差额法思路下所用的是变动额的平衡,而不是总额的平衡。

(1) 确定敏感项目和非敏感项目,以及各敏感项目占营业收入的百分比。其确定方法与总额法的思路相同。

(2) 根据估计的营业收入预计各利润表项目,进而估算出净利润。

(3) 预计留存收益增加额=预计净利润×利润留存比例。

(4) 根据估计的营业收入变动额预计各资产负债表项目变动额。

(5) 根据会计恒等式"资产=负债+所有者权益"得:

外部筹资需求量=预计资产变动额-预计负债变动额-预计所有者权益变动额

用公式表示如下:

$$外部筹资需求量 = \Delta S \times \left(\sum \frac{RA}{S} - \sum \frac{RL}{S} \right) - \Delta RE + M$$

式中,ΔS 为预计营业收入变动额;$\sum \frac{RA}{S}$ 为敏感资产占营业收入的百分比之和;$\sum \frac{RL}{S}$ 为敏感负债占营业收入的百分比之和;ΔRE 为预计留存收益变动额;M 为其他影响因素,如跳跃式变动资产的变动额。

根据例 3-1 的资料,现用差额法计算外部融资需求。

计算敏感资产和敏感负债占营业收入的百分比之和。

$$\sum \frac{RA}{S} = 2\% + 2.25\% + 9\% + 7\% = 20.25\%$$

$$\sum \frac{RL}{S} = 6\% + 2.05\% + 1.5\% = 9.55\%$$

第一,与总额法计算方法一样,预计净利润为 262.5 万元。

第二,与总额法计算方法一样,计算预计留存收益变动额 $\Delta RE = 210$ 万元。

第三,计算 2022 年的外部融资需求

$$\begin{aligned}外部筹资需求量 &= \Delta S \times \left(\sum \frac{RA}{S} - \sum \frac{RL}{S} \right) - \Delta RE + M \\ &= (10\,000 - 8\,000) \times (20.25\% - 9.55\%) - 210 + 300 \\ &= 304(万元)\end{aligned}$$

二、资金习性预测法

资金习性是指资金的变动与产销量(业务量)变动之间的依存关系。资金习性预测法是指根据资金习性预测资金需求量的一种方法。按照资金与产销量之间的依存关系可以把资金分为不变资金、变动资金和半变动资金。

(1) 不变资金是指在一定的产销量(业务量)范围内,不随产销量(业务量)的变动而变动的那部分资金。该部分资金包括为维持营业而占用的最低数额的现金,原材料的保险储备,产品的保险储备,厂房、机器设备等固定资产占用的资金。

(2) 变动资金是指随产销量(业务量)的变动而变动的那部分资金。该部分资金包括直接构成产品的原材料、外购件等占用的资金。

(3) 半变动资金是指虽然受产销量变动的影响,但不成同比例变动的资金。该部分资金包括一些辅助材料占用的资金。半变动资金可采用一定的方法划分为不变资金和变动资金两部分。

(一) 高低点法

高低点法是依据两点确定一条直线的原理,将高点和低点代入直线方程求出 a 和 b 的方法。其计算公式如下:

$$b = \frac{最高业务量资金占用量 - 最低业务量资金占用量}{最高业务量 - 最低业务量}$$

$$a = 最高业务量资金占用量 - b \times 最低业务量$$

或

$$a = 最低业务量资金占用量 - b \times 最低业务量$$

$$Y = a + bX$$

将预测期的预计业务量代入上式,即可求出预测期所需的资金需求量。

【例 3-2】 华兴公司 2017—2021 年销售量和资金需求量之间的关系如表 3-6 所示,2022 年的预计销售量为 4 000 万件,采用高低点法预测 2022 年完成销售量所需要的资金量。

表 3-6 销售量和资金需求量之间的关系表

年度	销售量 x/万件	资金需求量 y/万元
2017	2 400	2 000
2018	2 200	1 900
2019	2 000	1 800
2020	2 400	2 000
2021	3 600	2 800

解:(1) 高点是指业务量最大的点,低点是指业务量最小的点。在本例题中,高点是 (3 600,2 800),低点是 (2 000,1 800)。

(2) 利用公式求出 a、b 的值。

$$b = \frac{2\ 800 - 1\ 800}{3\ 600 - 2\ 000} = 0.625$$

将 $b=0.625$ 代入 2021 年的 $Y=a+bX$,得

$$a = 2\ 800 - 0.625 \times 3\ 600 = 550$$

将 a、b 的值代入 $Y=a+bX$,建立预测方程。

$$Y = a + bX = 550 + 0.625X$$

(3) 预测 2022 年的资金需求量。

$$Y = 550 + 0.625 \times 4\ 000 = 3\ 050(万元)$$

(二)线性回归分析法

线性回归分析法是采用资金习性预测资金需求量的另一种方法。该方法通过建立资金需要量与相关因素之间的数学模型,根据回归分析原理预测未来资金需要量。该方法比高低点法计算更准确。

(1) 建立数学模型,设产销量为自变量 X,资金需求量为因变量 Y,它们之间的关系可以表示为

$$Y = a + bX$$

式中,a 为固定资金需要量;b 为单位产销量的变动资金需要量。

然后建立方程组,代入数据计算 a、b 的值。

$$\begin{cases} \sum y = na + b \sum x \\ \sum xy = a \sum x + b \sum x^2 \end{cases}$$

(2) 预测资金需要量,根据企业相关历史资料,在确定 a、b 的值的基础上,即可预测一定业务量 x 所对应的资金需要量 y。

【例 3-3】 承接例 3-2,制作线性回归方程数据计算表,如表 3-7 所示。

表 3-7 线性回归方程数据计算表

年度	销售量 x/万件	资金需求量 y/万元	xy	x^2
2017	2 400	2 000	4 800 000	5 760 000
2018	2 200	1 900	4 180 000	4 840 000
2019	2 000	1 800	3 600 000	4 000 000
2020	2 400	2 000	2 800 000	5 760 000
2021	3 600	2 800	10 080 000	12 960 000
$N=5$	$\sum x = 12\ 600$	$\sum y = 10\ 500$	$\sum xy = 25\ 460\ 000$	$\sum x^2 = 33\ 320\ 000$

代入联立方程组:

$$\begin{cases} \sum y = na + b \sum x \\ \sum xy = a \sum x + b \sum x^2 \end{cases}$$

$$\begin{cases} 10\ 500 = 5a + b12\ 600 \\ 25\ 460\ 000 = a12\ 600 + b33\ 320\ 000 \end{cases}$$

解方程组得:
$$\begin{cases} a = 3\,707.155\,2 \\ b = -0.637\,76 \end{cases}$$

将预测的销售量 4 000 万件代入上述线性方程中,得到 2022 年的资金需求量为 1 156.12(3 707.155 2−0.637 76×4 000)万元。

第三节 股权融资

股权融资是企业最基本的筹资方式,形成企业的股权资金。股权融资的三种基本形式包括吸收直接投资、发行普通股股票和利用留存收益。

一、吸收直接投资

吸收直接投资是指非股份制企业按照"共同投资、共同经营、共担风险、共享收益"的原则,吸收国家、其他企业、个人和外商投入资金的一种筹资方式。

(一)吸收直接投资的出资方式

1. 以货币资产出资

以货币资产出资是吸收直接投资中最重要的出资方式,企业使用货币资产获取其他物质资源、支付各种费用、满足企业创建开支和日后的周转所需。

2. 以实物资产出资

以实物资产出资是指投资者以房屋、机器设备等固定资产和材料、商品等流动资产进行的投资,实物资产应适合企业生产、经营、研发等需要,性能良好,且作价公平合理。

3. 以土地使用权出资

土地使用权是指土地经营者对依法取得的土地在一定期限内进行建筑、生产经营或其他活动的权利。以土地使用权出资应适合企业生产、经营、研发等需要,地理、交通条件便利,且作价公平合理。

4. 以工业产权出资

工业产权是指专有技术、商标权、专利权、非专利技术等无形资产。以工业产权出资应有助于企业研究、开发和生产出新的高技术含量产品,有助于企业提高生产效率、降低能源消耗,且作价公平合理。

5. 以特定债权出资

特定债权是指企业依法发行的可转换债券,以及按照国家有关规定可以转为股权的债权。

(二)吸收直接投资的程序

1. 预测筹资数量

企业要根据生产经营规模和产销量的情况预测资金的需要量。

2. 寻找投资单位

企业根据投资者的资信、财力和投资意向,通过信息交流和宣传,让出资者了解企业的经营能力、财务状况及未来预期,以便公司寻找合作伙伴。

3. 签订投资协议

与合作伙伴协商出资数额、出资方式和出资时间,待出资数额、资产价格确定后,双方签署投资的协议或者合同,以明确各自的权利和责任。

4. 取得筹集的资金

签署投资协议后,企业应按规定或计划取得资金。

(三) 吸收直接投资的优点

1. 能够尽快形成生产能力

吸收直接投资不仅可以直接取得一部分货币资金,而且能够直接获取所需的先进设备和技术,尽快形成生产经营能力。

2. 容易进行信息沟通

吸收直接投资的投资者比较单一,股权没有被分散,投资者还可以直接在公司管理层担任职务,公司与投资者易于沟通。

3. 筹资费用较低

与发行股票相比,吸收直接投资的手续相对比较简便,筹资费用较低。

4. 财务风险较低

吸收直接投资可以根据企业的生产经营状况向投资者支付报酬,比较灵活,因此财务风险较小。

(四) 吸收直接投资的缺点

1. 资本成本较高

相对于股票筹资方式而言,吸收直接投资的资本成本较高。

2. 不易进行产权交易

由于没有以证券为媒介,吸收直接投资不利于产权交易,难以进行产权转让。

二、发行普通股股票

股票是一种有价证券,是股份有限公司签发的证明股东所持股份和享有权益的凭证。股票实质上代表了股东对股份公司净资产的所有权,股东凭借股票可以获得公司的股息和红利,参加股东大会并行使自己的权利,同时也承担相应的责任与风险。

(一) 股票的分类

股票的种类很多,分类方法也有差异。常见的股票分类有如下几种。

1. 按股东享受权利的不同划分

按股东享受权利的不同,股票可以分为普通股票和特别股票。

普通股票是最基本、最常见的一种股票。它是指秉持"一股一权"规则之下收益权与表决权无差别、等比例配置的股票。

特别股票是指设有特别权利或特别限制的股票。优先股就是一种最常见的特别股票,持有人优先于普通股股东分配公司利润和剩余财产,但参与公司决策管理等权利受到限制。除优先股外,还有很多其他类型的特别股票。

2. 按是否记载股东姓名,股票可以分为记名股票和无记名股票

记名股票是指在股票票面和股份公司的股东名册上记载股东姓名的股票。股份有限公

司向发起人、法人发行的股票,应当为记名股票,并应当记载该发起人、法人的名称或者姓名,不得另立户名或者以代表人姓名记名。

无记名股票是指在股票票面和股份公司股东名册上均不记载股东姓名的股票。无记名股票在发行时一般留有存根联,它在形式分为两部分:一部分是股票的主体,记载了公司的有关事项,如公司名称、股票所代表的股数等;另一部分是股息票,用于进行股息结算和行使增资权利。

3. 按是否在股票票面上标明金额,股票可以分为有面额股票和无面额股票

有面额股票是指在股票票面上记载一定金额的股票。这一记载的金额也被称为票面金额、票面价值或股票面值。我国《公司法》规定,股份有限公司的资本划分为股份,每一股的金额相等。

无面额股票也称比例股票或份额股票,是指在股票票面上不记载股票面额,只注明它在公司总股本中所占比例的股票。无面额股票的价值随股份公司每股净资产和预期每股收益的增减而相应增减。但目前世界上很多国家的公司法规定不允许发行这种股票。

4. 按发行对象和上市地点,股票可以分为A股、B股、H股、N股和S股等

A股是指人民币普通股票,由我国境内注册公司发行,在境内上市交易,以人民币标明面值,以人民币认购和交易。

B股是指人民币特种股票,由我国境内注册公司发行,在境内上市交易,以人民币标明面值,以外币认购和交易。

H股是指注册地在内地、在香港上市的中资企业股票,也称国企股。

N股是指在美国纽约上市的外资股票。

S股是指主要生产或者经营等核心业务在中国大陆,而企业的注册地在内地,但是在新加坡上市的企业股票。

(二)股票的发行与上市

1. 首次发行股票的一般程序

(1)发起人认足股份、交付股资。发起设立方式的发起人认购公司全部股份;募集设立方式的公司发起人认购的股份不得少于公司股份总数的35%。发起人可以用货币出资,也可以用非货币资产作价出资。

(2)提出公开募集股份的申请。以募集方式设立的公司,发起人向社会公开募集股份时,必须向国务院证券监督管理部门递交募股申请,并报送批准设立的公司的相关文件,包括公司章程、招股说明书等。

(3)公告招股说明书,签订承销协议。招股说明书应包括公司章程、发起人认购的股份数、本次每股票面价值和发行价格、募集资金的用途等。同时,与证券公司等证券承销机构签订承销协议。

(4)招认股份,缴纳股款。认股者应在规定的期限内向代收股款的银行缴纳股款,同时交付认股书。股款收足后,发起人应委托法定的机构验资,出具验资证明。

(5)召开创立大会,选举董事会、监事会。发行股份的股款募足后,发起人应在规定期限内主持召开创立大会。在创立大会上通过公司章程,选举董事会和监事会成员,并有权对公司的设立费用进行审核,对发起人用于抵作股款的财产的作价进行审核。

(6)办理公司设立登记,交割股票。经创立大会选举的董事会,应在创立大会结束后

30天内,办理申请公司设立的登记事项。登记成立后,即向股东正式交付股票。

2. 股票的发行方式

(1) 公开间接发行股票。公开间接发行股票是指股份公司通过中介机构向社会公众公开发行股票。采用募集设立方式成立的股份有限公司,向社会公开发行股票时,必须由有资格的证券经营中介机构承销。公开发行股票范围广,发行对象多,易于足额筹集资本。同时,有利于提高公司的知名度,扩大其影响力,但公开发行方式审批手续复杂严格,发行成本高。

(2) 非公开直接发行股票。非公开直接发行股票是指股份公司只向少数特定对象直接发行股票,不需要中介机构承销。这种发行方式的弹性较大,企业能控制股票的发行过程,节省发行费用。但发行范围小,不易及时足额筹集资本,发行后股票的变现性差。

3. 股票上市的条件

我国《证券法》规定,股份有限公司申请股票上市,应当符合下列条件:①股票经国务院证券监督管理机构核准已公开发行;②公司股本总额不少于人民币3 000万元;③公开发行的股份达到公司股份总数的25%以上,公司股本总额超过人民币4亿元的,公开发行股份的比例为10%以上;④公司最近3年无重大违法行为,财务会计报告无虚假记载。

(三) 发行普通股股票的优点

1. 提高公司的信誉,促进股权流通和转让

发行普通股股票筹资,特别是上市公司,股票的流通性强,有利于市场确认公司的价值。发行普通股股票筹资以股票作为媒介,便于股权的流通和转让,便于吸收新的投资者。

2. 筹资风险较小

由于普通股没有到期日,没有固定的利息负担,因此筹资风险最小。

3. 筹资限制较少

与优先股、债券筹资相比,发行普通股股票筹资的限制较少。

(四) 发行普通股股票的缺点

1. 不易及时形成生产能力

发行普通股股票筹集的一般是货币资金,不易及时形成生产能力,还需要通过购置和建造才能形成生产经营能力。

2. 资本成本较高

由于股票投资的风险较大,收益具有不确定性,投资者会要求较高的风险补偿。

3. 容易分散控制权

发行普通股股票筹资,出售了新的股票,引进了新的股东,容易导致公司控制权的分散。

三、利用留存收益

(一) 留存收益的性质

企业通过合法有效的经营所实现的税后净利润,从本质上看,属于企业的所有者。企业往往基于以下三方面原因,将本年度的部分甚至全部利润留存下来,当作企业的投资者对本企业的再投资。

(1) 企业有利润,但企业不一定有相应的现金净流量增加,因而企业不一定有足够的现

金将利润分派给所有者。

（2）法律法规从保护债权人利益和要求企业可持续发展等角度出发，限制企业将利润全部分配出去。我国《公司法》规定，企业每年的税后利润，必须提取10%的法定盈余公积金。

（3）企业基于自身的扩大再生产和筹资需求，也会将一部分利润留存下来。

（二）利用留存收益的筹资途径

1. 提取盈余公积金

盈余公积金用于企业未来的经营发展，经投资者审议后也可以用于转增股本（实收资本）和弥补以前年度亏损。

2. 未分配利润

未分配利润有两层含义：第一，这部分净利润本年没有分配给公司的股东投资者；第二，这部分净利润未指定用途，可以用于企业未来经营发展、转增股本、弥补以前年度亏损、以后年度利润分配。

（三）利用留存收益筹资的优点

1. 不用发生筹资费用

与发行普通股股票筹资相比，利用留存收益筹资不需要发生筹资费用，资本成本较低。

2. 维持公司的控制权分布

利用留存收益筹资，不用对外发行新股或吸收新投资者，由此增加的权益资本不会改变公司的股权结构，不会稀释原有股东的控制权。

（四）利用留存收益筹资的缺点

1. 筹资数额有限

当期留存收益的最大数额是当期的净利润，数额有限。如果企业发生亏损，则当年没有利润留存。另外，股东和投资者从自身期望出发，往往希望企业每年发放一定的股利，保持一定的利润分配比例。

2. 资金使用受限

盈余公积金不得用于以后年度的对外利润分配。

第四节 债务融资

债务融资形成企业的债务资金，债务资金是企业通过银行借款、发行公司债券、融资租赁等方式筹集的资金。

一、银行借款

银行借款是指企业向银行或其他非银行金融机构借入的、需要还本付息的款项。

（一）银行借款的种类

1. 按提供贷款的机构不同，银行借款可分为政策性银行贷款、商业银行贷款和其他金融机构贷款

政策性银行贷款是指执行国家政策性贷款业务的银行向企业发放的贷款。政策性银行

包括国家开发银行、中国进出口信贷银行、中国农业发展银行。

商业银行贷款是指由各商业银行,如中国工商银行、中国建设银行、中国农业银行、中国银行等,向企业提供的贷款,用以满足企业生产经营的资金需要。

其他金融机构贷款是指从信托投资公司取得实物或货币形式的信托投资贷款、从财务公司取得的各种中长期贷款、从保险公司取得的贷款等。

2. 按机构对贷款有无担保要求,银行借款可分为信用贷款和担保贷款

信用贷款是指以借款人的信誉或保证人的信用为依据而获得的贷款。企业取得这种贷款,无须以财产做抵押。由于信用贷款风险较高,银行通常会收取较高的利息,还附加一定的限制条件。

担保贷款是指由借款人或第三方依法提供担保而获得的贷款。担保贷款包括保证贷款、抵押贷款和质押贷款三种基本类型。

3. 按企业取得贷款的用途不同,银行借款可分为基本建设贷款、专项贷款和流动资金贷款

基本建设贷款是指企业因从事新建、改建、扩建等基本建设项目需要资金而向银行申请借入的款项。

专项贷款是指企业因为专门用途而向银行申请借入的款项,包括大修理贷款、研发和新产品研制贷款等。

流动资金贷款是指企业为满足流动资金的需求而向银行申请借入的款项,包括流动资金借款、生产周转借款、临时借款、结算借款和卖方信贷。

(二) 银行借款的程序

1. 提出申请,银行审批

企业根据筹资需求向银行提出书面申请,按银行要求的条件和内容填报借款申请书。银行按照有关政策和贷款条件,对借款企业进行信用审查,核准公司申请的借款金额和用款计划。

2. 签订合同,取得借款

借款申请获批后,银行与企业进一步协商贷款的具体条件,签订正式的借款合同,规定贷款的数额、利率、期限和一些约束性条款。借款合同签订后,企业在核定的贷款指标范围内,根据用款计划和实际需要,一次或分次将贷款转入公司的存款结算户,以便使用。

(三) 银行借款的信用条件

长期银行借款往往附加一些信用条件,常见的有以下两种。

1. 信用额度

信用额度也称为信贷额度或者贷款额度,是借款企业与贷款机构之间正式或非正式协议规定的企业借款的最高限额。在非正式协议下,贷款机构并不承担按最高限额保证贷款的法律义务。在正式协议下,对规定的信用额度内的贷款,贷款机构必须予以保证。其中,有一种通常为大公司提供的正式信用额度,叫周转授信协议。贷款机构对周转授信协议负有法律义务,并因此向企业收取一定的承诺费用,承诺费用一般按企业使用的信用额度的一定比率(2%左右)计算。

2. 补偿性余额

补偿性余额是指贷款机构要求企业将借款的 $10\% \sim 20\%$ 的平均余额留在贷款机构。

补偿性余额有助于贷款机构降低贷款风险,补偿其可能遭受的损失;但对借款企业来说,补偿性余额提高了借款的实际利率,加重了企业的利息负担。在存在补偿性余额的情况下,企业取得的有效借款等于名义借款金额减去补偿性余额,但支付利息时却按名义借款金额计算,因此贷款的实际利率高于名义利率,具体计算公式如下:

$$实际利率 = \frac{名义借款金额 \times 名义利率}{名义借款金额 \times (1-补偿性余额比率)} = \frac{名义利率}{1-补偿性余额比率}$$

【例3-4】 华兴公司向银行借入资金300万元,年利率为10%,银行要求的补偿性余额为20%,则该公司的实际利率为

$$实际利率 = \frac{300 \times 10\%}{300 \times (1-20\%)} = \frac{10\%}{1-20\%} = 12.5\%$$

(四)银行借款的优点

1. 筹资速度快

与发行公司债券、融资租赁等其他债务筹资方式相比,银行借款的程序相对简单,所花费时间较短,公司可以迅速获得所需要的资金。

2. 筹资弹性较大

企业在借款之前会根据具体经营情况和资金需要量与贷款机构协商贷款的时间、数量和条件。若在贷款期间公司的财务状况发生变化,可以与贷款机构进一步协商变更贷款条件。因此,银行借款有较大的灵活性,筹资弹性较大。

3. 筹资成本较低

与发行债券和融资租赁相比,银行借款的筹资成本较低,而且无须支付证券发行费用、租赁手续费用等筹资费用。

4. 发挥财务杠杆作用

银行借款属于债务资金,可发挥财务杠杆的作用。通过银行借款可为企业带来息税前利润率超过利息率的收益,提高股东价值。

(五)银行借款的缺点

1. 限制性条款较多

与发行公司债券相比,银行借款有一些保护性条款,对企业的资本支出额度、再筹资、股利支付等活动有严格的约束。

2. 筹资数额有限

银行借款的数额往往受到贷款机构资本实力的制约,无法满足公司大规模筹资的需求。

3. 筹资风险较大

银行借款需要还本付息,在筹资数额较大的情况下,企业现金流一旦出现问题,就有可能会出现无力按期偿付本息的情况,给企业带来破产的风险。

二、发行公司债券

债券是一种有价证券,是社会各类经济主体为筹集资金而向债券投资者出具的、承诺按一定利率定期支付利息并到期偿还本金的债权债务凭证。

(一) 债券的分类

1. 按发行主体分类,债券可以分为政府债券、金融债券和公司债券

政府债券的发行主体是政府,中央政府发行的债券称为国债,其主要用途是解决由政府投资的公共设施或重点建设项目的资金需要和弥补国家财政赤字。

金融债券的发行主体是银行或非银行金融机构。金融债券的期限多为中期。

公司债券是公司按照法定程序发行、约定在一定期限内还本付息的有价证券。公司发行债券的目的主要是满足经营需要。

2. 按付息方式分类,债券可以分为零息债券、附息债券、息票累积债券

零息债券是指债券合约未规定利息支付的债券。通常这类债券以低于面值的价格发行和交易,债券持有人实际上是以买卖(到期赎回)价差的方式取得债券利息。

附息债券是指在合约中明确规定,在债券存续期间对持有人定期支付利息的债券。

息票累积债券与附息债券相似,这类债券中也规定了票面利率,但是,债券持有人必须在债券到期时一次性获得本息,存续期间没有利息支付。

3. 按利率是否固定分类,债券可以分为固定利率债券、浮动利率债券和可调利率债券

固定利率债券是指在发行时规定整个偿还期内利率不变的债券,其筹资成本和投资收益可以事先预计,不确定性较小,但债券发行人和投资者仍然必须承担市场利率波动的风险。

浮动利率债券是指发行时规定债券随市场利率定期浮动的债券。由于与市场利率挂钩,市场利率又考虑了通货膨胀的影响,浮动利率债券可以较好地抵御通货膨胀风险。

可调利率债券是指在债券存续期内允许根据一些事先选定的参考利率指数的变化对利率进行定期调整的债券。

4. 按发行方式分类,债券可以分为公募债券和私募债券

公募债券是指按法定手续,经证券主管机构批准,在市场上公开发行的债券。因为发行对象是不特定的广泛分散的投资者,所以要求发行者必须遵守信息公开制度,向投资者提供各种财务报表和资料,并向证券主管部门提交有价证券申报书,以保护投资者的利益。

私募债券是指向与发行者有特定关系的少数投资者募集的债券。私募债券的发行和转让均有一定的局限性。在我国,私募公司债券的发行对象为合格投资者,每次发行对象不得超过200人。

(二) 公司债券的发行条件

我国《证券法》第十六条规定,公开发行公司债券,应当符合下列条件:

(1) 股份有限公司的净资产不低于人民币三千万元,有限责任公司的净资产不低于人民币六千万元;

(2) 累计债券余额不超过公司净资产的百分之四十;

(3) 最近三年平均可分配利润足以支付公司债券一年的利息;

(4) 筹集的资金投向符合国家产业政策;

(5) 债券的利率不超过国务院限定的利率水平;

(6) 国务院规定的其他条件。

《公司法》还规定,凡有下列情形之一的不得再次发行公司债券;前次发行的公司债券尚

未募足的;对已发行的公司债券或其他债务有违约或者延期支付本息的事实,且仍处于继续状态的。

(三)发行公司债券的优点

1. 筹资数额较大

与银行存款、融资租赁等债务筹资方式相比,发行公司债券能够筹集大额的资金,满足公司大规模筹资的需要。

2. 资本成本较低

因为债券的发行费用较低,债券利率一般要低于股票的股利支付率,而且债券的利息在税前支付,具有一定的抵税作用,因此债券的资本成本较低。

3. 保障股东对公司的控制权

由于债券仅代表一种债权债务关系,债券持有者只享有到期收回本金和利息的权利,没有参与企业生产经营的权利,所以公司通过发行债券的方式筹集资金时,不会改变原有的股权结构,更不会分散原有股东的控制权。

4. 具有财务杠杆的作用

由于债券利息固定,在企业投资效益良好的情况下,能够产生杠杆效应,给股东带来更多的收益。

(四)发行公司债券的缺点

1. 筹资风险高

发行公司债券所筹集的资金属于企业的债务资金。对于债务资金,企业承担还本付息的义务。在企业生产经营出现问题时,企业还本付息的压力会比较大,当现金流出现问题时会有破产的风险。

2. 限制性条件较多

公司债券的契约中往往有一些限制性条款,这种限制比优先股、短期债务要严格。

三、融资租赁

租赁是指通过签订资产出让合同的方式,使用资产的一方(承租方)通过支付租金向出让资产的一方(出租方)取得资产使用权的一种交易行为。在这项交易中,承租方通过得到所需资产的使用权完成筹集资金的行为。融资租赁是由租赁公司按承租单位要求出资购买设备,在较长的合同期内提供给承租单位使用的融资信用业务,它是以融通资金为主要目的的租赁。

(一)融资租赁的程序

1. 选择租赁公司,提出委托申请

了解租赁公司的资信情况、融资条件和租赁费率等,选择租赁公司,并申请办理融资租赁。

2. 签订购货协议

由承租企业和租赁公司中的一方或双方,与选定的设备供应商进行购买设备的技术谈判和商务谈判,在此基础上,与设备供应商签订购货协议。

3. 签订租赁合同

承租企业与租赁公司签订租赁设备的合同，如需要进口设备，还应办理设备进口手续。租赁合同是租赁业务的重要文件，具有法律效力。

4. 交货验收

设备供应商将设备发运到指定地点，承租企业要办理验收手续。验收合格后签发交货及验收证书交给租赁公司，作为支付货款的依据。

5. 定期交付租金

承租企业按租赁合同规定分期交付租金。

6. 合同期满处理设备

承租企业根据合同约定，续租、退租或留购设备。

（二）融资租赁的形式

1. 直接租赁

直接租赁是融资租赁的主要形式，承租方提出租赁申请时，出租方按照承租方的要求选购设备，然后再出租给承租方。

2. 售后回租

售后回租是承租方由于急需资金等各种原因，将自己的资产售给出租方，然后以租赁的形式从出租方租回资产的使用权。

3. 杠杆租赁

杠杆租赁是涉及承租人、出租人和资金出借人三方的融资租赁业务。一般地，出租方只投入部分资金（资产价值的20%～40%），其余资金则通过将该资产抵押担保的方式向第三方申请贷款解决。然后出租方将购进的设备出租给承租方，用收取的租金偿还贷款，该资产的所有权属于出租方。

（三）融资租赁的优点

1. 能够迅速获得资产

融资租赁集"融资"与"融物"于一身，在资金缺乏的情况下，融资租赁能迅速获得所需资产。

2. 财务风险较小

全部租金通常在整个租期内分期支付，降低了不能偿付到期债务的风险。

3. 限制性条款较少

企业运用发行普通股股票、发行公司债券、银行借款等筹资方式，都受到相当多的资格条件的限制，相比之下，融资租赁筹资的限制性条款较少。

4. 避免设备陈旧过时的风险

融资租赁筹资方式下，当租赁期满后，如果承租方选择退租，则可避免遭受设备陈旧过时的风险。

5. 具有财务杠杆的作用

租金费用可以在税前扣除，承租企业能享受税收方面的利益，而且会产生财务杠杆效应，提高企业价值。

(四) 融资租赁的缺点

1. 资本成本负担较高

融资租赁的租金通常比银行借款或发行公司债券所负担的利息高很多,租金总额通常要比设备价值高出30%。尽管与银行借款方式相比,融资租赁能够避免到期一次支付的财务压力,但高额的固定租金也给各期的经营带来了负担。

2. 资产处置权有限

由于承租企业在租赁期内无资产所有权,因而不能根据自身的要求自行处置租赁资产。

第五节 混合融资

混合融资是指兼具股权和债务性质的融资方式。在我国上市公司中目前最常见的混合融资方式是发行可转换债券和发行认股权证。

一、可转换债券

可转换债券是公司普通债券与证券期权的组合体。可转换债券的持有人在一定期限内可以按事先规定的价值或者转换比例自由地选择是否转换为公司普通股。

(一) 可转换债券的基本要素

1. 标的股票

可转换债券转换期权的标的物是可转换成的公司股票。

2. 票面利率

可转换债券的票面利率一般会低于普通债券的票面利率,有时甚至还低于同期银行存款利率。

3. 转换价格

转换价格是指可转换债券在转换期内据以转换为普通股的折算价格,即将可转换债券转换为普通股的每股普通股的价格。

4. 转换比率

转换比率是指每一张可转换债券在既定的转换价格下能转换为普通股股票的数量。在债券面值和转换价格确定的前提下,转换比率为债券面值与转换价格之商。

$$转换比率 = \frac{债券面值}{转换价格}$$

5. 转换期

转换期是指可转换债券持有人能够行使转换权的有效期限。可转换债券的转换期可以与债券的期限相同,也可以短于债券的期限。

6. 赎回条款

赎回条款是指发债公司按事先约定的价格买回未转股债券的条件规定。赎回一般发生在公司股票价格一段时期内连续高于转股价格达到某一幅度时。赎回条款通常包括不可赎回期间与可赎回期间;赎回价格;赎回条件等。

7. 回售条款

回售条款是指债券持有人有权按照事先约定的价格将债券卖回给发债公司的条件规

定。回售一般发生在公司股票价格在一段时期内连续低于转股价格达到某一幅度时。

8. 强制性转换条款

强制性转换条款是指在某些条件具备之后，债券持有人必须将可转换债券转换为股票，无权要求偿还债券本金的条件规定。

（二）可转换债券的发行条件

根据《上市公司证券发行管理办法》的规定，上市公司发行可转换债券，除应当符合增发股票的一般条件外，还应当符合以下条件。

（1）最近三个会计年度加权平均净资产收益率平均不低于百分之六。扣除非经常性损益后的净利润与扣除前的净利润相比，以低者作为加权平均净资产收益率的计算依据。

（2）本次发行后，累计公司债券余额不超过最近一期期末净资产额的百分之四十。

（3）最近三个会计年度实现的年均可分配利润不少于公司债券一年的利息。

（三）可转换债券的优点

1. 筹资灵活性

可转换债券是将传统的债务筹资功能和股票筹资功能结合起来，筹资性质和时间具有灵活性。

2. 资本成本较低

可转换债券的利率低于同一条件下普通债券的利率，降低了公司的筹资成本。此外，在可转换债券转换为普通股时，公司无须另外支付筹资费用，从而节约了股票的筹资成本。

3. 筹资效率高

可转换债券在发行时，规定的转换价格往往高于当时本公司的股票价格。若公司发行新股时机不佳，可以先发行可转换债券，以便其将来变相发行普通股。

（四）可转换债券的缺点

1. 可转换债券具有不确定性

若发行人发行可转换债券的本意在于变相进行普通股筹资，但普通股价格并未如期上升，债券持有人不愿转股，发行人将被迫承受偿债压力。若可转换债券转股时股价大幅高于转换价格，发行人将承担溢价损失。

2. 存在一定的财务压力

可转换债券存在不转换的财务压力。若在转换期内公司股价处于恶化性的低位，持券者到期不会转股，会造成公司因集中兑付债券本金而带来的财务压力。同时，可转换债券还存在回售的财务压力。

二、认股权证

认股权证是一种由上市公司发行的证明文件，持有人有权在一定时间内以约定价格认购该公司发行的一定数量的股票。

（一）认股权证的性质

1. 认股权证的期权性

认股权证本质上是一种股票期权，具有实现融资和股票期权激励的双重功能。但认股权证本身是一种能够认购普通股的期权,它没有普通股的股息红利收入,也没有普通股相应的投票权。

2. 认股权证是一种投资工具

投资者可以通过购买认股权证获得市场价与认购价之间的股票差价收益,因此它是一种具有内在价值的投资工具。

（二）认股权证的优点

1. 认股权证是一种融资促进工具

认股权证的发行人是发行标的股票的上市公司,认股权证通过以约定价格认购公司股票的契约方式,能保证公司在规定的期限内完成股票发行计划,顺利实现融资。

2. 为公司筹集额外资金

认股权证可以单独发行,也可以依附于债券、优先股、普通股等证券发行,不论是单独发行还是依附发行,大都能为发行公司筹得一笔额外资金。

（三）认股权证的缺点

1. 执行时间不确定

根据认股权证的规定,有的可以在有效期内的任意时间行权,有的只能在特定日期行权。若是前者,公司并不能准确判断持有人的行权时间,导致暂时无法规划和使用资金。

2. 稀释普通股收益和控制权

当认股权证被执行时,提供给投资者的股票是新发行的股票,并非二级市场的股票。因此,普通股股份增多,每股收益下降,同时也稀释了原有股东的控制权。

本章小结

企业进行融资的方式包括吸收直接投资、发行普通股股票、利用留存收益、银行借款、发行公司债券、融资租赁、发行可转换债券、发行认股权证等。不同筹资方式的特点不同,优缺点也不相同。企业筹资一定要诚信合规,数量恰当,来源合理,筹措及时,方式经济。不得非法集资,不得为达到融资目的弄虚作假。

作为青年学生,一定要诚信守法,筹资时要慎重分析筹资方式,比较资金成本的高低与风险的大小,非法网贷、黑贷会使我们的人生坠入深渊。

思考题

新天绿能公司于2011年12月成立,主要从事新能源和清洁能源的开发与利用,旗下拥有两大业务板块：风电业务和天然气业务。近年来,风电项目资金缺口巨大,如果你是某公司的财务经理,你认为可以采用的筹资方式有哪些?请结合各种筹资方式的优缺点具体说明。

一、单项选择题

1. 某航空公司为开通一条国际航线需增加两架空客飞机,为尽快形成航运能力,下列筹资方式中,该公司通常会优先考虑(　　)筹资。
   A. 发行公司债券　　　　　　　　B. 融资租赁
   C. 发行普通股股票　　　　　　　D. 发行优先股股票
2. 下列各项中,不属于债务融资优点的是(　　)。
   A. 资本成本负担较轻　　　　　　B. 筹资弹性较大
   C. 筹资速度较快　　　　　　　　D. 可形成企业稳定的资本基础
3. 关于发行普通股股票的筹资方式,下列说法中错误的是(　　)。
   A. 属于直接筹资　　　　　　　　B. 能降低公司的资本成本
   C. 不需要还本付息　　　　　　　D. 是公司良好的信誉基础
4. 下列各项中,不属于普通股股东权利的是(　　)。
   A. 参与决策权　　　　　　　　　B. 剩余财产要求权
   C. 固定收益权　　　　　　　　　D. 转让股份权
5. 下列各项条款中,有利于保护可转换债券持有者利益的是(　　)。
   A. 无担保条款　　　　　　　　　B. 回售条款
   C. 赎回条款　　　　　　　　　　D. 强制性转换条款

二、多项选择题

1. 企业的长期筹资渠道包括(　　)。
   A. 政府财政资本　　　　　　　　B. 银行信贷资本
   C. 非银行金融机构资本　　　　　D. 其他法人资本
2. 吸收投资的具体形式有(　　)。
   A. 发行股票投资　　　　　　　　B. 吸收国家投资
   C. 吸收法人投资　　　　　　　　D. 吸收个人投资
3. 按发行对象和上市地区的不同,股票可以分为(　　)。
   A. A股　　　　　　　　　　　　　B. ST股
   C. B股　　　　　　　　　　　　　D. N股
4. 与股票相比,债券的特点包括(　　)。
   A. 债券代表一种债权关系　　　　B. 债券的求偿权优先于股票
   C. 债券持有人无权参与企业决策　D. 债券投资的风险小于股票

三、判断题

1. 按照筹资管理的结构合理原则,企业要根据生产经营及其发展的需要,合理安排资金需求。(　　)
2. 在融资租赁方式下,租赁期满,设备必须作价转让给承租人。(　　)
3. 认股权证具有实现融资和股票期权激励的双重功能。(　　)

四、简答题

1. 不同的筹资方式和筹资来源的配合情况如何？
2. 利用销售百分比法预测资金需要量的基本思路是什么？
3. 吸收投入资本适合于哪种类型的企业？其优缺点是什么？
4. 股票的种类都有哪些？企业发行普通股筹资的优缺点是什么？
5. 混合融资方式都有哪些？各自的优缺点是什么？

五、计算题

某公司 2021 年年末敏感资产为货币资金 1 000 万元，应收账款 3 000 万元，存货 6 000 万元；敏感负债为应付账款 1 000 万元，应付票据 2 000 万元。该公司 2021 年营业收入为 20 000 万元，销售净利率为 12%，股利支付率为 60%。2022 年该公司计划营业收入为 26 000 万元，为实现这一目标，公司需新增设备一台，价值 148 万元。假定该公司 2022 年的销售净利率和股利支付率与上年保持一致，计算：

(1) 计算敏感项目的营业收入百分比；
(2) 计算 2022 年的留用利润增加额；
(3) 计算 2022 年的外部融资需求。

第四章

筹资管理（下）

【学习目标】
(1) 掌握个别资本成本率和综合资本成本率的计算。
(2) 理解资金成本和资本结构的概念。
(3) 掌握经营杠杆系数、财务杠杆系数、总杠杆系数的计算方法及应用。
(4) 掌握资本结构决策方法。

第一节 资金成本

一、资金成本的含义

资金成本又称资本成本,是企业筹集和使用资金而付出的代价,是资金所有权与资金使用权分离的结果。资金成本具体分为筹资费用与用资费用两部分。

（一）筹资费用

筹资费用又称资金筹集费,是企业在筹集资金的过程中支付的各项费用,如向银行支付的借款手续费,发行股票、公司债券而支付的发行费等,如发行股票时支付的承销费、评估费等。筹资费用通常在资金筹集时一次性发生,在资本使用过程中就不再发生了。因此,视为筹资数额的一项扣除。

（二）用资费用

用资费用又称资金占用费,是指企业在资金使用过程中占用资本而付出的代价,如向银行、债券持有人支付的利息等。用资费用通常不是一次性的,只要企业在使用资金,就需要在规定的时间内向投资者支付报酬。用资费用是资金成本的主要内容。

二、资金成本的表示方法

资金成本可以用绝对数表示,但通常用相对数表示,因为绝对数不利于不同资金规模资金成本的比较。用相对数表示时又称其为资金成本率。

三、资金成本的作用

(一)资金成本是比较筹资方式、选择筹资方案的依据

各种资金的资金成本是比较、评价各种筹资方式的依据。在选择筹资方案时会考虑很多因素,如是否会分散企业控制权、融资的难易程度、企业承担的风险、资金成本的高低等,而资金成本是其中的重要因素。在其他条件相同时,企业筹资应选择资金成本最低的方式。

(二)资金成本是评价项目可行性的主要标准

资金成本是企业对投入资本所要求的报酬率,即最低必要报酬率。任何投资项目,如果它预期的投资报酬率超过该项目使用资金的资金成本率,则该项目在经济上才是合理的,否则投资该项目就无利可图,甚至发生亏损。

(三)资金成本是评价企业整体业绩的重要依据

在一定时期,企业资金成本率的高低不仅反映企业筹资管理的水平,还可以作为评价整体经营业绩的标准。企业的生产经营活动,实际上就是所筹集资金经过投放后形成的资产营运,企业的总资产报酬率高于其平均资金成本率,才能带来剩余收益。

四、资金成本的计算

不考虑资金时间价值,用相对数即资金成本率表示的一般模式计算公式为

$$资金成本 = \frac{年资金使用费}{筹资总额(1-筹资费用率)}$$

按照用途不同,资金成本可以分为个别资金成本、综合资金成本和边际资金成本。个别资金成本主要用于比较各种融资方式的资金成本;综合资金成本主要用于资本结构决策;边际资金成本主要用于追加筹资决策。以下分别介绍个别资金成本、综合资金成本和边际资金成本的计算方法。

(一)个别资金成本

个别资金成本是指单一融资方式的资金成本,包括银行借款的资金成本、公司债券的资金成本、融资租赁的资金成本、普通股的资金成本和留存收益的资金成本等。前三大类是债务资金成本,后两大类是权益资金成本。

1. 债务资金的成本计算

(1)银行借款的资金成本。银行借款的资金成本包含借款利息和借款手续费用。利息费用在税前支付,可以起到抵税作用,一般计算税后资金成本率。银行借款的资金成本率计算的一般模式为

$$K_b = \frac{i(1-T)}{1-f} \times 100\%$$

式中，K_b 表示银行借款的资金成本率，i 表示银行借款的利息率，T 表示所得税税率，f 表示银行借款的筹资费用率。

由于银行借款手续费率很低，上式中 f 常可忽略不计，则上面的公式可以简化为

$$K_b = i(1-T)$$

【例4-1】 东方公司取得长期借款 200 万元，年利率为 10%，期限为 5 年，每年付息一次，到期一次还本，筹措借款的手续费率为 0.2%，企业所得税税率为 20%，计算这笔借款的资金成本率。

解：
$$K_b = \frac{10\% \times (1-20\%)}{1-0.2\%} = 8.016\%$$

不考虑筹资费用，可简化计算为
$$K_b = 10\% \times (1-20\%) = 8\%$$

(2) 公司债券的资金成本。公司债券的资金成本包括债券利息和发行费用。债券成本的利息处理和长期借款的利息处理相同，应以税后的债务成本为计算依据。债券的发行费用一般较高，主要包括手续费、债券注册费、印刷费、上市费等。债券可以按溢价发行，也可以按折价发行。债券的资金成本率的一般模式计算为

$$K_b = \frac{I(1-T)}{B(1-F_b)}$$

式中，B 表示债券的筹资额，F_b 表示债券筹资的费用率，I 表示债券的票面利息（=债券的面值×票面利率），T 表示所得税税率。

【例4-2】 东方公司发行 5 年期的债券，票面面值为 1 000 万元，票面利率为 7%，每年付息一次，发行价为 1 100 万元，发行费率为 3%，所得税税率为 20%，计算该债券的资金成本率。

解：
$$K_b = \frac{1\,000 \times 7\% \times (1-20\%)}{1\,100 \times (1-3\%)} = 5.25\%$$

2. 权益资金成本

1) 普通股的资金成本。普通股的资金成本主要是发行费用和向股东支付的各期股利。

(1) 股利增长模型。假定资本市场有效，股票市场价格与价值相等，股票本期支付的股利为 D_0，未来各期股利按 g 速度增长，且 $g < K_s$。目前股票的市场价格为 P_0，则普通股的资金成本计算为

$$K_s = \frac{D_0(1+g)}{P_0(1-f)} + g = \frac{D_1}{P_0(1-f)} + g$$

【例4-3】 宇通公司普通股市价 30 元，筹资费用率为 2%，本年发放现金股利为 0.6 元，预期股利年增长率为 10%，计算该公司普通股的资金成本。

解：
$$K_s = \frac{0.6 \times (1+10\%)}{30 \times (1-2\%)} + 10\% = 12.24\%$$

(2) 资本资产定价模型。假定资本市场有效，股票市场价格与价值相等，无风险报酬率为 R_F，市场平均报酬率为 R_M，某股票贝塔系数为 β，则普通股的资金成本计算为

$$K_s = R_s = R_F + \beta(R_M - R_F)$$

【例4-4】 宇通公司普通股 β 系数为 2，此时一年期国债利率为 5%，市场平均报酬率为 15%，计算该普通股的资金成本。

解： $K_s = 5\% + 2 \times (15\% - 5\%) = 25\%$

2) 留存收益的资金成本

留存收益包括盈余公积和未分配利润，是企业税后利润形成的，是所有者向企业追加的一种投资。企业利用留存收益筹资无须发生筹资费用。留存收益的资金成本表现为股东追加投资要求的报酬率，其计算方法与普通股的成本相同，二者的不同点在于留存收益不需要考虑筹资费用。留存收益的资金成本计算公式为

$$K_e = \frac{D_0(1+g)}{P_0} + g = \frac{D_1}{P_0} + g$$

【例 4-5】 承例 4-3，该公司共有留存收益 600 万元，请计算留存收益的资金成本。

解： $K_e = \dfrac{0.6 \times (1+10\%)}{30} + 10\% = 12.2\%$

3) 优先股的资金成本

企业发行优先股既要支付筹资费用，又要定期支付股利。与债券资金不同的是，优先股的股利是税后支付，没有抵税效应，且没有固定到期日。优先股的资金成本计算为

$$K_p = \frac{D}{P_0 \times (1-f)}$$

【例 4-6】 东方公司发行面值为 50 元、年股利为 12% 的优先股股票，发行该优先股的筹资费用率为 4%。请计算该优先股的资金成本。

解： $K_p = \dfrac{50 \times 12\%}{50 \times (1-4\%)} = 12.5\%$

（二）综合资金成本

综合资金成本又称平均资金成本，是以各种资金所占的比重为权数，对各种个别资金成本率进行加权平均计算出来的。综合资金成本用于衡量企业整体的资金成本水平。其计算公式为

$$K_W = \sum_{j=1}^{n} K_j W_j$$

式中，K_W 表示综合资金成本；K_j 表示第 j 种个别资金成本率；W_j 表示第 j 种资金在全部资金中的比重，即权数；n 表示筹资方式的种类。

综合资金成本的计算，存在权数价值的选择问题，即个别资金按什么权数来确定资金比重。通常，选择的价值形式有账面价值、市场价值、目标价值等。

按账面价值确定权数的优点是数据容易取得，可以直接从资产负债表中得到，而且计算结果比较稳定；其缺点是当债券和股票的市价与账面价值相差较大时，导致账面价值计算出来的资金成本不能反映从资本市场上筹集资金的现时机会成本，不适合评价现时的资本结构。按市场价值确定权数的优点是可以反映现时的资金成本水平，有利于进行资本结构决策；其缺点是现行市价经常处于变动中，不容易取得。按目标价值确定权数的优点是能体现决策的相关性，适用于未来的筹资决策；其缺点是企业很难客观合理地确定目标价值。

三种权数各有优缺点，在计算综合资金成本时，无特殊说明时一般应采用账面价值权数。

【例 4-7】 东方公司共有资金 100 万元，其中银行借款 40 万元、优先股 10 万元、普通股 30 万元、留存收益 20 万元，各种资金的成本分别为 6%、12%、15.5%、15%，计算东方公司的综合资金成本。

解：(1) 计算各种资金所占的比重。

$$W_b = \frac{40}{100} \times 100\% = 40\%$$

$$W_p = \frac{10}{100} \times 100\% = 10\%$$

$$W_s = \frac{30}{100} \times 100\% = 30\%$$

$$W_e = \frac{20}{100} \times 100\% = 20\%$$

(2) 计算综合资金成本。

$$K_w = 40\% \times 6\% + 10\% \times 12\% + 30\% \times 15.5\% + 20\% \times 15\% = 11.25\%$$

（三）边际资金成本的计算

个别资金成本与综合资金成本是企业过去或目前的资金成本。然而，企业无法以某一固定的资金成本筹措无限的资金，当筹集的资金超过一定限度时，资金成本会增加。资金的边际成本是指资金每增加一个单位而增加的成本。边际资金成本采用加权平均法计算，权数采用目标价值权数。

【例 4-8】 宇通公司设定的目标资本结构为银行借款 20%、公司债券 15%、普通股 65%。现拟追加筹资 300 万元，按此资本结构来筹资。个别资金成本率预计分别为银行借款 7%、公司债券 12%、普通股 15%。追加筹资 300 万元的边际资金成本计算表如表 4-1 所示。

表 4-1　边际资金成本计算表

资本种类	目标资本结构	追加筹资额/万元	个别资金成本	边际资金成本
银行借款	20%	60	7%	1.4%
公司债券	15%	45	12%	1.8%
普通股	65%	195	15%	9.75%
合　计	100%	300	—	12.95%

在追加筹资中，为比较、选择不同规模范围的筹资组合，可以预先计算边际资金成本率，并以表或图的形式反映。

第二节　杠杆效应

财务管理中的杠杆效应表现为由于固定经营性成本或固定资本性成本的存在而导致的，当某一财务变量以较小幅度变动时，另一相关变量会以较大幅度变动。财务管理中的杠杆效应包括三种形式，即经营杠杆、财务杠杆和总杠杆。

一、经营杠杆效应

(一)经营杠杆的含义

经营杠杆是指由于经营成本中固定成本的存在而导致息税前利润变动率大于营业收入变动率的现象。在其他条件不变的情况下,由于固定成本总额是既定常数,提高产销量一方面使营业收入增加,另一方面使单位产品分摊的固定成本降低。因此,固定成本不变,提高营业收入会引起企业息税前利润更大幅度的提高;反之,营业收入下降,则带来息税前利润更大幅度的降低。这一现象在财务上被称为经营杠杆效应。

(二)经营杠杆系数

经营杠杆系数是指企业息税前利润的变动率相当于营业收入变动率的倍数,简称 DOL(degree of operating leverage)。它反映了经营杠杆的作用程度。为评价经营风险的大小,需要计算经营杠杆系数,其计算公式为

$$DOL = \frac{\Delta EBIT/EBIT}{\Delta S/S}$$

或者

$$DOL = \frac{\Delta EBIT/EBIT}{\Delta Q/Q}$$

式中,DOL 表示经营杠杆系数,EBIT 表示息税前利润,S 表示营业收入,ΔS 表示营业收入的变动额,Q 表示产销量,ΔQ 表示产销量的变动额。

为便于计算,可将上式变换如下。

因为

$$EBIT = Q(P-V) - F$$
$$\Delta EBIT = \Delta Q(P-V)$$

所以

$$DOL = \frac{Q(P-V)}{Q(P-V) - F}$$

式中,P 表示销售单价,V 表示单位销量的变动成本额,F 固定成本总额。

由本量利分析可知:$Q(P-V)$ 为基期边际贡献,用 M 表示。所以,

$$DOL = \frac{M}{M - F} = \frac{EBIT + F}{EBIT}$$

【例 4-9】 东方公司 2021 年生产 A 产品,产品销量为 40 000 件,单位产品售价为 1 000 元,营业收入为 4 000 万元,固定成本总额为 800 万元,单位产品变动成本为 600 元,变动成本率为 60%,变动成本总额为 2 400 万元。请计算其经营杠杆系数。

解:
$$DOL = \frac{M}{M-F} = \frac{40\,000 \times (1\,000 - 600)}{40\,000 \times (1\,000 - 600) - 8\,000\,000}$$

$$= \frac{40\,000\,000 - 24\,000\,000}{40\,000\,000 - 24\,000\,000 - 8\,000\,000} = 2$$

此例中经营杠杆系数为 2 的含义是:当企业营业收入增长 10% 时,息税前利润将增长 20%;反之,当企业营业收入下降 10% 时,息税前利润将下降 20%。

(三) 经营杠杆与经营风险

经营杠杆系数的大小可以用来描述企业经营风险的大小。经营杠杆系数越大,经营风险就越高;经营杠杆系数越小,经营风险就越低。

二、财务杠杆效应

(一) 财务杠杆的含义

财务杠杆是固定债务利息和优先股股利的存在而导致企业的普通股收益(或每股收益)的变动率大于息税前利润变动率的现象。债务资金成本和优先股股利通常都是固定的。优先股目前在极少数公司存在,计算财务杠杆系数时暂不考虑优先股。

(二) 财务杠杆系数

财务杠杆系数是指每股收益变动率相当于息税前利润率的倍数,简称 DFL(degree of financial leverage)。它反映了财务杠杆的作用程度。为估计财务杠杆利益的大小,评价财务风险的高低,需要计算财务杠杆系数。其计算公式为

$$DFL = \frac{\Delta EPS/EPS}{\Delta EBIT/EBIT}$$

式中,DFL 表示财务杠杆系数,EPS 表示普通股每股收益额,ΔEPS 表示普通股每股收益变动额。

为便于计算,可将上式变换如下。

因为

$$EPS = \frac{(EBIT - I)(1 - T)}{N}$$

$$\Delta EPS = \frac{\Delta EBIT(1 - T)}{N}$$

所以

$$DFL = \frac{EBIT}{EBIT - I}$$

式中,I 表示债务年利息,T 表示所得税税率,N 表示流通在外的普通股股数,其他符号含义同前。

【例 4-10】 东方公司 2021 年全部长期资本为 2 500 万元,债务资本比例为 0.4,债务年利率 5%,公司所得税税率为 25%,息税前利润为 100 万元。请计算其财务杠杆系数。

解:
$$DFL = \frac{EBIT}{EBIT - I} = \frac{100}{100 - 2\ 500 \times 0.4 \times 5\%} = 2$$

此例中财务杠杆系数为 2 的含义是:当息税前利润增长 10% 时,普通股每股收益将增长 20%;反之,当息税前利润下降 10% 时,普通股每股收益将下降 20%。

(三) 财务杠杆与财务风险

财务杠杆的高低决定了企业财务风险的大小。在其他因素不变的情况下,财务杠杆系数越大,企业的财务风险也越大;反之,财务风险越小。

三、总杠杆

(一) 总杠杆的定义

总杠杆是指由于固定经营成本和固定资本成本共同的存在而导致普通股每股收益变动率大于营业收入变动率的现象,简称 DTL(degree of total leverage)。

总杠杆也称联合杠杆或复合杠杆,它是经营杠杆和财务杠杆的复合与叠加。

(二) 总杠杆系数

经营杠杆和财务杠杆的联合程度的大小用总杠杆系数表示。总杠杆系数是指普通股每股收益变动率相当于营业收入变动率的倍数。它是经营杠杆系数和财务杠杆系数的乘积。其计算公式为

$$\text{DTL} = \text{DOL} \times \text{DFL} = \frac{\Delta \text{EPS}/\text{EPS}}{\Delta S/S} = \frac{\Delta \text{EPS}/\text{EPS}}{\Delta Q/Q}$$

根据经营杠杆系数和财务杠杆系数的计算公式,得出:

$$\text{DTL} = \frac{\text{EBIT} + F}{\text{EBIT} - I}$$

【例 4-11】 东方公司的经营杠杆系数为 2,财务杠杆系数也为 2。请计算东方公司的总杠杆系数。

解:
$$\text{DTL} = \text{DOL} \times \text{DFL} = 2 \times 2 = 4$$

此例中总杠杆系数为 4 的含义是:当东方公司的营业收入增长 10% 时,普通股每股收益将增长 40%;反之,当东方公司的营业收入下降 10% 时,普通股每股收益将下降 40%。

(三) 总杠杆和企业风险

企业风险包括企业的经营风险和财务风险。总杠杆系数反映了经营杠杆和财务杠杆的关系,用以评价企业的整体风险水平。在总杠杆系数一定的情况下,经营杠杆系数和财务杠杆系数此消彼长。总杠杆效应的意义在于:第一,能够说明营业收入变动对普通股收益的影响,据以预测未来的每股收益水平;第二,揭示财务管理的风险管理策略,既要保持一定的风险状况水平,又要维持一定的总杠杆系数,经营杠杆和财务杠杆可以有不同的组合。

第三节 资本结构决策

一、资本结构的影响因素

长期债务与权益资本的组合形成企业的资本结构。债务融资虽然可以获得抵税收益,但在增加债务的同时也会加大企业的财务风险,并最终要由股东承担风险的成本,因此,企业资本结构决策的主要内容是权衡债务的收益与风险,实现合理的目标资本结构,从而实现企业价值最大化。

影响资本结构的因素较为复杂,内部因素通常有营业收入、成长性、资产结构、盈利能力、管理层偏好、财务灵活性及股权结构等;外部因素通常有税率、利率、资本市场、行业特征等。一般而言,收益与现金流量波动较大的企业要比现金流量较稳定的类似企业的负债水

平低；成长性好的企业因其快速发展，对外部资金需求比较大，要比成长性差的类似企业的负债水平高；盈利能力强的企业因其内部融资的满足率较高，要比盈利能力较弱的类似企业的负债水平低；一般性用途资产比例高的企业因其资产作为债务抵押的可能性较大，要比具有特殊用途资产比例高的类似企业的负债水平高；财务灵活性大的企业要比财务灵活性小的类似企业的负债能力强。这里的财务灵活性是指企业利用闲置资金和剩余的负债能力以应付可能发生的偶然情况与把握未预见机会的能力。

二、资本结构的决策方法

（一）综合资本成本比较法

综合资本成本比较法是通过计算和比较各种可能的筹资组合方案的综合资本成本，选择综合成本最低的方案，即能够降低综合资本成本的资本结构，就是合理的资本结构。

【例 4-12】 东方公司初始成立时需要的资本总额为 5 000 万元，有三种筹资方案，如表 4-2 所示。

表 4-2　筹资方案

筹资方式	方案一		方案二		方案三	
	筹资金额/万元	资本成本	筹资金额/万元	资本成本	筹资总额/万元	资本成本
长期借款	400	6%	500	6.5%	800	7%
长期债券	1 000	7%	1 500	8%	1 200	7.5%
优先股	600	12%	1 000	12%	500	12%
普通股	3 000	15%	2 000	15%	2 500	15%
资本合计	5 000		5 000		5 000	

其他资料：表中债务资本成本均为税后资本成本，所得税税率为 25%

将表中的数据代入计算三种不同筹资方案的加权平均资本成本：

$$K_W^1 = \frac{400}{5\,000} \times 6\% + \frac{1\,000}{5\,000} \times 7\% + \frac{600}{5\,000} \times 12\% + \frac{3\,000}{5\,000} \times 15\% = 12.32\%$$

$$K_W^2 = \frac{500}{5\,000} \times 6.5\% + \frac{1\,500}{5\,000} \times 8\% + \frac{1\,000}{5\,000} \times 12\% + \frac{2\,000}{5\,000} \times 15\% = 11.45\%$$

$$K_W^3 = \frac{800}{5\,000} \times 7\% + \frac{1\,200}{5\,000} \times 7.5\% + \frac{500}{5\,000} \times 12\% + \frac{2\,500}{5\,000} \times 15\% = 11.62\%$$

通过比较不难发现，方案二的综合资本成本最低。因此，在适度的财务风险条件下，企业应按照方案二的各种资本比例筹集资金，由此形成的资本结构是相对最优的资本结构。

综合资本成本比较法的计算比较简单，容易理解。但这种方法仅以资本成本最低作为决策标准，没有考虑具体的财务风险因素，也难以区别不同筹资方案之间的财务风险因素差异，在实际计算中有时也难以确定各种筹资方式下的资本成本。综合资本成本比较法一般适用于资本规模较小、资本结构较为简单的非股份制企业。

（二）每股收益分析法

每股收益分析法是利用每股收益无差别点来进行资本结构决策的方法。每股收益无差别点是指两种或两种以上筹资方案下普通股每股收益相等时的息税前利润点,也称筹资无差别点。运用这种方法,根据每股收益无差别点,可以分析判断在什么情况下可利用债务筹资来安排及调整资本结构,进行资本结构决策。

在每股收益无差别点上,无论采用债务筹资方案还是股权筹资方案,每股收益都是相等的。当预期息税前利润大于每股收益无差别点时,应当选择财务杠杆效应较大的筹资方案;反之,亦然。在每股收益无差别点上,不同筹资方案的 EPS 相等的,用公式表示如下:

$$EPS\frac{(EBIT-I_1)(1-T)}{N_1}=\frac{(EBIT-I_2)(1-T)}{N_2}$$

$$EBIT=\frac{I_1N_2-I_2N_1}{N_2-N_1}$$

式中,EBIT 为息税前利润平衡点,即每股收益无差别点;EPS 为普通股的每股收益;I_1,I_2 为两种筹资方式下的债务利息;N_1,N_2 为两种筹资方式下的普通股股数;T 为所得税税率。

【例 4-13】 东方公司目前的资本结构:总资本为 1 000 万元,其中债务资本 400 万元(年利息 40 万元);普通股资本 600 万元(600 万股,面值 1 元/股,市价 5 元/股)。由于有一个较好的新投资项目,需要追加筹资 300 万元,有以下两种筹资方案。

甲方案:向银行取得长期借款 300 万元,利息率为 16%。

乙方案:增发普通股 100 万股,每股发行价 3 元。

根据财务人员测算,最佳筹资后销售额可望达到 1 200 万元,变动成本率为 60%,固定成本为 200 万元,所得税税率为 20%,不考虑筹资费用等因素。请为东方公司选择合适的筹资方案。

解:根据上述数据,代入公式计算每股收益无差别点:

$$\frac{(EBIT-40)\times(1-20\%)}{600+100}=\frac{(EBIT-40-300\times16\%)\times(1-20\%)}{600}$$

$$EBIT=376(万元)$$

此时,EPS=0.384(元/股)。

这里,EBIT 为 376 万元是两种筹资方案的每股收益无差别点。在此点上,两种方案的每股收益相等,均为 0.384 元。东方公司预期最佳筹资后的销售额可达到 1 200 万元,预期获利 1 200-1 200×60%-200=280(万元),低于无差别点 376 万元,所以应当采用财务风险较小的乙方案,即增发普通股方案。当达到 1 200 万元销售额时,息税前利润为 280 万元,甲方案的 EPS 为 0.256 元/股,乙方案的 EPS 为 0.274 元/股。

运用每股收益无差别点进行资本结构决策的计算过程比较简单,计算原理也容易理解。但是,这种方法只考虑了资本结构对每股收益的影响,并假定每股收益越大,企业的价值越大,有一定的局限性。而且这种方法只考虑负债对企业的好处,却没有考虑负债的财务风险问题。

本章小结

本章介绍资金成本、经营杠杆、财务杠杆、总杠杆、资本结构等概念,以及资金成本的计算方法和资本结构决策的三种方法。

资金成本是企业筹集和使用资金而付出的代价,包括筹资费用和用资费用。按照用途不同,资金成本可以分为个别资金成本、综合资金成本和边际资金成本。按照内容不同,资金成本可以分为债务资金成本和权益资金成本。

财务管理中的杠杆效应是指由于固定经营性成本或固定资本性成本的存在而导致的,当某一财务变量以较小幅度变动时,另一相关变量会以较大幅度变动的效应。财务管理中的杠杆效应包括三种形式,即经营杠杆、财务杠杆和总杠杆。

资本结构是企业各种资本的构成及比例关系。资本结构决策方法有综合资本成本比较法、每股收益分析法。

1. 分析资金成本中用资费用和筹资费用的不同特征。
2. 分析资金成本对企业财务管理的作用。
3. 说明经营杠杆系数、财务杠杆系数及总杠杆系数的含义及其计算方法。
4. 资本结构决策有哪些方法?并说明各自的优缺点。

一、单选题

1. 企业在进行追加筹资决策时,使用(   )。
   A. 个别资金成本   B. 加权平均资金成本
   C. 综合资金成本   D. 边际资金成本

2. 宇通公司利用长期债券、优先股、普通股、留存收益来筹集资金 1 000 万元,筹资额分别为 300 万元、100 万元、500 万元和 100 万元,资金成本率分别为 6％、11％、12％、15％,则该筹资组合的综合资金成本是(   )。
   A. 10.4％   B. 10％   C. 12％   D. 10.6％

3. 东方公司发行面额为 1 000 万元的 10 年期企业债券,票面利率为 10％,发行费用率为 2％,发行价格为 1 200 万元,假设企业所得税税率为 25％,按一般模式计算该债券的资金成本为(   )。
   A. 5.58％   B. 6.38％   C. 6.70％   D. 10％

4. 经营杠杆产生的原因是(   )。
   A. 不变的固定成本   B. 不变的产销量
   C. 不变的债务利息   D. 不变的销售单价

5. 宇通公司全部资产为 120 万元,负债比率为 40％,负债利率为 10％,当前息税前利润为 20 万元,则其财务杠杆系数为(   )。
   A. 1.25   B. 1.32   C. 1.43   D. 1.56

6. 下列不属于资本结构决策的方法是(   )。
   A. 综合资本成本比较法   B. 企业价值最大化

C. 每股收益分析法　　　　　　　　D. 利润最大化
7. 最优资本结构是指(　　)。
   A. 每股收益最大的资本结构
   B. 企业风险最小的资本结构
   C. 企业目标资本结构
   D. 综合资金成本最低、企业价值最高的资本结构
8. 如果企业的资金来源全部为自有资金,且没有优先股的存在,则企业的财务杠杆系数(　　)。
   A. 等于 0　　　B. 等于 1　　　C. 大于 1　　　D. 不确定
9. 既具有抵税效应,又能带来杠杆效应的筹资方式是(　　)。
   A. 发行债券　　　　　　　　　　B. 发行优先股
   C. 发行普通股　　　　　　　　　D. 使用内部留存收益

二、多选题

1. 资金成本是企业为筹集和使用资金而付出的代价。下列属于资金占用费的是(　　)。
   A. 股票的股息　　B. 债务利息　　C. 发行费用　　D. 广告费用
2. 资金成本的计量形式有(　　)。
   A. 个别资金成本　　　　　　　　B. 加权平均资金成本
   C. 权益成本　　　　　　　　　　D. 边际资金成本
3. 关于经营杠杆系数,下列说法正确的有(　　)。
   A. 在固定成本不变的情况下,经营杠杆系数说明了销售额增长(减少)所引起息税前利润增长(减少)的幅度
   B. 在固定成本不变的情况下,销售额越大,经营杠杆系数越小,经营风险也就越小
   C. 其他因素不变,固定成本越大,经营杠杆系数越大
   D. 当固定成本趋于 0 时,经营杠杆系数趋于 1
4. 计算加权平均资金成本的权重形式有(　　)。
   A. 账面价值权数　　　　　　　　B. 市场价值权数
   C. 目标价值权数　　　　　　　　D. 可变现净值权数

三、判断题

1. 公司向股东支付的股利属于资金筹集费。　　　　　　　　　　　　(　　)
2. 财务风险是由于企业利用负债筹资而引起的所有者权益的变动。　　(　　)
3. 在固定成本不变的情况下,销售额越大,经营杠杆系数越小,经营风险也就越小。
   　　　　　　　　　　　　　　　　　　　　　　　　　　　　　　(　　)
4. 留存收益是企业经营中的内部积累资金,这种资金不是从外界筹措的,因而它不存在资金成本。　　　　　　　　　　　　　　　　　　　　　　　　　　　　(　　)
5. 如果企业的债务资金为 0,财务杠杆系数必等于 1。　　　　　　　　(　　)
6. 由于经营杠杆的作用,当息税前利润下降时,普通股的每股收益会下降得更快。
   　　　　　　　　　　　　　　　　　　　　　　　　　　　　　　(　　)
7. 运用每股收益分析法,可以准确地确定一个公司存在的财务杠杆。　(　　)
8. 固定成本占企业总资本的比重越大,经营风险越大。　　　　　　　(　　)

9. 资金成本是投资方案的取舍率,也即要求的最低报酬率。（　　）

四、计算题

1. 宇通公司初创时拟筹资 1 200 万元,其中:向银行借款 200 万元,利率为 10%,期限 5 年,手续费率为 0.2%;发行 5 年期债券 400 万元,利率为 12%,发行费用为 10 万元;发行普通股 600 万元,筹资费率为 4%,第一年年末股利率为 12%,以后每年增长 5%。假定公司适用的所得税税率为 25%,计算宇通公司的加权平均资金成本。

2. 东方公司年销售额为 210 万元,息税前利润为 60 万元,变动成本率为 60%,全部资本为 200 万元,负债比率为 40%,负债的利息率为 8%,计算东方公司的经营杠杆系数、财务杠杆系数和总杠杆系数。

3. 宇通公司 2021 年资本总额为 1 000 万元,其中债务资本为 400 万元,债务利率为 10%,普通股为 600 万元(10 万股,每股面值 60 元)。2022 年,该公司要扩大业务,需要追加筹资 300 万元,有以下两种筹资方式。

甲方案:发行债券 300 万元,年利率 12%。

乙方案:发行普通股 300 万元(6 万股,每股面值 50 元)。

假定公司的变动成本率为 60%,固定成本为 200 万元,所得税税率为 25%。计算:

(1)每股收益无差别点销售额;

(2)无差别点的每股收益。

4. 宇通公司年息税前盈余为 200 万元,资金全部由普通股组成,股票面值 1 000 万元,假设所得税税率为 40%。该公司认为目前的资本结构不够合理,准备用发行债券购回股票的办法予以调整。经咨询调查,税前债务成本、股票 β 值、无风险报酬、平均风险股票必要报酬率的基本情况如表 4-3 所示(假定债券以平价发行)。试确定该公司的最佳资本结构。

表 4-3　基本情况

债券市场价值/万元	税前债务成本/%	股票 β 值	无风险报酬率	平均风险股票必要报酬率/%
0	—	1.20	10%	12
100	10	1.30	10%	12
200	12	1.40	10%	12
300	14	1.55	10%	12

第五章 项目投资管理

【学习目标】
(1) 掌握现金流量的概念、内容及计算。
(2) 掌握项目投资评价指标的概念、计算及分析判断。

第一节 项目投资概述

一、项目投资的含义

项目投资是一种以特定项目为对象,直接与新建项目或更新改造项目有关的长期投资行为。例如,现有产品生产规模的扩张、新产品的开发、设备或厂房的更新,以及新技术的研究与开发等。项目投资主要分为新建项目和更新改造项目两大类。

新建项目是以新建生产能力为目的的外延式扩大再生产。新建项目按其涉及内容可分为单纯固定资产投资项目和完整工业投资项目。单纯固定资产投资项目简称固定资产投资,其特点在于:在投资中只包括为取得固定资产而发生的垫支资本投入,不涉及周转资本的投入;完整工业投资项目不仅包括固定资产投资,而且涉及流动资金投资,甚至包括其他长期资产项目(如无形资产)的投资。

更新改造项目是指以恢复或提高生产能力为目的的内涵式扩大再生产。比如,为恢复原有产能而对原有设备的维修,或者为提高产能而对原有设备的改建,这些都属于更新改造项目。

二、项目投资的内容

从项目投资的角度看,原始投资(又称初始投资)等于企业为使该项目完全达到设计生产能力、开展正常经营而投入的全部现实资金,包括建设投资和流动资金投资两项内容。

(1) 建设投资是指在建设期内按一定生产经营规模和建设内容进行的投资,具体包括固定资产投资、无形资产投资和其他资产投资三项内容。①固定资产投资是指企业用于购置或安装固定资产应当发生的投资。②无形资产投资是指项目用于取得无形资产应当发生的投资。③其他资产投资是指建设投资中除固定资产投资和无形资产投资以外的投资,包括生产准备和开办费投资。

(2) 流动资金投资是指项目投产前后分次或一次投放于流动资产项目的投资增加额,又称垫支流动资金。

项目总投资是反映项目投资总规模的价值指标,等于原始投资与建设期资本化利息之和。

三、项目投资的特点

(一) 投资数额大

项目投资所形成的生产经营能力主要体现在新增固定资产上。固定资产的购建本身所需的资金量是巨大的,而且为使建成的固定资产得以正常运行,还需要配置相应的流动资产,有些项目甚至需要其他长期资产的投资,如无形资产、长期待摊费用等,所以投资数额大。

(二) 影响时间长

项目投资的寿命一般都在几年以上,有的甚至长达几十年,投资一旦完成,就会长时期地对企业的生产经营产生影响。首先,项目本身可能会给企业带来长期经济效益;其次,项目投资支出主要是资本性支出,这使企业在今后一个较长时期内增加一部分固定成本,如果投资形成的生产经营能力没有得到充分利用,企业将难以负担这部分固定成本,就有可能造成长期亏损;最后,项目投资作为一项数额较大的预付成本,一旦支出就意味着大量资金被占用,这有可能使企业在一定时期内的资金调度相对紧张。

(三) 不可逆转性

项目投资一旦实施并形成一定生产经营能力后,无论其投资效益如何,都很难退出或变更。即使需要变更或退出,也必然在财力、物力上付出极高的代价,使企业蒙受巨大损失。

(四) 投资风险高

项目投资所获得的经济效益只能在今后较长时期内逐步实现,未来时期内各种影响投资效益的因素,诸如市场需求、原材料供应、国家政策等,都会发生各种变化,而项目投资又不可逆转,这意味着企业进行项目投资必然冒较高的风险。

综上所述,项目投资耗费资金多、经历时间长、投资风险高、影响程度深。同时,投资形成的是企业生产经营的物质技术基础,合理与否都是至关重要的。因此,企业绝不可在缺乏调查研究和可行性分析的情况下盲目投资。

四、项目计算期的构成和资金投入方式

（一）项目计算期的构成

项目计算期是指投资项目从投资建设开始到最终清理结束的整个过程的全部时间，即该项目的有效持续期间。项目计算期通常以年作为计算单位。

完整的项目计算期包括建设期和生产经营期两部分。其中，建设期是指从开始投资建设到建成投产这一过程的全部时间。建设期的第一年年初称为建设起点，建设期的最后一年年末称为投产日；生产经营期是指从投产日到终结点这一过程的全部时间。生产经营期开始于建设期的最后一年年末即投产日，结束于项目最终清理结束的最后一年年末，称为终结点。生产经营期包括试产期和达产期（完全达到设计生产能力）。项目计算期、建设期和生产经营期之间有以下关系：

$$项目计算期＝建设期＋生产经营期$$

（二）原始总投资、投资总额和资金投入方式

原始总投资是反映项目所需现实资金的价值指标。从项目投资的角度看，原始总投资等于企业为使项目完全达到设计生产能力、开展正常经营而投入的全部现实资金。

投资总额是反映项目投资总体规模的价值指标，它等于原始总投资与建设期资本化利息之和。其中建设期资本化利息是指在建设期发生的与购建项目所需的固定资产、无形资产等长期资产有关的借款利息。

从时间特征上看，投资主体将原始总投资注入具体项目的投入方式包括一次投入和分次投入两种形式。一次投入方式是指投资行为集中一次发生在项目计算期第一个年度的年初或年末；如果投资行为涉及两个或两个以上年度，或虽然只涉及一个年度但同时在该年的年初和年末发生，则属于分次投入方式。

第二节　项目投资的现金流量分析

一、现金流量的概念及构成

（一）现金流量的概念

现金流量是指项目投资所引起的企业现金支出和现金收入的增加额。这里的"现金"是广义的现金范畴，它不仅包括各种货币资金，还包括项目所需投入的非货币资源的变现价值，而不是其历史成本（账面价值）。其中，非货币资源的变现价值是指投入项目的不具有货币形态的厂房、设备、原材料等资源出售变现的现时价值。

在企业会计准则中，企业会计的记账基础是权责发生制，按照权责关系，而不是现金的实际收付来确认收入和费用归属的期间，并以收入减去成本后的利润指标作为评价企业经营效益的依据。但在项目投资决策中，则是以收付实现制为基础估算的现金流量指标作为项目投资决策的依据。其原因主要如下。

1. 现金流量指标更符合财务管理的价值理念

科学的项目投资决策必须充分考虑资金的时间价值。这就要求企业必须准确估算项目

投资引起的现金收支的实际时间和金额。因为时间价值理念意味着一定数量的资金在不同时点上具有不同的价值,不能等量齐观。利润指标的计算遵循权责发生制,由于存在应收和应付款项,不能准确地反映现金收支的时间和数额,也就不能确切地反映项目的净收益。而基于收付实现制的现金流量指标准确计量了现金的增减变动,为科学应用时间价值进行决策奠定了基础。

2. 现金流量指标更具有客观性和可靠性

在企业会计中,会计政策对会计信息质量的影响是客观存在的,这种影响导致利润指标具有一定的不确定性和主观性。此外,利润指标反映了一定会计期间"应计"的现金流量,而不是实际的现金流量。如果将未实际收到的现金作为收益进行项目投资评价,容易导致决策结果的失真。现金流量指标避免了利润计算的这些缺陷,降低了项目投资决策的风险,更加科学、合理。

3. 现金流量更准确地反映投资的逐步回收问题

项目投资中的固定资产投资、无形资产投资及递延资产投资等现金流出,在企业会计核算中,通过按期计提折旧或摊销的方式计入企业的成本费用,从收入中获得补偿,成为利润指标计算的一个抵减项目。但从项目投资决策的角度看,折旧和摊销部分不需要马上进行维持性投资,可以在后续经营过程中为企业创造经济效益。采用现金流量指标,将折旧和摊销归入营业现金流入量予以估算,充分考虑了长期投资的逐步回收问题。

(二)现金流量的构成

新建项目的现金流量包括现金流出量(CO)、现金流入量(CI)和现金净流量(NCF)三部分。

1. 现金流出量(CO)

现金流出量是指项目投资引起的企业现金支出的增加量。一个项目投资的现金流出量主要包括以下内容。

(1) 固定资产投资。固定资产投资主要由工程费用、工程建设其他费用、预备费用等构成。

工程费用是指项目工程建设的主体费用支出,如新建车间的土建工程费用、引进生产线的购置费用及安装调试费用、设备基础费用等。工程建设其他费用是指从项目设计施工到竣工投产的整个建设期内,除工程主体费用支出外,使项目达到设计生产能力、开展正常生产运营所发生的各项合理而必要的费用之和,如工程前期准备费、办公费、监理费、保险费、管理费等。预备费用包括基本预备费用和涨价预备费用。其中,基本预备费用是指为预防项目建设过程中事先难以预测的意外情况出现而导致工程资金投入增加的预备费用,又称工程建设不可预见费。涨价预备费用是指预防项目建设过程中物价上涨及通货膨胀发生而增加项目投资成本的预备费用,又称价格上涨不可预见费。

(2) 无形资产投资。无形资产投资包括项目所需要的土地使用权投资、商标权投资、专利权投资、非专利技术投资、商誉投资、特许权投资等。

(3) 递延资产投资。递延资产投资包括开办费投资和其他递延资产投资。其中,开办费投资是指项目从批准筹建之日起,到开始生产、经营(包括试生产、试营业)之日止的筹建期间中发生的人员工资、差旅费、印刷费、注册登记费、办公费、培训费,以及不计入固定资产和无形资产购建成本的汇兑损益与利息支出等费用。其他递延资产投资包括经营租入固定资产的改良支出投资等。

(4) 流动资金投资。流动资金投资又称营运资金投资,是指一次或分次投放于投资项目的流动资产(现金、应收账款、存货等)增加额。流动资金一经投入,便在整个经营期内围绕项目的生产运营进行周而复始的循环周转,当项目处于终结点时,所有垫付的流动资金都将退出周转,资金得以收回,并用于其他投资方向。

2. 现金流入量(CI)

现金流入量是指项目投资引起的企业现金收入的增加量。一个项目投资的现金流入量主要包括以下内容。

(1) 营业现金流入量。营业现金流入量是指项目投产后,开展生产经营所增加的营业收入与付现成本的差额。在估算税后现金流量时,因为所得税是一项现金支付,应当作为营业现金流入量的一个减项。

营业现金流入量的估算公式有以下三种形式。

$$\text{营业现金流入量} = \text{营业收入} - \text{付现成本} - \text{所得税}$$

$$\begin{aligned}\text{营业现金流入量} &= \text{营业收入} - \text{付现成本} - \text{所得税}\\ &= \text{营业收入} - (\text{营业成本} - \text{折旧}) - \text{所得税}\\ &= (\text{营业收入} - \text{营业成本} - \text{所得税}) + \text{折旧}\\ &= \text{税后净利} + \text{折旧}\end{aligned}$$

$$\begin{aligned}\text{营业现金流入量} &= (\text{营业收入} - \text{营业成本} - \text{所得税}) + \text{折旧}\\ &= (\text{营业收入} - \text{营业成本}) \times (1 - \text{所得税税率}) + \text{折旧}\\ &= (\text{营业收入} - \text{付现成本} - \text{折旧}) \times (1 - \text{所得税税率}) + \text{折旧}\\ &= \text{营业收入} \times (1 - \text{所得税税率}) - \text{付现成本} \times (1 - \text{所得税税率}) -\\ &\quad \text{折旧} \times (1 - \text{所得税税率}) + \text{折旧}\\ &= \text{营业收入} \times (1 - \text{所得税税率}) - \text{付现成本} \times (1 - \text{所得税税率}) +\\ &\quad \text{折旧} \times \text{所得税税率}\end{aligned}$$

例如,某投资方案经营期的年营业收入为 120 万元,年付现成本为 50 万元,折旧为 30 万元,所得税税率为 25%,则该方案的营业现金流入量可按下式计算:

$$\text{营业现金流入量} = 120 \times (1 - 25\%) - 50 \times (1 - 25\%) + 30 \times 25\% = 60(\text{万元})$$

(2) 回收固定资产残值。回收固定资产残值是指当项目处于终结点时,将项目出售变现或报废清理所形成的残值收入。

(3) 回收流动资金。回收流动资金是指当项目处于终结点时,将流动资产项目收回或出售变现所形成的现金流入量。

在进行项目财务可行性评价时,将在终结点回收的固定资产残值和流动资金统称为回收额。

3. 现金净流量(NCF)

现金净流量是项目计算期内某年现金流入量与现金流出量之间的差额所形成的指标。当现金流入量大于现金流出量时,现金净流量为正值;反之,现金净流量为负值。

$$\begin{aligned}\text{某年现金净流量} &= \text{该年现金流入量} - \text{该年现金流出量}\\ &= CI_t - CO_t \quad (t = 0, 1, 2, \cdots, n)\end{aligned}$$

二、现金流量的估算

(一) 现金流量估算的原则

进行现金流量估算时,需要把握相关性原则。相关性原则意味着只估算增量现金流量,与投资方案无关的现金流量不作为估算的内容。其中,增量现金流量是指与某投资方案存在依存关系的现金流量。为准确估算投资方案的相关现金流量,需要注意如下几个问题。

1. 注意区分不同的成本项目

在项目投资决策中,应正确判断与投资方案相关的成本项目。一般来说,机会成本、专属成本、未来成本、可分成本等属于相关成本;沉没成本、联合成本、共同成本等属于无关成本。

2. 合理预计投资项目所需的流动资金增加额

企业采纳新的投资项目后,对现金、应收账款、存货等配套流动资产项目的需求会随之增加,也会引起应付账款、短期借款、应付票据等部分流动负债项目的自然增加。投资项目某年所需垫支的流动资金增加额是指增加的流动资产与增加的流动负债之间的差额,可以通过以下公式计算:

$$某年需垫支的流动资金 = 本年流动资金需要额 - 上年流动资金需要额$$

式中,本年流动资金需要额等于该年流动资产需要额减该年流动负债需要额;上年流动资金需要额等于截至上年的流动资金投资额。

【例 5-1】 宇通公司拟投资某购置设备项目,预计项目投产后第一年的流动资产需要额为 50 万元,流动负债需要额为 30 万元,假定该项流动资金投资发生在建设期期末。预计投产后第二年流动资金需要额为 80 万元,流动负债需要额为 50 万元,假定该项流动资金投资发生在投产后第一年年末。

要求:根据上述资料,估算该项目所需垫支的流动资金。

解: 投产后第一年的流动资金需要额 = 50 - 30 = 20(万元)

第一次流动资金垫支额 = 20 - 0 = 20(万元)

投产后第二年的流动资金需要额 = 80 - 50 = 30(万元)

第二次流动资金垫支额 = 30 - 20 = 10(万元)

该项目所需垫支的流动资金合计 = 20 + 10 = 30(万元)

3. 综合考虑投资项目对企业其他部门及项目的影响

当企业采纳一个新的投资项目后,可能对公司的其他部门或项目带来影响,应当综合考虑这种影响,全面计量投资方案的影响效应。

例如,当新生产线投产新产品后,企业原有其他产品的销量可能也发生变化,整个企业的销售变动额由新产品投产和其他产品销售状况的变化综合引起。因此,进行引进生产线项目的投资分析时,不仅应考虑新产品投产增加的销售收入,而且应减去(加上)其他产品因此减少(增加)的销售收入,以此作为该项目的增量收入。

(二) 现金流量估算举例

【例 5-2】 升龙公司计划购入 B 设备,以生产甲产品。预计设备价款 68 000 元,设备安装调试费 5 000 元,设备使用年限为 5 年,预计设备报废变现净收入 1 000 元。该项目配套流动资金投资 10 000 元。设备投产后每年预计实现销售收入 60 000 元,经营期内,年付现成本均为 28 000 元。假设企业所得税税率为 40%,固定资产采用直线折旧法。

(1) 指出该投资方案的项目计算期。

(2) 估算该投资方案项目计算期各年的净现金流量。

解:(1) 该投资方案的项目计算期为 5 年。

(2) ① 建设期现金净流量。

该项目建设期为 0,初始投资于 0 时点一次性投入。

$$固定资产投资 = 68\,000 + 5\,000 = 73\,000(元)$$
$$流动资金投资 = 10\,000 元$$
$$NCF_0 = -73\,000 - 10\,000 = -83\,000(元)$$

② 经营期现金净流量。

该项目经营期为 5 年。

$$经营期年折旧 = \frac{73\,000 - 1\,000}{5} = 14\,400(元)$$
$$营业现金流入量 = 60\,000 \times (1-40\%) - 28\,000 \times (1-40\%) + 14\,400 \times 40\%$$
$$= 24\,960(元)$$
$$回收固定资产残值 = 1\,000 元$$
$$回收流动资产 = 10\,000 元$$
$$NCF_{1\sim4} = 24\,960 元$$
$$NCF_5 = 24\,960 + 1\,000 + 10\,000 = 35\,960(元)$$

第三节 项目投资评价的基本方法

项目投资评价的基本方法主要包括静态评价方法和动态评价方法。静态评价方法是既不考虑时间价值,也不考虑投资风险的传统评价方法,主要包括投资回收期法、会计收益率法等。动态评价方法是考虑时间价值,但不能充分考虑投资风险的评价方法,主要包括净现值法、净现值率法、获利指数法、内含报酬率法等。

一、静态评价方法

(一) 投资回收期法

1. 基本原理

投资回收期简称回收期,是指项目投产后的未折现现金净流量收回初始投资所需要的年限。投资回收期有"包括建设期的投资回收期(PP)"和"不包括建设期的投资回收期(PP′)"两种形式。以投资回收期指标为基准进行项目投资评价的方法称为投资回收期法。

投资回收期指标的计算有以下两种方法。

(1) 简化方法。当项目投产后经营期若干年现金净流量相等,且其合计数大于或等于项目的初始投资时,可通过简化方法计算项目的回收期。需要注意的是,当项目建设期不为零时,该方法计算出的结果是"不包括建设期的投资回收期"。

$$\text{回收期} = \frac{\text{初始投资}}{\text{经营期年现金净流量}}$$

【例 5-3】 已知某项目有甲、乙两个备选方案。其中,甲方案的现金净流量如表 5-1 所示。

表 5-1 现金净流量(甲方案)

年 份	0	1	2	3	4	5
现金净流量/元	(10 000)	3 000	3 000	3 000	3 000	3 000

要求:计算甲方案的投资回收期。

解:
$$\text{回收期(甲)} = \frac{10\ 000}{3\ 000} = 3.33(\text{年})$$

(2)一般方法。当项目投产后经营期现金净流量不相等时,可通过一般方法计算项目的回收期。该方法计算出的结果是"包括建设期的投资回收期"。

根据回收期的基本定义,项目的回收期应满足下式:

$$\sum_{t=0}^{\text{回收期}} \text{NCF}_t = 0$$

为便于计算,回收期可根据下面的实用公式求解:

$$\text{回收期} = \text{累计现金净流量首次为正值的年份} - 1 + \frac{|\text{上年累计现金净流量}|}{\text{当年现金净流量}}$$

【例 5-4】 承例 5-3,已知乙方案的现金净流量及累计现金净流量如表 5-2 所示。

表 5-2 现金净流量及累计现金净流量(乙方案)

年 份	0	1	2	3	4	5
现金净流量/元	(10 000)	2 000	2 200	2 800	3 500	4 000
累计现金净流量/元	(10 000)	(8 000)	(5 800)	(3 000)	500	4 500

要求:计算乙方案的投资回收期。

解:
$$\text{回收期(乙)} = 4 - 1 + \frac{|3\ 000|}{3\ 500} = 3.86(\text{年})$$

2. 决策规则

对于独立方案,应将该项目的回收期与企业设定的基准回收期进行比较。如果项目的回收期小于(等于)企业设定的基准回收期,则该项目可行;反之,则该项目不可行。对于互斥方案,首先应按照上述原则对备选方案进行可行性评价,在具备可行性的前提下,应选择回收期最短的投资方案。

【例 5-5】 承例 5-3 和例 5-4,企业设定的基准回收期为 3.5 年。

要求:运用投资回收期法选择最优的投资方案。

解: 回收期(甲) = 3.33 年 < 3.5 年
回收期(乙) = 3.86 年 > 3.5 年

所以应当选择甲方案。

3. 评价

投资回收期是一个非折现绝对数反指标,能够直观反映初始投资的返本期限,计算简便,容易理解。该方法的缺点是没有考虑时间价值和投资风险,同时不能考虑项目整个计算期的现金净流量,容易排除具有战略意义的项目投资方案,导致一种急功近利的错误决策。在当前项目投资实务中,投资回收期主要作为测度投资方案流动性的辅助评价指标应用。

(二)会计收益率法

1. 基本原理

会计收益率指标是指项目投产后的年均净收益与项目初始投资的比率。以会计收益率指标为基准进行项目投资评价的方法称为会计收益率法。

$$会计收益率 = \frac{项目投产后年净收益(年均净收益)}{初始投资} \times 100\%$$

【例 5-6】 承例 5-3 和例 5-4,假定甲方案项目投产后的年净收益均为 1 000 元。乙方案项目投产后各年的净收益为 200 元、400 元、1 000 元、1 700 元、1 200 元。

要求:计算甲、乙方案的会计收益率。

解: $$会计收益率(甲) = \frac{1\ 000}{10\ 000} = 10\%$$

$$会计收益率(乙) = \frac{(200 + 400 + 1\ 000 + 1\ 700 + 1\ 200) \div 5}{10\ 000} = 9\%$$

2. 决策规则

对于独立方案,应将该项目的会计收益率与企业设定的基准收益率进行比较。如果项目的会计收益率大于(等于)企业设定的基准收益率,则该项目可行;反之,则该项目不可行。对于互斥方案,首先应按照上述原则对备选方案进行可行性评价,在具备可行性的前提下,应选择会计收益率最大的投资方案。

【例 5-7】 承例 5-6。

要求:运用会计收益率法选择最优的投资方案。

解:因会计收益率(甲)(10%)大于会计收益率(乙)(9%),所以应选择甲方案。

3. 评价

会计收益率是一个非折现相对数正指标,容易理解和计算。该方法的缺点是没有考虑时间价值和投资风险。此外,由于会计收益率采纳的是会计标准下的净收益数据,无法直接利用现金净流量信息,与项目投资的基本决策思想不相吻合,因此会计收益率通常作为项目投资决策的辅助评价指标应用。

二、动态评价方法

(一)净现值法

1. 基本原理

净现值(NPV)是指项目在整个计算期中,按照企业设定的基准折现率计算的各年现金净流量的现值之和,是项目投产后的折现现金净流量(产出)抵减初始投资现值(投入)后的净额。以净现值指标为基准进行项目投资评价的方法称为净现值法。净现值法是项目投资评价中最重要的方法之一,在项目投资实务中应用非常广泛。

根据净现值的基本定义,有:

$$\mathrm{NPV} = \sum_{t=0}^{n} \mathrm{NCF}_t(P/F, i_c, t)$$

式中,n 表示项目计算期,i_c 表示企业设定的基准折现率。

【例 5-8】 承例 5-3 和例 5-4,假设企业设定的基准折现率为 10%。

要求:计算甲、乙方案的净现值。

解:甲方案的净现值计算如表 5-3 所示,乙方案的净现值计算如表 5-4 所示。

表 5-3 净现值计算表(甲方案)

年 份	0	1	2	3	4	5	合计
现金净流量/元	(10 000)	3 000	3 000	3 000	3 000	3 000	—
复利现值系数 ($i_c=10\%$)	1	0.909 1	0.826 4	0.751 3	0.683 0	0.620 9	—
折现的现金净流量/元	(10 000)	2 727.30	2 479.20	2 253.90	2 049.00	1 862.70	1 372.10

由此可见,净现值(甲)= 1 372.10 元。

表 5-4 净现值计算表(乙方案)

年 份	0	1	2	3	4	5	合计
现金净流量	(10 000)	2 000	2 200	2 800	3 500	4 000	—
复利现值系数 ($i_c=10\%$)	1	0.909 1	0.826 4	0.751 3	0.683 0	0.620 9	—
折现的现金净流量	(10 000)	1 818.20	1 818.08	2 103.64	2 390.50	2 483.60	614.02

净现值(乙)= 614.02 元。

需要注意的是,净现值的计算非常灵活。应根据项目现金净流量的数据特征,灵活选用最简捷的计算方法。如甲方案经营期各年现金净流量相等,其折现过程可以利用年金现值系数予以简化。

$$\begin{aligned}
\text{净现值(甲)} &= -10\ 000 + 3\ 000 \times (P/A, 10\%, 5) \\
&= -10\ 000 + 3\ 000 \times 3.790\ 8 \\
&= 1\ 372.40(\text{元})^{①}
\end{aligned}$$

2. 决策规则

对于独立方案,应将该项目的净现值与零比较。如果该项目的净现值大于(等于)零,则该项目可行;反之,则该项目不可行。对于互斥方案,首先应按照上述原则对备选方案进行

---

① 注:由于小数点计算过程中四舍五入,因此与复利现值系数的计算结果存在一定的误差。

可行性评价,在具备可行性的前提下,应选择净现值最大的投资方案。

【例 5-9】 承例 5-8。

要求:运用净现值法选择最优的投资方案。

解:因为净现值(甲)等于 1 372.10 元,大于 0,净现值(乙)等于 614.02 元,大于 0,因此,甲、乙方案均具备可行性。又因为 1 372.10 元大于 614.02 元,所以应当选择甲方案。

3. 评价

净现值是一个折现绝对数正指标。该方法的优点在于考虑了时间价值,综合利用了项目在整个计算期的现金净流量信息。该方法的缺点是计算过程相对烦琐;无法直接反映项目的年度实际投资回报率;不便于原始投资不同的项目投资方案之间的比较。此外,由于对不同风险的项目采用相同的折现率折现,不能充分考虑投资风险。

(二)净现值率法

1. 基本原理

净现值率(NPVR)是指项目的净现值与初始投资现值的比率,从动态角度反映了项目的投入净产出关系。以净现值率指标为基准进行项目投资评价的方法称为净现值率法。

根据净现值率的基本定义,有:

$$净现值率 = \frac{净现值}{初始投资现值} \times 100\%$$

【例 5-10】 承例 5-8。

要求:计算甲、乙方案的净现值率。

解:

$$净现值率(甲) = \frac{1\ 372.10}{10\ 000} = 13.72\%$$

$$净现值率(乙) = \frac{614.02}{10\ 000} = 6.14\%$$

2. 决策规则

对于独立方案,应将该项目的净现值率与零比较。如果该项目的净现值率大于(等于)零,则该项目可行;反之,则该项目不可行。对于互斥方案,首先应按照上述原则对备选方案进行可行性评价,在具备可行性的前提下,应选净现值率最大的投资方案。

【例 5-11】 承例 5-10。

要求:运用净现值率法选择最优的投资方案。

解:因为净现值率(甲)等于 13.72%,大于 0,净现值率(乙)等于 6.14%,大于 0,因此,甲、乙方案均具备可行性。又因为 13.72%大于 6.14%,所以应当选择甲方案。

3. 评价

净现值率是一个折现相对数正指标。其特点与净现值基本相同。但由于净现值率是相对数指标,便于原始投资不同的项目投资方案之间的比较。

(三)获利指数法

1. 基本原理

获利指数(PI)是指项目投产后,按企业设定的基准折现率计算的各年现金净流量的现值之和与初始投资现值的比率。获利指数从动态角度反映了项目的投入总产出关系。以获利指数指标为基准进行项目投资评价的方法称为获利指数法。

根据获利指数的基本定义,有:

$$获利指数 = \frac{项目投产后各年现金净流量的现值之和}{初始投资现值}$$

$$= \frac{净现值 + 初始投资现值}{初始投资现值}$$

$$= 1 + \mathrm{NPVR}$$

【**例 5-12**】 承例 5-10。

要求:计算甲、乙方案的获利指数。

解: 获利指数(甲)=1+13.72%=1.14

获利指数(乙)=1+6.14%=1.06

2. 决策规则

对于独立方案,应将该项目的获利指数与 1 进行比较。如果该项目的获利指数大于(等于)1,则该项目可行;反之,则该项目不可行。对于互斥方案,首先应按照上述原则对备选方案进行可行性评价,在具备可行性的前提下,应选择获利指数最大的投资方案。

【**例 5-13**】 承例 5-12。

要求:运用获利指数法选择最优的投资方案。

解:因为获利指数(甲)等于 1.14,大于 1,获利指数(乙)等于 1.06,大于 1,因此,甲、乙方案均具备可行性。又因为 1.14 大于 1.06,所以应当选择甲方案。

3. 评价

获利指数是一个折现相对数正指标。其特点与净现值率基本相同。获利指数也可用于原始投资不同的项目投资方案之间的比较。

(四)内含报酬率法

1. 基本原理

内含报酬率(IRR)又称内部收益率,或者内部报酬率,是指项目本身的实际年度投资回报率。在计算上,它是使项目净现值为零时的折现率。以内含报酬率指标为基准进行项目投资评价的方法称为内含报酬率法。

根据定义,满足下式的 IRR 即为该项目的内含报酬率:

$$\sum_{t=0}^{n} \mathrm{NCF}_t (P/F, \mathrm{IRR}, t) = 0$$

通过上式直接求解内含报酬率,通常是不太方便的。内含报酬率的计算,一般需要通过"逐步测试法"来完成。其具体步骤如下。

第一步,逐步测试。设定一个折现率,据此计算该项目的净现值,并作如下判断:如果净现值大于 0,说明该项目的内含报酬率大于设定的折现率,应设定更高的折现率进一步测试;如果净现值小于 0,说明该项目的内含报酬率小于设定的折现率,应设定更低的折现率进一步测试。通过不断测试,逐步逼近该项目的内含报酬率。

第二步,停止测试。当测试结果恰好满足净现值等于 0 时,设定的折现率即为该项目的内含报酬率。当无法寻找到净现值为 0 的折现率时,如果满足以下关系式,即可停止测试:

$$\begin{cases} i_1 < i_2 \\ i_2 - i_1 < 5\% \\ \text{NPV}_1 > 0 \\ \text{NPV}_2 < 0 \end{cases}$$

式中，i_1、i_2 为设定的折现率，NPV_1、NPV_2 为对应计算的净现值。

第三步，运用插值法。假设 i 在较小的区间范围内与 NPV 呈线性关系，则有：

$$\frac{0 - \text{NPV}_1}{\text{IRR} - i_1} = \frac{\text{NPV}_2 - \text{NPV}_1}{i_2 - i_1}$$

即

$$\text{IRR} = i_1 + \frac{-\text{NPV}_1}{\text{NPV}_2 - \text{NPV}_1}(i_2 - i_1)$$

$$= i_1 + \frac{\text{NPV}_1}{\text{NPV}_1 + |\text{NPV}_2|}(i_2 - i_1)$$

【例 5-14】 承例 5-3 和例 5-4。

要求：计算甲、乙方案的内含报酬率。

解：甲、乙方案的内含报酬率的测试如表 5-5 和表 5-6 所示。

表 5-5 内含报酬率的测试（甲方案）

年份	现金净流量/元	折现率=12%		折现率=16%	
		复利现值系数	现值/元	复利现值系数	现值/元
0	(10 000)	1	(10 000)	1	(10 000)
1	3 000	0.892 9	2 678.70	0.862 1	2 586.30
2	3 000	0.797 2	2 391.60	0.743 2	2 229.60
3	3 000	0.711 8	2 135.40	0.640 7	1 922.10
4	3 000	0.635 5	1 906.50	0.552 3	1 656.90
5	3 000	0.567 4	1 702.20	0.476 1	1 428.30
净现值			814.40		(176.80)

$$\text{内含报酬率(甲)} = 12\% + \frac{814.4}{814.4 + |-176.8|} \times (16\% - 12\%) = 15.29\%$$

表 5-6 内含报酬率的测试（乙方案）

年份	现金净流量/元	折现率=12%		折现率=14%	
		复利现值系数	现值/元	复利现值系数	现值/元
0	(10 000)	1	(10 000)	1	(10 000)
1	2 000	0.892 9	1 785.80	0.877 2	1 754.40
2	2 200	0.797 2	1 753.84	0.769 5	1 692.90
3	2 800	0.711 8	1 993.04	0.675 0	1 890.00
4	3 500	0.635 5	2 224.25	0.592 1	2 072.35
5	4 000	0.567 4	2 269.60	0.519 4	2 077.60
净现值			26.53		(512.75)

$$\text{内含报酬率}(\text{乙}) = 12\% + \frac{26.53}{26.53 + |-512.75|} \times (14\% - 12\%) = 12.10\%$$

需要注意的是,内含报酬率也可以通过特殊的方法来求解。当项目投产后的现金净流量呈现出等额特征时,可以直接利用年金现值系数计算内含报酬率,不需要进行烦琐的逐步测试。以甲方案为例,根据定义,有:

$$-10\,000 + 3\,000 \times (P/A, \text{IRR}_\text{甲}, 5) = 0$$

$$(P/A, \text{IRR}_\text{甲}, 5) = 3.333\,3$$

运用插值法可得:$\text{IRR}_\text{甲} = 15\% + \frac{3.333\,3 - 3.352\,2}{3.274\,3 - 3.352\,2} \times (16\% - 15\%) = 15.24\%$①

2. 决策规则

对于独立方案,应将该项目的内含报酬率与企业设定的基准折现率(i_c)比较。如果该项目的内含报酬率大于(等于)企业设定的基准折现率,则该项目可行;反之,则该项目不可行。对于互斥方案,首先应按照上述原则对备选方案进行可行性评价,在具备可行性的前提下,应选择内含报酬率最大的投资方案。

【例 5-15】 承例 5-14。假设企业设定的基准折现率为 10%。

要求:运用内含报酬率法选择最优的投资方案。

解:因为内含报酬率(甲)等于 15.29%,大于 10%,内含报酬率(乙)等于 12.10%,大于 10%,因此,甲、乙方案均具备可行性。又因为 15.29% 大于 12.10%,所以应当选择甲方案。

3. 评价

内含报酬率是一个折现相对数正指标。该方法的优点在于考虑了时间价值;综合利用了项目计算期各年的现金净流量;直接反映了项目本身的实际年度投资回报率。该方法的缺点是计算过程较为复杂;对于非常规方案,可能有多个内含报酬率,使其在项目投资实务中的应用受到一定的限制。

本章主要讲述项目投资管理中现金流量的构成及计算、项目投资决策的常见方法。

现金流量是指项目投资所引起的企业现金支出和现金收入的增加额,包括现金流出量、现金流入量和现金净流量三部分。现金流量指标是项目投资决策的依据。现金流量的估算要把握相关性原则,只估算增量现金流量,不考虑与投资方案无关的内容。

项目投资评价的基本方法主要包括静态评价方法和动态评价方法。静态评价方法主要包括投资回收期法、会计收益率法等;动态评价方法主要包括净现值法、净现值率法、获利指数法、内含报酬率法等。

1. 在投资决策中,为什么使用现金流量指标而不用利润指标?

---

① 注:由于小数点计算过程中四舍五入,因而与逐步测试法的计算结果存在一定的误差。

2. 试述现金流入量和现金流出量包括的主要内容。

练习题

一、单项选择题

1. 已知某投资项目按9%折现率计算的净现值大于0,按12%折现率计算的净现值小于0,则该项目的内含报酬率肯定( )。

  A. 大于9%,小于12%   B. 小于9%
  C. 大于12%   D. 无法判断

2. 项目投产后的年均净收益与项目初始投资的比率是( )。

  A. 回收期   B. 会计收益率
  C. 获利指数   D. 内含报酬率

二、多项选择题

1. 下列各项中,属于项目现金流出量的有( )。

  A. 固定资产投资   B. 垫支流动资金
  C. 固定资产折旧   D. 回收固定资产残值

2. 投资回收期法的特点有( )。

  A. 容易理解,计算简便
  B. 以折现现金流量抵消初始投资额时间的长短来衡量项目优劣
  C. 考虑了项目计算期各年的现金净流量
  D. 没有充分考虑投资风险

3. 项目投资动态评价指标主要包括( )。

  A. 净现值法   B. 净现值率法
  C. 获利指数法   D. 内含报酬率法

三、判断题

1. 现金净流量是指经营期内每年现金流入量与同年现金流出量之间的差额所形成的指标。( )

2. 在固定资产更新改造项目中,如果差额投资内含报酬率小于企业设定的基准折现率,则应当进行更新改造。( )

四、计算题

1. 甲投资项目各年的现金净流量如下:$NCF_0 = -90$ 万元,$NCF_1 = -90$ 万元,$NCF_2 = 0$,$NCF_{3\sim10} = 40$ 万元。假设行业平均收益率为12%。

 (1) 指出该项目的建设期和项目计算期。
 (2) 计算投资回收期和净现值。

2. 东方公司拟购入一台设备花费10万元,预计设备投产后可使企业每年增加净利润1万元,该设备可使用5年,无残值,采用直线法计提折旧,该企业的贴现率为10%。

 (1) 计算该项目各年的现金净流量。
 (2) 计算该项目的投资回收期及会计收益率。
 (3) 计算该项目的净现值、净现值率、内含报酬率,并根据每一个指标分别评价该项目是否可行。

3. 龙虎公司现有一台旧设备，尚可使用 5 年，预计 5 年后残值为 5 000 元，目前出售可获 25 000 元。该设备每年获营业收入 600 000 元，经营成本 400 000 元。企业现打算购入一台新型设备价值 105 000 元，预计 5 年后残值为 5 000 元。使用新设备每年经营成本增加 30 000 元，营业收入增加 50 000 元，企业所得税税率为 25%。新旧设备都采用年限平均折旧法。试用差量分析比较新旧设备的优劣（行业基准收益率为 10%）。

4. 假如你是东风公司的财务顾问，该公司拟购入新设备以扩充生产能力，现有 A、B 两个方案可供选择。

A 方案：初始需投资 100 000 元，设备使用寿命为 5 年，采用直线法计提折旧，5 年期满设备无净残值收入，5 年中每年销售收入为 60 000 元，每年的付现成本为 20 000 元。

B 方案：初始需投资 120 000 元，设备使用寿命为 5 年，为使该设备交付使用后及时形成生产能力，初始还需垫支流动资金 30 000 元（5 年期满设备报废清理时全部收回），5 年期满该设备净残值收入为 20 000 元，也采用直线法计提折旧，5 年中每年销售收入为 90 000 元，付现成本第一年为 42 000 元，以后 4 年中每年以 5 000 元的增加额递增。

该公司所得税税率为 25%，投资预期报酬率为 12%。

请分别计算 A、B 两个方案的现金净流量，以此为依据计算下列指标并陈述你的评价意见。

（1）计算投资回收期并进行分析评价。
（2）计算会计收益率并进行分析评价。
（3）计算净现值并进行分析评价。

第六章

证券投资管理

【学习目标】
(1) 了解证券和证券投资的种类、目的。
(2) 明确债券投资、股票投资的优缺点。
(3) 掌握债券、股票的估价方法及收益率的计算。

第一节 证券投资概述

一、证券的含义及种类

(一) 证券的含义与特征

从法律意义上来说,证券是指各类记载并代表一定权利的法律凭证的统称,用以证明持券人有权依其所持证券记载的内容而取得应有的权益。从一般意义上来说,证券是指用以证明或设定权利所做成的书面凭证,它表明证券持有人或第三者有权取得该证券拥有的特定权益。作为证券,必须具备两个最基本的特征:一是法律特征,即它反映的是某种法律行为的结果,本身必须具有合法性,同时它所包含的特定内容具有法律效力;二是书面特征,即必须采取书面形式或与书面形式有同等效力的形式,并且必须按照特定的格式进行书写或制作,载明有关法规规定的全部必要事项。同时具备上述两个特征的书面凭证才可称为证券。

(二) 证券的种类

1. 按证券的性质分类

证券按其性质不同,可分为无价证券和有价证券两种。

(1) 无价证券。无价证券又称凭证证券,是指本身能使持券人或第三者取得一定收入的证券。它可分为两大类:一类是证据书面凭证,即为单纯证明某一特定事实的书面凭证,如借据、收据等;另一类是某种私权的合法占有者的书面凭证,即占有权证券,如购物券、供应证等。

(2) 有价证券。有价证券是指标有票面金额,证明持券人有权按期取得一定收入并可自由转让和买卖的所有权或债权凭证。这类证券本身没有价值,但由于它代表着财产权利,持有者可凭此直接取得商品、货币,或取得利息、股息等收入,因而可以在证券市场上买卖和流通,客观上具有了交易价格。影响证券价格的因素有很多,主要因素是预期收入和市场利率,因此,有价证券的价格实际上是资本化了的收入。

有价证券有广义和狭义两种概念,广义的有价证券包括商品证券、货币证券和资本证券。

① 商品证券是证明持券人拥有商品所有权或使用权的凭证。取得这种证券等于取得这种商品的所有权,持券者对这种证券所代表的商品所有权受法律保护。常见的提货单、运货单、仓库栈单等都属于商品证券。

② 货币证券是指本身能使持券人或第三者取得货币索取权的有价证券。货币证券主要包括两大类:一类是商业证券,主要包括商业汇票和商业本票;另一类是银行证券,主要包括银行汇票、银行本票和支票。

③ 资本证券是指由证券投资或与证券投资有直接关系的活动而产生的证券。持券人对发行人有一定的收入请求权。资本证券包括股票、债券及其衍生品种(如基金证券、可转换证券等)等。

资本证券就是狭义的有价证券,它是有价证券的主要形式。在日常生活中,人们通常把狭义的有价证券——资本证券直接称为有价证券或者证券。

2. 按证券的发行主体分类

证券按其发行主体的不同,可分为政府证券、金融证券和公司证券三种。

(1) 政府证券是指中央政府或地方政府为筹集资金而发行的证券。

(2) 金融证券是指银行或其他金融机构为筹集资金而发行的证券。

(3) 公司证券又称企业证券,是指工商企业为筹集资金而发行的证券。

一般地,政府证券的风险较小,金融证券次之,公司证券的风险最大。当然,不同公司发行的公司证券,其风险则应视企业的规模、财务状况和其他具体情况而定。

3. 按证券体现的权益关系分类

证券按其所体现的权益关系,可分为所有权证券和债权证券两种。

(1) 所有权证券是指证券的持有人是证券发行单位所有者的证券。这种证券的持有人一般对发行单位具有一定的管理和控制权。股票是典型的所有权证券,股东是股票发行企业的所有者。

(2) 债权证券是指证券的持有人是发行单位债权人的证券。这种证券的持有人一般无权对发行单位进行管理和控制,如企业发行的债券等。

当发行单位破产时,债权证券要优先于所有权证券清偿。因此,所有权证券比债权证券承担的风险大。

4. 按证券收益的稳定状况分类

证券按其收益的稳定状况,可分为固定收益证券和变动收益证券两种。

固定收益证券是指在证券票面规定有固定收益率的证券。如债券票面一般有固定的利率,优先股票面一般有固定的股息率,这些证券都属于固定收益证券。

变动收益证券是指证券票面未标明固定的收益率,其收益情况随企业经营状况而变动的证券,如普通股股票。

一般来说,固定收益证券的风险较小,但报酬不高,而变动收益证券虽然风险较大,但报酬较高。

5. 按证券的到期日分类

证券按其到期的长短,可分为短期证券和长期证券两种。

(1)短期证券是指到期日短于一年的证券,如一年之内到期的国库券、商业汇票等。一般而言,短期证券的风险较小,变现能力强,但收益率较低。

(2)长期证券是指到期日长于一年的证券,如股票、债券等。一般而言,长期证券的收益较高,但变现能力相对较弱,且风险大。

6. 按证券是否在证券交易所挂牌交易分类

证券按其是否在证券交易所挂牌交易,可分为上市证券和非上市证券两种。

二、证券投资的含义及种类

(一)证券投资的含义

证券投资是指投资者将资金投资于股票、债券、基金及其衍生证券等资产,从而获得收益的投资行为。其特征如下。

(1)流动性强。一般情况下,在企业资产中证券是除货币资金以外流动性最强的资产。

(2)价值不稳定。证券的价值受政治、经济等社会因素和企业家管理风格、投资者投机心理等各种人为因素的影响较大,价值不稳定,投资风险较大。

(3)交易成本低。相对于实物资产,证券交易过程更快捷,交易成本更低。

(二)证券投资的种类

企业投资的证券主要有国债、短期融资券、可转让存单、企业股票与债券、投资基金及期权、期货等衍生证券。证券投资具体分为以下几类。

1. 债券投资

债券投资是指投资者购买债券以取得资金收益的投资活动,如购入上市公司发行的公司债券、中央政府发行的国库券等。相对于股票投资而言,债券投资能获得稳定的、较低的收益,因而风险较低。

2. 股票投资

股票投资是指投资者将资金投向股票,通过股利和股票买卖的价差获得收益的投资行为。相对于债券投资而言,股票投资的风险较高,但有机会获取较高的收益。

3. 基金投资

基金投资是指投资者通过购买投资基金股份或收益凭证获取收益的投资方式。这种方式可使投资者享受专家服务,有利于分散风险,获得较高、较稳定的投资收益。

4. 期货投资

期货投资是指投资者通过买卖期货合约躲避价格风险或赚取利润的投资方式。期货合约是指在将来一定时期内以议定价格买卖一定数量和质量的商品所制定的统一的标准合约,它是确定期货交易关系的一种契约,是期货市场的交易对象。

5. 期权投资

期权投资是指为实现盈利或者规避风险而进行期权买卖的投资方式。

6. 证券组合投资

证券组合投资是指企业将资金投资于多种证券的投资方式,是企业等法人单位进行证券投资时常用的投资方式。证券组合投资有利于分散风险。

(三) 证券投资的目的

证券投资的主要目的有以下几个方面。

1. 暂时存放闲置资金

企业在持有大量现金时,为保持资产的收益性和流动性,一般都会购入有价证券,以代替非盈利的现金,并在现金紧缺时将持有的有价证券售出,以增加现金,满足资金需求。

2. 配合长期筹资

企业通过发行长期证券筹集的资金一般不会一次性用完,而是逐渐、分次使用,暂时不用的资金可投资于有价证券,获得一定的收益。

3. 满足未来的财务需求

企业根据未来对资金的需求,可以将现金投资于期限和流动性较为适当的证券,在满足未来的财务需求的同时获得证券带来的收益。

4. 满足季节性经营对现金的需求

存在季节性经营的公司在一年内某些月份会有现金剩余,而在某些月份则会出现现金短缺,这些公司通常在现金有剩余时购入证券,而在现金短缺时再将其售出。

5. 获得对相关企业的控制权

有些企业从战略上考虑,打算控制另一企业,以利于本企业的生产、销售等经营活动。此时,可通过大量购入拟控制企业的股票来获得对该企业的控制权。

三、证券投资的基本程序

企业进行证券投资时,一般应按照下面的基本程序进行。

(一) 选择投资对象

企业进行证券投资,首先要选择合适的投资对象,即选择投资哪种证券,选择投资哪家企业的证券。投资对象的选择是证券投资最关键的一步,它关系到投资的成败。投资对象选择得好,可以更好地实现投资的目标;投资对象选择得不好,就有可能使投资者蒙受损失。企业在选择投资对象时一般应遵循以下三个原则。

(1) 安全性原则。选择证券投资对象必须关注投资的安全性,即投资能够安全地收回。企业在选择投资对象时,必须对投资对象的风险大小进行分析,尽可能控制投资风险。

(2) 流动性原则。企业进行证券投资时必须注意证券的流动性,即证券的变现能力。不同的证券,其流动性各不相同,企业应当根据自己的投资目的进行选择。

(3) 收益性原则。证券投资的收益是每个投资者都关心的问题,企业在选择证券投资对象时,应在以上两项原则的基础上,力求投资收益的最大化。

企业在选择投资对象时,必须结合自己的投资目的进行选择。一般来说,短期投资应该重视投资的安全性和流动性,以便能够随时变现,安全地收回资金。因此,短期投资可以选择信用等级较高、流动性较强的债券进行投资;长期投资则更重视投资的安全性和收益性,以期在较长的时期内能够获取更大的投资回报。因此,长期投资大多进行股票投资,以求长期稳定地对某一企业进行控股。

(二)确定合适的证券买入价格

证券价格受各种因素的影响,通常变化较大,股票的价格更是变化无常。证券投资的买入价格是证券投资的主要组成部分,直接关系到投资的风险和收益。购买证券的价格过高,就会增加投资的风险,减少投资收益。买入价格的确定是证券投资决策的一个重要方面,需要结合各种因素进行分析。实际上,确定证券买入价格也是确定证券买入时间。即使投资者选择了一只好股票,但若买入的时间不对,价格太高,也会增加投资的风险,降低投资的收益率。

(三)委托买卖并发出委托投资指示

投资者在选定投资于何种证券并确定买入价格后,就可以选择合适的证券经纪人,委托其买卖证券。在证券市场上,一般的投资者都通过证券经纪人买卖证券,这主要是为节省时间、降低成本费用。在选定证券经纪人后,投资者要在证券经纪人那里开立账户,并确立委托证券买卖的关系。企业在证券经纪人那里开立的账户一般有现金账户和保证金账户两种。开立现金账户的投资者必须先在账户中存入足够的现金,购买证券时,从该账户中支付价款。开立保证金账户的投资者只需在账户中存入规定的保证金,购买证券时只支付一定比例的价款,其余部分由证券经纪人暂时垫付。当然,投资者须支付证券经纪人垫付资金的利息。

投资者委托证券经纪人进行证券买卖,应明确告知经纪人代其买卖哪种证券、买卖的价格和数量。证券经纪人在其营业场所内接受客户的买卖委托后,应通知其在证券交易所的场内代表进行买卖交易,待交易完成后再向营业所报告交易结果,最后由经纪人向客户报告,以便投资者准备办理交割事宜。在证券买卖中,委托投资指示主要有以下几种。

(1)随市指示,即投资者向证券经纪人发出的买卖某种证券的指示。证券经纪人在接到投资指示后,立即以可能的最有利价格买入或卖出投资者指定数量的某种证券。采取随市指示,投资者只能确定买卖何种证券,不能确定买卖的价格。

(2)限定性指示,即投资者向证券经纪人发出的买卖某种证券并对买卖价格有所限制的指示。在这种指示下,不仅需要确定买卖何种证券,还需要确定买卖价格。

(3)停止损失指示,即投资者为保障既得利益或限制可能的损失,向证券经纪人发出的当某种证券价格上涨或下跌到超过所指定的限度时,便代其按市价买入或卖出的指示。

(4)撤销指示,即当投资者发现以前的委托指示失误时,向经纪人发出的撤销以前委托的指示。

(四)进行证券交割和清算

投资者在委托证券经纪人买卖各种证券后,要及时办理证券交割。所谓证券交割,是指买入证券方交付价款并领取证券,卖出证券方交出证券并收取价款的收缴活动。证券交割时间的长短由证券交易系统的技术先进程度决定。目前的证券交易多采用计算机联网系统,所以证券交割时间较短,一般在证券成交的第二个工作日即可办理证券交割。

投资者在证券交割过程中并不是逐笔进行的,一般采用清算制度,即将投资者证券买卖的数量、金额相互抵消,然后就其抵消后的净额进行交割。这种抵消买卖金额,只支付其净额的办法就是清算制度。实行清算制度,可以减少实际交割的证券数量。

(五) 办理证券过户

证券过户就是投资者从交易市场买进证券后,到证券的发行公司办理变更持有人姓名的手续。证券过户一般只限于记名股票。办理过户的目的是保障投资者的权益,只有及时办理过户手续,才能成为新股东,享有应有的权利。因此,投资者购进股票后,应及时办理过户手续,只有在过户之后,证券交易的整个过程才算结束。

第二节 债券投资管理

一、债券投资的特点

(一) 债券的有关概念

1. 债券

债券是发行者为筹集债务资金,向债权人发行的,在约定时间支付一定比例的利息,并在到期时偿还本金的一种有价证券。

2. 债券面值

债券面值是指债券的票面金额,它代表发行人借入并且承诺于未来某一特定日期偿付给债券持有人的金额。

3. 债券票面利率

债券票面利率是指债券发行者预计一年内向投资者支付的利息占票面金额的比率。票面利率不同于实际利率。实际利率通常是指按复利计算的一年期的利率。债券的计息和付息方式有多种,可能使用单利或复利计息,利息支付可能半年一次、一年一次或到期日一次支付,这就使票面利率不等于实际利率。

4. 债券到期日

债券到期日是指偿还本金的日期。债券一般都规定到期日,以便到期归还本金。

(二) 债券投资的概念及特点

1. 债券投资的概念

债券投资是指企业通过证券市场购买各种债券(如国库券、金融债券、公司债券及短期融资券等)进行的投资。

2. 债券投资的优点

(1) 本金安全性高。与股票投资相比,债券投资的风险比较小。政府发行的债券有国家财力做后盾,其本金的安全性非常高,通常视为无风险证券。企业债券的持有者拥有优先求偿权,即当企业破产时,债券持有者优先于股东分得企业财产。

(2) 收入稳定性强。债券票面一般都标有固定利率,债券的发行人有按时支付利息的义务。因此,在正常情况下,投资债券可以获得比较稳定的收入。

(3) 市场流动性好。许多债券都具有较好的流动性。政府及大企业发行的债券一般都可以在金融市场迅速出售,流动性很好。

3. 债券投资的缺点

(1) 购买力风险较大。债券的面值和利息率在发行时就已确定,如果投资期间通货膨胀率比较高,则本金和利息的购买力将不同程度地受到侵蚀,在通货膨胀率高于票面利息率时,投资者虽然名义上有收益,但实际上却有损失。

(2) 没有经营管理权。投资债券只是获得收益的一种手段,无权对债券发行单位施以影响和控制,不能参与债券发行单位的管理。

(三) 债券投资的种类和目的

企业债券投资按不同标准可进行不同的分类,按债券投资时间的不同,可将债券投资分为短期债券投资和长期债券投资。其中,短期债券投资是指在一年内到期或准备在一年内变现的债券投资,长期债券投资是指在一年以上才能到期且不准备在一年内变现的债券投资。

企业进行短期债券投资的目的主要是合理利用暂时闲置资金,调节现金余额,获得一定的收益。当企业现金余额太多时,投资于债券,可以使现金余额降低;反之,当企业现金余额太少时,则出售原来投资的债券,收回现金,使现金余额提高。企业进行长期债券投资的目的主要是获得稳定的收益。

二、债券的估价

债券价值是指债券发行者按照合同规定从现在至债券到期日所支付的款项的现值。计算现值时使用的折现率,取决于当前的利率和现金流量的风险水平。

债券估价具有重要的实际意义。企业进行债券投资时,必须首先估计拟投资债券的价值,以确定合理的投资价格。

(一) 每年付息、到期还本债券的估价

典型的债券是固定利率、每年计算并支付利息、到期归还本金。按照这种模式,债券价值计算的基本模型为

$$P = \frac{I_1}{(1+i)^1} + \frac{I_2}{(1+i)^2} + \cdots + \frac{I_n}{(1+i)^n} + \frac{M}{(1+i)^n}$$

式中,P 为债券价值;I_t 为第 t 年的利息,t 从 1 到 n;M 为到期的本金,即债券面值;i 为折现率,折现率一般采用市场利率或投资人要求的必要报酬率;n 为付息期,即债券到期前的年数。

【例 6-1】 阳光公司拟于本年 1 月 1 日购入某公司于当日发行的面值为 1 000 元的债券,其票面利率为 8%,每年 1 月 1 日计算并支付一次利息,并于 5 年后的 1 月 1 日到期。阳光公司要求的必要报酬率为 10%,则债券的价值是多少?

解:

$$P = \frac{80}{(1+10\%)^1} + \frac{80}{(1+10\%)^2} + \frac{80}{(1+10\%)^3} + \frac{80}{(1+10\%)^4} + \frac{80}{(1+10\%)^5} + \frac{1\,000}{(1+10\%)^5}$$

$$= 80 \times (P/A, 10\%, 5) + 1\,000 \times (P/F, 10\%, 5) = 80 \times 3.790\,8 + 1\,000 \times 0.620\,9$$

$$= 924.16(\text{元})$$

即当该债券的价格低于其价值 924.16 元时,企业购买才划算。

通过该模型可以看出,影响债券定价的因素有必要报酬率、利息率、计息期和到期时间。

(二) 单利、到期一次还本付息债券的估价

我国很多债券属于到期一次还本付息且不计复利的债券,其估价计算公式为

$$P = \frac{M + M \times i \times n}{(1+K)^n} = \frac{M(1+i \times n)}{(1+K)^n}$$

式中,i 为债券票面利率,K 为折现率,其余符号含义同前。

【例 6-2】 阳光公司拟购入幸福公司发行的利随本清的企业债券。该债券面值 1 000 元,期限 5 年,票面利率为 10%,不计复利,当前市场利率为 8%,该债券发行价格为多少时,阳光公司购买才算合适?

解:由上述公式可知:

$$P = \frac{1\,000 + 1\,000 \times 10\% \times 5}{(1+8\%)^5} = 1\,500 \times (P/F, 8\%, 5) = 1\,021(元)$$

即该债券价格必须低于 1 021 元时,阳光公司购买才算合适。

(三) 零票面利率债券的估价

零票面利率债券又称零息债券或纯贴现债券,是指承诺在未来特定日期单笔支付的债券。这种债券没有票面利率,在到期日前购买人不能得到任何现金收入,到期时按票面金额偿还。该类债券的估价模型为

$$P = \frac{M}{(1+K)^n}$$

【例 6-3】 某债券面值为 1 000 元,期限 5 年,以折现方式发行,持有期内不计利息,到期按面值偿还,市场利率为 8%,其价格为多少时,企业才能购买?

解:

$$P = \frac{1\,000}{(1+8\%)^5} = 1\,000 \times (P/F, 8\%, 5) = 1\,000 \times 0.680\,6 = 680.6(元)$$

即该债券的价格只有低于 680.6 元时,企业才能购买。

三、债券投资收益的计算

衡量债券收益水平的尺度为债券收益率,即在一定时期内所得收益与投入本金的比率。债券收益率有票面收益率、本期收益率、持有期收益率等多种,这些收益率分别反映投资者在不同买卖价格和持有年限下的不同收益水平。

(一) 票面收益率

票面收益率即票面利率,又称名义收益率或息票率,是印制在债券票面上的固定利率,通常是年利息收入与债券面额的比率。票面收益率反映债券按面值购入、持有到期满所获得的收益水平。

(二) 本期收益率

本期收益率是指债券的年实际利息收入与买入债券的实际价格的比率,其计算公式为

$$本期收益率 = \frac{债券年利息}{债券买入价} \times 100\%$$

本期收益率反映购买债券的实际成本所带来的收益情况,但它与票面收益率一样,不能反映债券的资本损益情况。

【例6-4】 某投资者购买面值为1 000元、票面利率为8%、每年付息一次的债券10张,偿还期为10年。如果购买价格分别是950元、1 000元和1 020元时,该债券的本期收益率各是多少?

解:

$$债券本期收益率_{(1)} = \frac{1\,000 \times 8\%}{950} \times 100\% = 8.42\%$$

$$债券本期收益率_{(2)} = \frac{1\,000 \times 8\%}{1\,000} \times 100\% = 8\%$$

$$券本期收益率_{(3)} = \frac{1\,000 \times 8\%}{1\,020} \times 100\% = 7.84\%$$

(三)持有期收益率

债券的持有期收益率是指债券持有人在持有期间得到的收益率,能综合反映债券持有期间的利息收入情况和资本损益水平。债券的持有期是指从购入债券到售出债券或者债券到期的期间,通常以"年"为单位表示(按惯例,每年按360天计算)。根据债券持有期长短和计息方式不同,债券持有期收益率的计算公式存在差异。

1. 持有期较短(不超过一年)

如果持有期较短,计算债券持有期收益率时,直接按债券持有期间的收益额除以买入价计算持有期收益率。因为持有期较短,可不考虑货币时间价值。

$$持有期收益率 = \frac{债券持有期间的利息收入 + (卖出价 - 买入价)}{债券买入价} \times 100\%$$

$$持有期年平均收益率 = \frac{持有期间收益率}{持有年限}$$

其中: $$持有年限 = \frac{实际持有天数}{360}$$

【例6-5】 某投资者1月1日以980元的价格购入A公司债券10张,该债券面值1 000元,票面利率为8%,半年付息,期限3年,当年7月1日收到上半年利息400元,9月30日以995元的价格卖出,计算该债券的收益率。

解:

$$持有期收益率 = \frac{1\,000 \times 8\% \div 2 + (995 - 980)}{980} \times 100\% = 5.61\%$$

$$持有期年平均收益率 = 5.61\% \times \frac{12}{9} = 7.48\%$$

2. 持有期较长(超过一年)

如果债券持有时间较长,计算债券持有期收益率时,应按复利计算持有期年平均收益率,也就是计算使债券未来现金流量的现值等于其购入价格的折现率。如果债券持有至到期,计算出的收益率又称为到期收益率。

债券包含的未来现金流量可分为两部分内容:一是债券的年利息收入,它等于面值与票面利率的乘积,一般情况下,债券利息收入不会改变;二是卖出价或到期还本额。

计算到期收益率的方法是解含有折现率的方程,具体包括以下两种情形。

(1) 到期一次还本付息债券。

$$持有期年平均收益率 = \sqrt[n]{\frac{M}{P}} - 1$$

式中,P 为债券购入价;M 为债券卖出价或到期兑付的金额;n 为实际持有年数。

【例 6-6】 某企业于某年 1 月 1 日购入 B 公司当日发行的三年期、到期一次还本付息的债券,面值 100 000 元,票面利率为 6%,买入价为 90 000 元,计算该债券持有期年平均收益率(债券利息采用单利计算方式)。

解:持有期年平均收益率 $= \sqrt[3]{\dfrac{100\ 000 + 100\ 000 \times 6\% \times 3}{90\ 000}} - 1 = \sqrt[3]{\dfrac{118\ 000}{90\ 000}} - 1$

$\qquad\qquad\qquad\qquad = 1.094\ 5 - 1$

$\qquad\qquad\qquad\qquad = 9.45\%$

(2) 每年年末付息、到期还本债券。

$$P = \sum_{t=1}^{n} \frac{I}{(1+k)^t} + \frac{M}{(1+k)^n}$$

或者

$$P = I \times (P/A, k, n) + M \times (P/F, k, n)$$

即

$$购进价格 = 每年利息 \times 年金现值系数 + 面值 \times 复利现值系数$$

式中,P 为债券购入价;I 为每年的利息;M 为债券面值;n 为实际持有年数;k 为持有期年平均收益率。

【例 6-7】 东风公司 2022 年 2 月 1 日平价购入一张面值为 1 000 元的债券,其票面利率为 8%,每年 2 月 1 日计算并支付一次利息,并于 5 年后的 1 月 31 日到期。求东风公司持有该债券至到期日的到期收益率。

解:依题意知,

$$债券年利息 = 1\ 000 \times 8\% = 80(元)$$

由上述公式得:

$$1\ 000 = 80 \times (P/A, k, 5) + 1\ 000 \times (P/F, k, 5)$$

采用"试误法"(又称逐步测试法、反复测试法)解该方程。

用 $k = 8\%$ 试算:

$80 \times (P/A, 8\%, 5) + 1\ 000 \times (P/F, 8\%, 5) = 80 \times 3.992\ 7 + 1\ 000 \times 0.680\ 6$

$\qquad\qquad\qquad\qquad\qquad\qquad\qquad\quad = 1\ 000(元)$

可见,平价发行的每年付息一次的债券的到期收益率等于票面利率。

如果债券的购入价格高于面值,情况将发生变化。例如,买价为 1 105 元时,债券的到期收益率计算如下:

$$1\ 105 = 80 \times (P/A, k, 5) + 1\ 000 \times (P/F, k, 5)$$

通过前面的计算已知,k 为 8% 时,等式右方为 1 000 元,所以可判断收益率低于 8%,降低折现率进一步试算。

用 $k = 6\%$ 试算:

$$80\times(P/A,6\%,5)+1\,000\times(P/F,6\%,5)=80\times4.212+1\,000\times0.747$$
$$=1\,083.96(元)$$

由于 1 083.96 元仍小于 1 105 元,还应进一步降低折现率。
用 $k=4\%$ 试算:
$$80\times(P/A,4\%,5)+1\,000\times(P/F,4\%,5)=80\times4.452+1\,000\times0.822$$
$$=1\,178.16(元)$$

贴现值高于 1 105 元,可判断收益率高于 4%。用插补法计算近似值:
$$K=4\%+\frac{1\,178.16-1\,105}{1\,178.16-1\,083.96}\times(6\%-4\%)=5.55\%$$

从此例可以看出,如果买价和面值不等,则收益率和票面利率也不同。

在某些情况下,债券持有人会在债券到期日前将其售出。这类债券的收益率的计算方法与上述方法基本一致。

【例 6-8】 某汽车公司 2022 年 1 月 1 日购买东风公司三年前的 1 月 1 日发行的面值为 10 万元、票面利率为 4%、期限为 10 年、每年年末付息 1 次的债券。计算:

(1) 若此时市场利率为 5%,计算该债券的价值。

(2) 若按 94 000 元的价格购入该债券,一直持有至到期,则该债券的持有期年平均收益率是多少?

解:(1) 债券价值 $=100\,000\times4\%\times(P/A,5\%,7)+100\,000\times(P/F,5\%,7)$
$$=94\,215.6(元)$$

(2) 依题意,$94\,000=100\,000\times4\%\times(P/A,k,7)+100\,000\times(P/F,k,7)$
$$94\,000=4\,000\times(P/A,k,7)+100\,000\times(P/F,k,7)$$

试误法:当 $k=5\%$ 时,
$$4\,000\times(P/A,5\%,7)+100\,000\times(P/F,5\%,7)=94\,215.6>94\,000$$
当 $k=6\%$ 时,
$$4\,000\times(P/A,6\%,7)+100\,000\times(P/F,6\%,7)=88\,839.69<94\,000$$

根据内插法:
$$\frac{k-5\%}{6\%-5\%}=\frac{94\,000-94\,215.6}{88\,839.69-94\,215.6}$$
$$k=5.04\%$$

四、债券投资分析

对投资者来讲,债券投资是一个非常复杂的问题,必须进行认真科学的分析。债券投资分析主要有基本分析和技术分析。

基本分析是对影响债券价格的各种基本因素(如经济增长、利率水平、通货膨胀、企业财务状况等)进行分析,因为一个公司未来的发展前景实际上是由这些基本因素决定的。基本分析既包括对宏观经济形势(如货币金融政策、财政政策等)进行的分析,也包括对公司财务状况(如资产结构、偿债能力等)和经营状况进行的分析。宏观经济形势对整个证券市场都会产生影响,它主要是影响证券市场的基本走势,因此对宏观经济形势的基本分析,有利于从战略上把握债券投资的方向。在宏观经济形势已经确定的情况下,对公司财务状况和经营状况的分析就更加重要。对公司财务状况的分析主要是对公司的财务报表进行分析;对公司经营状况的分析主要是分析公司内部管理的有效性、产品和劳务的销售情况、产品的寿命周期、公司的发展前景等。

技术分析主要是运用数学和逻辑的方法,通过对证券市场过去和现在的市场行为进行分析,从而预测证券市场上债券的未来变化趋势。技术分析是在证券市场上广泛使用的一种分析方法,是长期以来证券投资者进行证券投资的经验总结。

第三节　股票投资管理

一、股票投资的特点

(一)股票的相关概念

1. 股票

股票是股份公司发给股东的所有权凭证,是股东借以取得股利的一种有价证券。股票持有者即为该公司的股东,对该公司的财产有要求权。

股票可以按不同的方法和标准进行分类:按股东所享有的权利,可分为普通股和优先股;按票面是否标明持有者姓名,可分为记名股票和无记名股票;按股票票面是否标明金额,可分为有面值股票和无面值股票;按能否向股份公司赎回自己的财产,可分为可赎回股票和不可赎回股票。

2. 股票价格

股票本身是没有价值的,仅是一种凭证。它之所以有价格,可以买卖,是因为它能给持有人带来预期收益。一般来说,公司第一次发行时,要规定股票发行总额和每股金额,一旦股票发行上市后,股票价格就与原来的面值分离。这时的价格主要由预期股利和当时的市场利率决定,即股利的资本化价值决定了股票价格。此外,股票价格还受整个经济环境变化和投资者心理等复杂因素的影响。

股票在股市上的价格分为开盘价、收盘价、最高价和最低价,投资人在进行股票估价时主要使用收盘价。

股票的价格会随着经济形势和公司经营状况的变化而变化。一般来说,经济形势越好,公司经营状况越好,股票价格就会上升;反之,股票价格就会下降。

3. 股利

股利是公司对股东投资的回报,它是股东所有权在分配上的体现。股利是公司税后利润的一部分。按其形式不同,股利可分为现金股利、股票股利、财产股利和负债股利。目前我国比较常见的股利形式是现金股利和股票股利,财产股利和负债股利在实务中极少使用。

(二)股票投资的特点

1. 股票投资的优点

相对于债券投资来讲,股票投资是一种最具有挑战性的投资,其收益和风险都比较高。股票投资的优点主要如下。

(1)能够获得较高的投资收益。普通股的价格虽然变动频繁,但从长期看,优质股票的价格总是上涨的居多,只要选择得当,都可能取得优厚的投资收益。

（2）能适当降低购买力风险。普通股的股利不稳定，在通货膨胀较高时，由于物价普遍上涨，股份公司盈利增加，股利的支付也随之增加。因此，与固定收益证券相比，普通股能有效地降低购买力风险。

（3）能够参与公司的经营管理。因为股票收益与发行公司的经营状况紧密相关，股票持有者可以参与公司的经营管理，根据其购买股票数量的多少在公司经营管理中享有不同的权利。

2．股票投资的缺点

股票投资的主要缺点是风险大，主要因为以下几点。

（1）求偿权居后。普通股对企业资产和盈利的求偿权均居于债权人和优先股股东之后。企业破产时，股东原来的投资可能得不到全额补偿，甚至一无所有。

（2）股票价格不稳定。普通股的价格受政治、经济、投资人心理和企业经营状况等众多因素的影响，具有很大的不稳定性，这也使股票投资具有较高的风险。

（3）股利收入不稳定。普通股股利的多少要根据企业经营状况、财务状况和股利分配政策而定。是否发放股利、发放多少股利均无法律上的保证，股利收入的风险也远远大于固定收益证券。

（三）股票投资的种类和目的

股票投资主要分为两种：普通股投资和优先股投资。企业投资于普通股，股利收入不稳定；企业投资于优先股可以获得固定的股利收入。普通股股票价格比优先股票价格的波动要大，投资普通股的风险相对要大，但投资于普通股，一般能获得较高的收益。

企业进行股票投资的目的主要有两种：一种是获取投资收益，即作为一般的证券投资，获取股利收入及股票买卖差价；另一种是取得对企业的控制权，即通过购买某一企业的大量股票达到控制该企业的目的。在第一种情况下，企业仅将某种股票作为其证券组合的一个组成部分，不应冒险将大量资金投资于某一企业的股票上。而在第二种情况下，企业应集中资金投资于被控制企业的股票上，这时考虑更多的不应是目前利益——股票投资收益的高低，而是长远利益——占有多少股权才能达到控制企业的目的。

二、股票的估价

股票价值的提法有多种，常见的有股票面值、理论价值、账面价值、市价和清算价值。

股票面值是指每股股票票面上标明的金额。股票的理论价值是指股票的内在价值或贴现价值。股票的账面价值是指公司净资产与市场流通股份数的比值。股票的市价是指证券市场上股票的交易价格，是股票价值的市场评价。股票的清算价值是指公司清算时每股可得到的剩余财产的金额。

本章所讲的股票价值是指持有股票所期望获得的所有未来收益的现值。有时为和股票的市价相区别，把股票的预期未来现金流入的现值称为"股票的内在价值"。它是股票的真实价值，也叫理论价值。

股票估价即计算其内在价值，然后和股票现行市价进行比较，决定是否买入、卖出或继续持有。

(一) 股票估价的基本模式

股票带给持有者的现金流入包括两部分：股利收入和出售时的售价。股票的价值由一系列的股利和将来出售股票时售价的现值所构成。

如果股东永远持有股票，将只获得股利，是一个永续的现金流入。这个现金流入的现值就是股票的价值：

$$V = \frac{D_1}{1+K} + \frac{D_2}{(1+K)^2} + \cdots + \frac{D_n}{(1+K)^n} = \sum_{t=1}^{\infty} \frac{D_t}{(1+K)^t}$$

式中，D_t 为第 t 年的股利；K 为折现率，即必要的报酬率；n 为年数。

如果投资者不打算永久地持有该股票，而在一段时间后出售，他的未来现金流入是持有期间获得的股利和出售时的售价。因此，买入时的价格 P_0（一年的股利现值加上一年后股价的现值）和一年后的价格 P_1（第二年股利在第二年年初的价值加上第二年年末股价在第二年年初的价值）分别为

$$P_0 = \frac{D_1}{1+K} + \frac{P_1}{1+K} \qquad (1)$$

$$P_1 = \frac{D_2}{1+K} + \frac{P_2}{1+K} \qquad (2)$$

将式(2)代入式(1)：

$$P_0 = \frac{D_1}{1+K} + \left(\frac{D_2}{1+K} + \frac{P_2}{1+K}\right) \div (1+K) = \frac{D_1}{1+K} + \frac{D_2}{(1+K)^2} + \frac{P_2}{(1+K)^2}$$

如果不断继续上述代入过程，则可得出：

$$P_0 = V = \sum_{t=1}^{\infty} \frac{D_t}{(1+K)^t} \qquad (3)$$

式(3)是股票估价的一般模式。利用该模式估计股票价值需要预计未来每年的股利 (D_t)，确定折现率 (K)。

股利的多少取决于每股盈利和股利支付率两个因素。对股利估计的方法是历史资料的统计分析，如回归分析、时间序列的趋势分析等。股票估价的基本模型要求无限期地预计每年的股利 (D_t)，实际上不可能做到。因此应用的模型都是各种简化方法，如每年股利相同或以固定比率增长等。

折现率的主要作用是把未来不同时间的现金流入折算为现在的价值。折现率的选择是个关键点，也是个难点。有的方法是参照债券的收益率加上一定的风险报酬率来确定的，也有的是直接使用市场利率。从理论上来讲，折现率应当是投资者所要求的收益率。

(二) 零成长股票的价值

零成长股票即股利增长率为零的股票。如果未来股利不变，其支付过程是一个永续年金，则股票价值为

$$V = D \div K$$

【例6-9】 某股票每年每股分配股利 2 元，最低报酬率为 16%，则该股票的价值是多少？

解： $$V = 2 \div 16\% = 12.5(元)$$

这就是说，该股票每年能给投资者带来 2 元的收益，在市场利率为 16% 的条件下，它相

当于 12.5 元资本的收益,所以其价值是 12.5 元。

当然,该股票的市价不一定就是 12.5 元,可能高于或低于 12.5 元,这还要看投资人对风险的态度。如果投资人持乐观态度,愿意承担风险,该股票市价就高于 12.5 元;如果投资人持谨慎态度,不愿意承担风险,该股票市价就低于 12.5 元。

(三)固定增长股票的价值

无论是企业的投资者、债权人、管理者,还是企业的其他利益相关者,都希望企业经营效率越来越高,财务效益越来越好。因此,企业的股利不应当是固定不变的,而应当是不断增长的。各公司的增长率不同,但就全体公司来讲,其平均增长率应等于国民生产总值的增长率,或者说是真实的国民生产总值增长率加通货膨胀率。

假设某公司今年的股利为 D_0,则 t 年的股利应为

$$D_t = D_0(1+g)^t$$

式中,g 为股利年增长率。

若 $D_0=2$,$g=10\%$,则 5 年后的年股利为

$$D_t = D_0(1+g)^t = 2 \times (1+10\%)^5 = 2 \times 1.611 = 3.22(元)$$

固定成长股票的价值计算公式如下:

$$V = \sum_{t=1}^{\infty} \frac{D_0(1+g)^t}{(1+K)^t}$$

当 g 为常数,并且 $K > g$ 时,上式可简化为

$$V = \frac{D_0(1+g)}{K-g} = \frac{D_1}{K-g}$$

【例 6-10】 某公司的报酬率为 16%,股利年增长率为 12%,$D_0=1$ 元,则该公司股票的内在价值是多少?

解:
$$D_1 = 1 \times (1+12\%) = 1 \times 1.12 = 1.12(元)$$
$$V = 1.12 \div (16\% - 12\%) = 28(元)$$

【例 6-11】 甲公司准备购买乙公司的股票,该股票上年每股股利为 2 元,预计今后每年以 4% 的增长率增长,甲公司经过分析后,认为必须得到 10% 的报酬率才能购买该股票。要求计算该股票的内在价值。

解:
$$V = 2 \times \frac{1+4\%}{10\%-4\%} = 34.67(元)$$

即乙公司的股票价格在 34.67 元以下时,甲公司才能购买。

三、股票投资收益的计算

前面我们主要讨论如何估计股票的价值,以判断某种股票被市场高估或低估。现在,我们假设股票价格是公平的市场价格,证券市场处于均衡状态;在任何一点,证券价格都能完全反映有关该公司的任何可获得的公开信息,并且证券价格对新信息能迅速做出反应。在这种假设条件下,股票的期望收益率等于其必要的收益率。

从理论上讲,股票的收益率应是使股票未来现金流量的现值等于股票购入价格的折现率。

根据固定增长股利模型,我们知道:

$$P_0 = \frac{D_1}{K-g}$$

将公式移项整理,求 K,可以得到:

$$K = \frac{D_1}{P_0} + g$$

由该公式可知,股票的总收益率可分为两个部分:第一部分是 D_1/P_0,叫作股利收益率,它是根据预期现金股利除以当前股价计算出来的;第二部分是增长率 g,叫作股利增长率。由于股利的增长率也就是股价的增长速度,因此 g 可以解释为股价增长率或资本利得收益率。g 的数值可以根据公司的可持续增长率估计。P_0 是股票市场形成的价格,只要能预计出下一期的股利,就能估计出股东预期报酬率,在有效市场中,它就是与该股票风险相适应的必要报酬率。

【例 6-12】 某股票的价格为 20 元,预计下一期的股利是 1 元,该股利将以大约 10% 的速度持续增长。求该股票的预期报酬率是多少?

解:依题意,

$$K = 1/20 + 10\% = 15\%$$

即该股票的预期报酬率为 15%。

如果用 15% 作为必要报酬率,则一年后的股价为

$$P_1 = D_1 \times (1+g) \div (K-g) = 1 \times (1+10\%) \div (15\%-10\%) = 1.1 \div 5\% = 22(元)$$

即如果投资人现在用 20 元购买该股票,年末投资人将收到 1 元股利,并且得到 2(22-20)元的资本利得。

$$总报酬率 = 股利收益率 + 资本利得收益率 = 1 \div 20 + 2 \div 20 = 15\%$$

这个例子验证了股票期望报酬率模型的正确性。该模型可以用来计算特定公司风险情况下股东要求的必要报酬率,也就是公司的权益资本成本。也就是说,股东期望或者说要求公司赚取 15% 的收益。如果股东要求的报酬率大于 15%,他就不会进行该项投资;如果股东要求的报酬率小于 15%,就会争相购入该股票,使股票价格上升。既然股东们接受了 20 元的价格,就表明他们要求的是 15% 的报酬率。

四、股票投资分析

这里说的股票投资分析实际上指的是股票投资前的决策分析,而不是投资后的分析。股票投资分析非常复杂,而且对投资者来讲非常重要。一般来说,股票投资分析主要有基本分析和技术分析。

(一) 基本分析

基本分析是对影响股票价格的各种基本因素进行分析。基本分析对股票投资至关重要,因为一家公司的未来发展前景实际上是由这些基本因素决定的。基本因素既包括宏观经济形势的基本分析,也包括对公司的基本分析。宏观经济形势对整个股市都有影响,它主要是影响股市的基本走势,因此对宏观经济形势的基本面进行分析,有利于从战略上把握股票投资的方向。在宏观经济形势已经明确的情况下,对公司的基本分析就更加重要。

从理论上讲,股票的市场价格应当反映其投资价值,而股票投资价值是人们对股票未来

收益的预期。但是,市场是不断变化的,随着市场各种因素的变化,人们对股票未来收益的预期也会变化,从而影响股票的价格,使股价产生波动。影响股票价格的因素既有公司内在的基本因素,如公司的利润增长情况、公司的财务状况等,也有公司外部的市场行为因素,而这种市场行为因素是受投资者对经济发展和公司前景的预期所左右的。有的人预测公司前景是乐观的,有的人预测公司前景却是悲观的,因此,股价的变化无规律可循,是非理性的。归纳起来,股价的变化主要有以下影响因素:宏观经济形势、通货膨胀、利率和汇率的变化、经济政策、公司因素、市场因素、政治因素等。

1. 宏观经济形势

人们把股票市场比作"经济晴雨表",它提前反映经济发展周期。当经济增长刚刚启动时,敏感的投资者就会对经济发展和公司前景持有好的预期,从而开始购买股票,使股票价格上涨;在经济发展繁荣景气时期,更多的投资者都普遍看好经济发展趋势,股市的大牛市就会到来;当经济增长到顶峰,并开始走向衰退时,明智的投资者就会退出股市,股票价格将下跌。因此,经济发展周期在股市上会得到充分的反映,它直接影响股市发展的大趋势。

2. 通货膨胀

通货膨胀对股市的影响非常复杂。一般而言,适度的通货膨胀不会对经济发展产生破坏作用,对证券市场的发展也是有利的,但过度的通货膨胀必然会恶化经济环境,对经济发展有极大的破坏作用,从而对证券市场也是不利的。

3. 利率和汇率的变化

资本市场利率的变化对股票价格会产生较大的影响。一般来说,利率上升既会增加公司的成本,从而减少利润;又会提高投资者的预期收益率,因此往往使股票价格下跌。反之,会使股票价格上涨。汇率的变化也会影响股票价格,如果本国货币贬值,可能会导致资本流出本国,从而使本国股票价格下跌。当然,汇率变化对国际性程度低的证券市场影响较小,而对国际性程度较高的证券市场影响较大。

4. 经济政策

经济政策对股票的市场价格影响也较大,其中对股市比较敏感的经济政策主要有货币政策、财政政策和产业政策等。货币政策和财政政策都是调节宏观经济的手段。货币政策直接影响货币供应量,一般而言,紧缩的货币政策往往会使股票价格下跌。财政政策可以通过增减政府支出规模、税率等手段来调节经济的发展速度。当政府通过降低税率、增加财政支出刺激经济发展时,企业的利润就会上升,社会就业机会增加,公众收入也增加,会使股市行情上升。政府的产业政策对各个行业有不同的影响,对于优先扶持的行业,企业的发展前景较好,利润有望增加,其股票价格就会上升。

5. 公司因素

公司因素主要包括公司的行业发展前景、市场占有率、公司经营状况、公司财务状况、盈利能力、股利政策等因素。公司因素主要是影响某一特定公司的股票价格。对公司因素的了解,可以通过对该公司公布的年度财务报告分析来获得。

6. 市场因素

市场因素的影响是指股票市场本身的组织、运作及市场参与者的活动对股市的影响。市场因素一般包括证券主管机构对证券市场的干预程度、市场的成熟程度、市场的投机炒作行为、投资者素质的高低、市场效率等。

7. 政治因素

股票价格除受经济、技术等因素影响外，还受政治因素的影响，如国内外政治形势的变化、国家重要领导人的变更、国家法律与政策的变化、国际关系的改变等。政治因素对股市的影响是全局和敏感的，有时会使股市暴涨暴跌，这在国内外的股市中都不乏其例。

（二）技术分析

技术分析是运用数学和逻辑的方法，通过对股票市场过去和现在的市场行为进行分析，从而预测股票市场未来的变化趋势。技术分析在股票市场上广泛使用，它是长期以来股票投资者进行股票投资的经验总结。常用的技术分析方法主要有技术指标法、切线分析法、K线分析法、形态分析法、波浪理论等。

本章小结

本章主要讲述包括债券和股票在内的证券投资管理的基本知识，如债券估价、股票估价，以及债券收益率和股票收益率的计算。

企业进行短期债券投资的目的是合理利用暂时闲置资金，调节现金余额，获得一定的收益。企业进行长期债券投资的目的是获得稳定的收益。债券价值是指债券发行者按照合同规定从现在到债券到期日所支付的款项的现值。

企业进行股票投资的目的是获利和控股。股票投资作为权益性投资，具有风险大、收益高但不稳定、价格波动大等特点。股票的价值是指股票期望提供的所有未来收益的现值。

思考题

1. 企业进行短期债券投资和长期债券投资的目的是什么？
2. 企业进行股票投资的目的是什么？
3. 如何理解股票和债券内在价值的基本计算模型？

练习题

一、单项选择题

1. 投资人进行股票估价时主要使用（　　）。
   A. 收盘价　　　　B. 开盘价　　　　C. 最高价　　　　D. 最低价
2. 债券投资者获得利息的多少取决于债券面值和（　　）。
   A. 市场利率　　　B. 投资者收益率　　C. 票面利率　　　D. 股利支付率
3. 公司净资产与市场流通股份数的比值是股票的（　　）。
   A. 账面价值　　　B. 面值　　　　　　C. 市场价值　　　D. 清算价值

二、多项选择题

1. 证券投资的特征是（　　）。
   A. 流动性强　　　B. 价值不稳定　　　C. 交易成本低　　D. 交易成本高

2. 投资人进行证券投资的目的主要是（　　）。
   A. 暂时存放闲置资金　　　　　　　　B. 满足未来财务需求
   C. 满足季节性经营对现金的需求　　　D. 获得被投资企业的控制权
3. 短期投资应该重视投资的（　　）。
   A. 安全性　　　　B. 流动性　　　　C. 收益性　　　　D. 配比性
4. 长期投资应该重视投资的（　　）。
   A. 安全性　　　　B. 流动性　　　　C. 收益性　　　　D. 配比性
5. 我国比较常见的股利形式是（　　）。
   A. 现金股利　　　B. 股票股利　　　C. 财产股利　　　D. 负债股利

三、判断题

1. 债券价值是指债券发行者按照合同规定从现在至债券到期日所支付的款项的终值。
（　　）
2. 股票价值是指持有股票所期望获得的所有未来收益的现值。（　　）
3. 股票面值是指每股股票票面上标明的金额。（　　）
4. 零成长股票价值的计算和永续年金现值的计算相同。（　　）

四、计算题

1. 甲公司2022年1月1日购买乙公司当年当月当日发行的面值为10万元、票面利率为4%、期限为3年、每年年末付息一次的债券。请问：

（1）若此时市场利率为5%，计算该债券的价值。

（2）若甲公司按9.4万元的价格买入该债券，持有一年后以9.5万元的价格卖出，则购买该债券的持有期年收益率为多少？

2. 某公司的报酬率为16%，年增长率为10%，$D_0=0.1$元，则该公司股票的内在价值是多少？

第七章

营运资金管理

【学习目标】
(1) 掌握营运资金的含义与构成。
(2) 熟悉营运资金的特点。
(3) 了解营运资金的持有政策、筹集政策。
(4) 了解企业持有现金的动机,掌握最佳现金持有量的计算方法。
(5) 了解应收账款的功能与成本,掌握信用政策优劣的确定方法。
(6) 了解存货的功能与成本,掌握存货经济订货量的计算方法。

第一节 营运资金管理概述

一、营运资金概述

(一) 营运资金的含义

营运资金是指一个企业维持日常经营所需的资金,通常指流动资产减去流动负债后的余额。

营运资金＝流动资产总额－流动负债总额

流动资产是指可以在一年或超过一年的一个营业周期内变现或耗用的资产,其主要项目是现金、应收账款和存货。流动资产具有占用时间短、易变现等特点。企业持有较多的流动资产,在一定程度上可降低财务风险。流动负债是指将在一年或超过一年的一个营业周期内偿还的债务,又称短期负债。其主要项目是短期借款、应付及预收款项、应付职工薪酬、应交税费等应付费用,具有成本低、偿还期短的特点。必须认真管理营运资金,否则企业将承受较大的风险。

（二）营运资金的特点

1. 流动性

在企业生产经营过程中，营运资金依托实物流动进行价值活动，从货币形态转化为储备资金、生产资金、成品资金，又回到货币形态，各形态之间的转换应顺畅、迅速。

2. 物质性

营运资金周转表现为不同实物形态的转换，即一种资产的消失和另一种资产的生成，各种实物形态在空间上同时并存，在时间上相互继起。

3. 补偿性

营运资金周转是资金不断被消耗后又不断被足额补偿的过程。消耗的足额补偿不仅要求货币形态的补偿，更应保证实物形态的补偿和生产能力的补偿，在通货膨胀、物价上涨时期更应如此。

4. 增值性

营运资金周转是一个价值增值的过程，这是营运资金存在和延续的动力源泉。

二、营运资金管理政策

营运资金管理政策包括营运资金持有政策和营运资金筹集政策，它们分别研究如何确定营运资金持有量和如何筹集营运资金两个方面的问题。

（一）营运资金持有政策

营运资金包括流动资产和流动负债，是企业日常财务管理的重要内容。流动资产随企业业务量的变化而变化，业务量越大，其所需的流动资产越多，但它们之间并非线性的关系。由于规模经济、使用效率等原因，流动资产随业务量以递减的比率增长。

营运资金持有量的高低影响企业的收益和风险。较高的营运资金持有量使企业有较大把握按时支付到期债务，及时供应生产用材料和准时向客户提供产品，从而保证经营活动平稳地进行，风险性较小。但是，由于流动资产的收益性一般低于非流动资产，较高的营运资金持有量会降低企业的收益。而较低的营运资金持有量带来的后果正好相反，企业的收益率较高，但较少的现金、较低的存货保险储备量却会降低偿债能力和采购的支付能力，会带来信用风险、导致停工待料等情况，这一切都会加大企业的风险。

营运资金持有量的确定，就是在收益和风险之间进行权衡。持有较高的营运资金称为宽松的营运资金政策，它的收益风险较低；持有较低的营运资金称为紧缩的营运资金政策，它的收益风险较高。介于两者之间的是适中的营运资金政策。在适中的营运资金政策下，营运资金的持有量不高也不低，现金刚好满足支付之需，存货刚好满足生产和销售所用，除非收益高于资本成本，一般企业不保留有价证券。

（二）营运资金筹集政策

1. 流动资产和流动负债分析

企业资产按流动性不同分为流动资产和非流动资产。周转时间在一年以下或超过一年的一个营业周期以下的为流动资产，包括货币资金、应收账款、应收票据、存货等；周转时间在一年以上或超过一年的一个营业周期以上的为非流动资产，包括长期股权投资、固定资产、无形资产等。对于流动资产，如果按照用途再做区分，则可以分为波动性流动资产和稳定性流动资产。波动性流动资产是指那些受季节性、周期性影响的流动资产,如季节性存货、经营旺季(如零售业的销售旺季在春节期间等)的应收账款;稳定性流动资产是指那些即使企业处于经营低谷也仍然需要保留的、用于满足企业长期稳定需要的流动资产。

按照债务偿还期不同,企业的负债可分为流动负债和长期负债。流动负债是指需要在一年以内或超过一年的一个营业周期以内偿还的债务,包括短期借款、应付账款、应付票据、预收账款、应付职工薪酬、应交税费等,其特点为偿还期短、偿还风险大、成本低;长期负债是指偿还期在一年以上或超过一年的一个营业周期以上的债务,包括长期借款、长期应付款、应付债券等。与流动资产按照用途划分的方法相对应,流动负债也可以分为临时性流动负债和自发性流动负债。临时性流动负债是指为满足临时性流动资金需要所发生的负债,如商业零售企业春节前为满足节日销售需要超量购入货物而借入的债务;农副产品加工企业在收购季节大量购入某种原材料而发生的借款等。自发性流动负债是指直接产生于企业持续经营中的负债,如商业信用筹资和日常运营中产生的应付职工薪酬、应付利息、应交税费等。

2. 流动资产和流动负债的配合

营运资金筹集政策主要是就如何安排波动性流动资产和稳定性流动资产的资金来源而言的,一般可以分为三种,即配合型筹资政策、激进型筹资政策和稳健型筹资政策。

(1) 配合型筹资政策。配合型筹资政策的特点:对于波动性流动资产,运用临时性流动负债筹集资金满足其资金需要;对于稳定性流动资产和非流动资产(通称为永久性资产,下同),运用长期负债、自发性流动负债和权益资本筹集资金满足其资金需要。配合型筹资政策如图7-1所示。

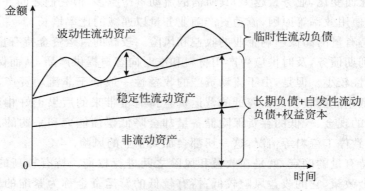

图 7-1 配合型筹资政策

配合型筹资政策要求企业在淡季时,除自发性负债外没有其他流动负债;只有在旺季时,企业才举借各种临时性债务。例如,某公司在生产经营的淡季,需占用500万元的稳定性流动资产和1 000万元的非流动资产;在生产经营的高峰期,会额外增加300万元的季节性存货需求。配合型筹资政策的做法:企业只在生产经营的高峰期才借入300万元的短期借款;无论何时,1 500万元永久性资产(即500万元的稳定性流动资产和1 000万元的非流动资产)均由长期负债、自发性流动负债和权益资本解决其资金需要。

这种筹资政策的基本思想是将资产与负债的期间相配合,以降低企业不能偿还到期债务的风险和尽可能降低债务的资本成本。但是,事实上由于资产使用寿命的不确定性,往往达不到资产与负债的完全配合。如本例,一旦公司生产经营高峰期内的销售不理想,未能取得销售现金收入,便会发生偿还临时性负债的困难。因此,配合型筹资政策是一种理想的、对企业有着较高资金使用要求的营运资金筹集政策。

(2) 激进型筹资政策。激进型筹资政策的特点:临时性负债不但融通波动性流动资产的资金需要,还解决部分稳定性流动资产的资金需要。在这种政策下,临时性流动负债大于波动性流动资产。激进型筹资政策如图 7-2 所示。

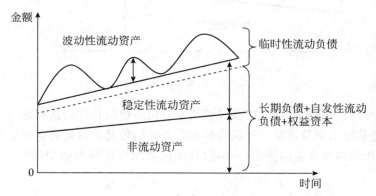

图 7-2 激进型筹资政策

从图 7-2 可以看到,在激进型筹资政策下,临时性负债在企业全部资金来源中所占的比重大于配合型筹资政策。沿用上例,公司生产经营淡季占用 500 万元的稳定性流动资产和 1 000 万元的非流动资产,在生产经营的高峰期额外增加 300 万元的季节性存货需求。如果公司除 300 万元的季节性存货需求外,还有 200 万元的稳定性流动资产也由临时性流动负债筹资解决,表明公司实行的是激进型筹资政策。在这种筹资政策下,由于临时性流动负债(如短期银行借款)的资本成本一般低于长期负债和权益资本的资本成本,而激进型筹资政策下临时性流动负债所占的比重较大,所以该政策下公司的资本成本较低。另外,为满足永久性资产的长期资金需要,公司必然要在临时性流动负债到期后重新举债或申请债务展期,这样公司就会经常地借债和还债,不断加大筹资困难和风险,还可能面临由于短期负债利率的变动而增加企业资本成本的风险。所以激进型筹资政策是一种收益性和风险性均较高的营运资金筹资政策。

(3) 稳健型筹资政策。稳健型筹资政策的特点:临时性流动负债只融通部分波动性流动资产的资金需要,另一部分波动性流动资产和永久性资产则由长期负债、自发性流动负债和权益资本作为资金来源。在这种政策下,临时性流动负债小于波动性流动资产。稳健型筹资政策如图 7-3 所示。

从图 7-3 可以看到,与配合型筹资政策相比,在稳健型筹资政策下,临时性流动负债占企业全部资金来源的比例较小。沿用上例,公司在生产经营的旺季需要额外增加 300 万元的季节性存货。如果此时公司临时借入资金低于 300 万元,比如 200 万元的短期借款,剩下的 100 万元由长期负债、自发性流动负债和权益资本提供。在生产经营的淡季,公司没有季节性存货需求 300 万元,不需要举借临时性流动负债,公司则可将闲置的资金(100 万元)投资于短期有价证券。这种做法下由于临时性流动负债所占的比例较小,所以公司无法偿还到期债务的风险较低,同时蒙受短期利率变动损失的风险也较低。另外,因长期负债的资本

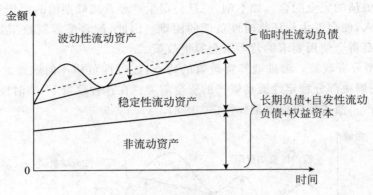

图 7-3　稳健型筹资政策

成本高于临时性负债的资本成本,以及经营淡季时仍需负担长期负债利息,从而降低公司的收益。所以,稳健型筹资政策是一种风险性和收益性均较低的营运资金筹集政策。

如果公司能够驾驭资金的使用,采用收益和风险配合得较为适中的配合型筹资政策是有利的。

第二节　现金管理

现金是指企业在生产经营过程中暂时停留在货币形态的资金,包括库存现金、银行存款和各种现金等价物。现金是企业流动性最强的资产,具有普遍的可接受性。现金又是一种特殊的流动资产,一方面其盈利性较差,另一方面容易被挪用与侵吞。所以,现金管理是企业流动资产管理的重点。

一、持有现金的动机

（一）交易动机

交易动机又称支付动机,是指企业满足日常生产经营活动支付需要而持有一定数量现金的动机。例如,用于购买固定资产和原材料、支付工资、缴纳税金等。由于企业的现金流入与流出不可能经常同步等量,因此,必须保持一定的现金余额以应付频繁的支出需要。满足交易性动机的现金数额受多项因素的影响,如企业所在行业的特性、企业所处的发展阶段、企业经营的高低峰期等。一般来讲,企业的业务量越大,所要保持的现金余额也越大。

（二）预防动机

预防动机是指企业保持一定的现金余额以应付意外的现金需求的动机。企业生产经营中的正常现金需要可通过资金预测和计划来估算,但许多意外事件的发生将会影响和改变企业正常的现金需要量。比如,自然灾害、生产事故、主要客户未能如期付款、国家政策的突然变化等,都会打破企业原先预计的现金收支平衡。因此,企业需要保持一定的额外现金余额来应付可能发生的意外情况。预防动机所需现金的多少取决于以下三个因素:①企业现金收支预测的可靠性;②企业的临时举债能力;③企业愿意承担信用风险的程度。在实际工作中,企业还可以通过持有一定数量的有价证券来满足预防动机,这种准现金资产可以获得较高的回报率。

（三）投机动机

企业持有现金的另一个可能动机是投机,即通过在证券市场上的炒作,或物资供应市场的投机买卖来获取投机收益。比如,当市场上股票价格下跌时购入,上扬时抛出,以获取资本利得;当企业预计原材料价格将大幅上扬时,可用手中多余的现金以目前较低的价格购入原材料,以便将来价格上升时少受影响。

二、现金管理的目标

企业现金管理最重要的目标之一就是保证企业良好的支付能力。如果企业不能支付到期的款项,将大大损害企业的商业信誉,造成企业的信用损失,甚至导致企业陷入财务危机。显然,保持一定的现金余额将有助于防止上述现象的发生。另外,由于现金不能为企业带来投资收益,过多地持有现金将降低企业资金使用效率,从而降低企业的价值。因此,现金管理的目标是在满足企业正常生产经营活动现金需求的基础上,尽量节约资金使用,降低资金成本,提高资金使用效益,在流动性和盈利性之间做出最佳选择。

三、最佳现金持有量的确定

（一）成本分析模式

成本分析模式是指寻求持有现金的相关总成本最低的现金余额的一种方法。企业持有现金的相关成本主要有持有成本、管理成本和短缺成本。

1. 持有成本

持有成本也称机会成本,是指企业因持有现金而放弃投资于其他方面获得的收益。例如,某企业每年平均持有现金 10 万元,若投资于有价证券,可以获得 10% 的收益率,即再投资收益为 1 万元;但正是因为持有这 10 万元现金,没有投资于有价证券,那失去的 1 万元再投资收益就成了持有 10 万元现金的机会成本。在实际工作中,机会成本可通过如下公式确定：

$$机会成本 = 现金持有量 \times 机会成本率（有价证券利率或市场收益率）$$

由公式可看出,企业现金持有量越大,机会成本越高。企业为满足交易性动机、预防性动机和投机性动机的需要而持有一定量的现金,付出相应的机会成本是必要的,但一定要权衡得失,不能因机会成本太高而影响最佳收益的取得。

2. 管理成本

企业持有现金将会发生管理成本,如管理人员的工资、福利费及必要的安全措施费用等。管理成本是一种固定成本,与现金持有量没有明显的数量关系。

3. 短缺成本

短缺成本是指企业因缺乏必要的现金又无法及时通过有价证券变现加以补充而给企业造成的各种损失,包括直接损失和间接损失。直接损失是由于现金的短缺使企业的生产经营或投资受到影响而造成的损失。例如,由于现金短缺而无法购进急需的原材料,使企业的生产经营中断而给企业造成的损失。间接损失是指由于现金的短缺而给企业带来的无形损失。例如,由于现金短缺而不能按期支付货款或不能按期归还贷款,从而给企业的信用和形象造成的损害。现金的短缺成本与现金持有量成反比。现金持有量增加,短缺成本下降;现金持有量减少,短缺成本上升。

上述三项成本之和最小的现金持有量,就是最佳现金持有量。以上三项成本曲线如图 7-4 所示。

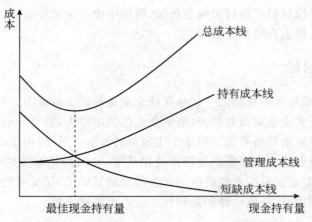

图 7-4 最佳现金持有量的成本分析模式

在图 7-4 中,现金管理成本线是一条水平线,现金持有成本线向右上方倾斜,现金短缺成本线向右下方倾斜。由此,持有现金的总成本线便是一条向下凹的抛物线,该抛物线的最低点即为持有现金的最低总成本点,其所对应的现金持有量便是最佳现金持有量。超过这一点,持有成本上升的代价大于短缺成本下降的好处;在这一点之前,短缺成本上升的代价又会大于持有成本下降的好处。在实际工作中,运用该模式确定最佳现金持有量的具体步骤如下。

(1) 测算现金持有量对应的持有成本和短缺成本。
(2) 计算现金持有量的相关总成本。
(3) 找出相关总成本最低时的现金持有量,即为最佳现金持有量。

【例 7-1】 东方公司有三种现金持有方案,其相应的成本资料如表 7-1 所示。

表 7-1 现金持有量备选方案表　　　　　　　　单位:元

项　　目	A 方案	B 方案	C 方案
平均现金持有量	30 000	60 000	80 000
持有成本(资金成本率为 7%)	2 100	4 200	5 600
管理成本	4 000	4 000	4 000
短缺成本	3 300	1 000	0
总成本	9 400	9 200	9 600

比较表 7-1 中各方案的相关总成本可知,B 方案的总成本最低,即当东方公司持有 60 000 元现金时,其总成本最低,故应选 B 方案。

(二)现金周转模式

现金周转模式是从现金周转的角度出发,根据现金的周转速度来确定最佳现金持有量的一种方法。现金的周转速度一般以现金周转期或现金周转率来衡量。现金周转期是指从用现金购买原材料开始,到销售产品并最终收回现金的整个过程所花费的时间,涉及存货周转、应收账款周转期和应付账款周转期三个时期。存货周转期是指将原材料转化为产成品并最终出售形成应收账款所需要的时间。应收账款周转期是指将应收账款转化为现金所需要的时间。应付账款周转期是指从收到尚未付款的原材料到以现金支付货款所需要的时间。

现金周转期、存货周转期、应收账款周转期、应付账款周转期之间的关系如图 7-5 所示。

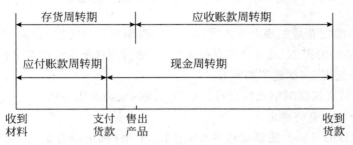

图 7-5 现金周转期示意图

根据图 7-5,现金周转期的计算公式为

现金周转期＝存货周转期＋应收账款周转期－应付账款周转期

现金周转模式计算最佳现金持有量的步骤如下。

(1) 计算现金周转期。

(2) 现金周转率(次数)＝360(天)÷现金周转期。

(3) 计算最佳现金持有量＝全年现金需要量÷现金周转率。

【例 7-2】 某企业预计全年需用现金 1 080 万元,其预计的存货周转期为 40 天,应收账款周转期为 35 天,应付账款周转期为 45 天,试计算该企业的最佳现金持有量。

解:
现金周转期＝40＋35－45＝30(天)
现金周转率＝360÷30＝12(次)
最佳现金持有量＝1 080÷12＝90(万元)

(三)存货模式

存货模式是将存货经济进货批量原理用于确定最佳现金持有量的一种方法,其着眼点也是现金相关成本之和最低。

1. 基本假定

(1) 企业在一定时期内的现金需要总量稳定且可以预测。

(2) 现金的支出过程比较均匀,且每当现金余额不足时,均可以通过证券变现得以补足,证券变现的不确定性很小。

在存货模式中,假设收入是每隔一段时间发生的,而支出则是在一定时期内平均发生的。在此期间,企业可通过销售有价证券获得现金。确定现金持有量的存货模式示意图如图 7-6 所示。

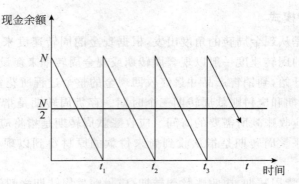

图 7-6　确定现金持有量的存货模式示意图

在图 7-6 中,假定企业的现金支出需要在某一时期内是稳定的,企业原有 N 元现金,当此笔现金用完之后,出售 N 元有价证券补充现金;随后当这笔现金到时又使用完后,再出售 N 元有价证券补充现金,如此不断重复。

(3) 证券的利率或报酬率及每次有价证券变现的交易费用可知。

2. 最佳现金持有量的确定

存货模式的目的是求出使现金总成本最小的 N 值(现金持有量)。现金总成本包括现金持有成本和现金转换成本。现金持有成本是持有现金所放弃的报酬,即持有现金的机会成本。这种成本通常为有价证券的利息率,它与现金余额成正比例关系。现金转换成本是现金与有价证券转换的固定成本,如经纪人费用、税金及其他管理成本。这种成本只与交易次数有关,与持有现金的金额无关。

存货模式假设需用现金时,可以转换有价证券,所以不会出现现金短缺,因而不需要考虑现金的短缺成本。如果现金持有量大,则持有现金的机会成本高,但现金转换成本可减少;如果现金持有量小,则持有现金的机会成本低,但现金转换成本要上升。两种成本合计最低时的现金余额即为最佳现金持有量。

现金总成本、现金持有成本和现金转换成本的关系用公式表示为

$$TC = \frac{Q}{2} \times K + \frac{T}{Q} \times F$$

式中,TC 表示现金管理相关总成本;Q 表示最佳现金持有量(每次转换量);K 表示有价证券的收益率(机会成本);T 表示一个周期内的现金需求量;F 有价证券的每次转换成本。

可用导数方法求出 TC 的最小值。

令 $TC' = 0$,则

$$TC' = \left(\frac{Q}{2} \times K + \frac{T}{Q} \times F\right)' = \frac{K}{2} - \frac{TF}{Q^2} = 0$$

得出

$$最佳现金持有量\ Q = \sqrt{\frac{2TF}{K}}$$

【例 7-3】　某企业现金收支状况比较稳定,预计全年(按 360 天计算)需要现金 810 万元,现金与有价证券的每次转换成本为 800 元,有价证券的年利率为 10%,则

最佳现金持有量 $Q = \sqrt{\dfrac{2 \times 8\,100\,000 \times 800}{10\%}} = 360\,000(元)$

有价证券最佳转换次数 $\dfrac{T}{Q} = \dfrac{8\,100\,000}{360\,000} = 22.5(次)$

现金转换最佳间隔期 $\dfrac{360}{22.5} = 16(天)$

四、现金的日常管理

（一）严格执行国家现金管理规定

1. 严格遵守国家关于库存现金使用范围的管理规定

企业可以在下列范围内使用库存现金：①职工工资、津贴；②个人劳动报酬；③根据国家规定颁发给个人的科学技术、文化艺术、体育等各种奖金；④各种劳保、福利费用及国家规定的对个人的其他支出；⑤向个人收购农副产品和其他物资的价款；⑥出差人员必须随身携带的差旅费；⑦结算起点以下的零星支出；⑧中国人民银行规定需要现金支付的其他支出。

2. 严格遵守国家关于库存现金限额的管理规定

企业持有的库存现金不能超过一定的限额。其限额一般由其开户银行根据该企业3~5天日常零星开支所需要的现金确定，远离银行或交通不便的企业可以放宽条件，但最多不能超过其15天的日常零星开支需要量。企业超过库存现金限额的现金应该存入银行，由银行统一管理。

3. 严格遵守银行的管理规定

按照银行的规定，企业不得坐支现金，不得出租、出借银行账户，不得签发空头支票、远期支票，不得套取银行信用，不得保存账外公款等。

（二）现金回收管理

为提高资金的使用效率，企业应加速收款，尽量缩短应收账款的回收时间。企业货款收回往往要经过四个阶段，即客户开出付款票据、企业收到票据、票据交存银行、银行将款项划给企业。这四个阶段都需要一定的时间，其中重点是缩短前面两个阶段的时间，这两个阶段所需时间不仅与客户、企业、银行之间的距离有关，而且与收款的效率有关。在实际工作中，企业可以采取邮政信箱法、集中银行法来缩短这两个阶段所需的时间。

1. 邮政信箱法

邮政信箱法又称锁箱法，通过在各主要客户所在地租用专门的邮政信箱，并开立分行存款账户，授权当地银行每日开启信箱，在取得客户支票后立即予以结算，并通过电汇再将货款拨给企业所在地银行。

采用邮政信箱法不仅缩短了支票的邮寄时间，而且消除了企业处理支票所需的时间。但采用邮政信箱法需要支付额外的费用，这种费用支出一般来说与存入支票张数成正比。所以，这种方式适用于汇款数额较大的支票。

2. 集中银行法

集中银行法是指通过设立多个收款中心来加快现金流转的方法。在这种方法下，企业指定一个主要开户银行为集中银行，并在收款额较集中的若干地区设立若干个收款中心，客

户首先将款项交给较近的收款中心,然后由收款中心将款项交给集中银行。集中银行法的具体做法如下:

(1)企业以服务地区和各销售地区的账单数量为依据,设立若干收款中心,并指定一个收款中心(通常是总部所在地收款中心)为集中银行。

(2)企业通知客户将货款送到最近的收款中心,而不必送到企业总部。

(3)收款中心将当天收到的货款存入当地银行,当地银行在进行票据交换后,立即将款项转给集中银行。

设立集中银行具有以下优点。

(1)账单和货款邮寄时间可大大缩短。账单由收款中心寄发该地区客户,与由总部寄发相比,客户能较早收到。客户付款时,将货款邮寄到最近的收款中心,通常也较直接邮寄给企业所需时间短。

(2)支票兑现的时间可以缩短。收款中心收到客户汇来的支票存入该地区的地方银行,而支票的付款银行通常也在该地区内,因而支票兑现较方便。

设立集中银行具有以下缺点。

(1)每个收款中心的地方银行都要求有一定的补偿余额,而补偿余额是一种闲置的不能使用的资金。开设的中心越多,补偿余额越多,闲置的资金也越多。

(2)设立收款中心需要一定的人力和物力,费用较高。因此,企业应在权衡利弊得失的基础上,做出是否采用集中银行法的决策。

【例7-4】 东方公司目前应收账款年平均余额为300万元,若采用集中银行法,则可使应收账款平均余额降为260万元。增加收款中心,预计每年会增加费用3万元,持有应收账款的年资本成本为10%。问东方公司应否采用集中银行法?

解:采用集中银行法时,东方公司应收账款的资本成本可降低:

$$(300-260)\times 10\% = 4(万元)$$

与增加收款中心预计每年增加的费用3万元相比,持有应收账款资本成本更低,东方公司应该采用集中银行法。

(三)现金支出管理

现金支出管理主要是在合理合法的前提下,控制现金的支出,并尽可能延缓现金的支出时间。具体而言,现金支出管理可采用以下方法。

1. 制定严格完善的现金支付审批程序

对于现金支付必须建立一套完善的授权审批制度和相互牵制制度,并定期对现金进行核查,防患未然。现金的内部牵制制度主要是采取"钱账分管"制度,同时加强财务印章的管理。即在现金管理中,实行出纳管钱、会计管账、财务主管管印章的相互牵制制度。

2. 合理使用现金"浮游量"

企业账簿上的现金数字往往并不能代表企业在银行中的可用现金。实际上,企业在银行里的可用现金通常要大于企业账簿上的现金余额。企业的银行存款余额同它的账面现金余额之差,即是现金"浮游量"。使用现金"浮游量"可以减少企业现金持有量,从而提高企业的现金使用效率。但是,使用现金"浮游量"时也有一定的风险,一方面,可能会出现支付不及时的情况,破坏企业之间的信用关系;另一方面,可能会出现银行存款的透支现象。所以在使用现金"浮游量"时,必须注意控制好使用的额度和使用的时间。

3. 尽量推迟应付款的支付

企业可以在不影响信誉的情况下,尽量推迟应付账款的支付时间。例如,如果供货方提供的现金折扣条件是"2/10,$n/30$",购货方若想得到现金折扣,就应该在发票开出后的第 10 天付款,否则,就应该在第 30 天付款,这两个付款时间对购货方最有利。

4. 力争现金流出与现金流入同步

一般情况下,企业的现金流出与现金流入不同步。但是企业财务人员必须想办法,尽量使企业的现金流出与现金流入同步。这样可以将企业的交易性现金持有量降到最低水平,从而提高企业现金的利用效率。

5. 适当进行证券投资

由于企业持有库存现金没有任何收益,银行存款的利率也比较低,因此当企业持有较多暂时不用的现金时,可以将其投资于国库券、企业债券、普通股股票等有价证券,这样既可以获得较多的投资收益,又可以在企业急需现金时将其转换成现金。

第三节 应收账款管理

应收账款是指企业因对外销售产品、提供劳务等原因,向购货单位或接受劳务单位应收而未收的款项。

一、应收账款的功能

(一)增加销售

企业销售产品可以采用现销方式和赊销方式。现销对本企业有利,赊销对客户有利。在竞争激烈的市场经济条件下不能单纯依靠现销。在赊销方式下,企业在销售产品的同时,向买方提供了可以在一定时期内无偿使用的资金,其数额包括商品的售价和增值税销项税额,这对于买方有极大的吸引力。所以,赊销是一种重要的促销手段,对企业增加销售、开拓并占领市场有重要意义。

(二)减少存货

由于赊销促进了产品销售,从而可降低存货中产成品的数额。这有利于缩短产成品的库存时间,降低产成品存货的管理费用、仓储费用和保险费用等各方面的支出。因此,无论是季节性企业还是非季节性企业,当产成品较多时,一般应采用较优惠的信用条件进行赊销,把存货转化为应收账款,减少产成品存货,节约贮存存货的各项支出。

二、应收账款的成本

企业持有应收账款需要付出一定的代价,这个代价就是应收账款的成本,即应收账款的信用成本,包括应收账款的机会成本、管理成本、坏账成本。

(一)机会成本

应收账款的机会成本是指资金投放在应收账款上而放弃的投资于其他项目的潜在收益。如投资于有价证券便会有利息收入。这一成本与企业维持赊销业务所需要的资金数

量、资金成本率有关。其计算公式为

$$应收账款的机会成本 = 维持赊销业务所需要的资金 \times 资金成本率$$

其中,资金成本率一般可按有价证券收益率计算,维持赊销业务所需要的资金可按下列步骤计算。

(1) 计算应收账款平均余额。

$$\begin{aligned}应收账款平均余额 &= 年赊销额 \div 360 \times 平均收账天数 \\ &= 平均每日赊销额 \times 平均收账天数\end{aligned}$$

(2) 计算维持赊销业务所需要的资金。

$$\begin{aligned}维持赊销业务所需要的资金 &= 应收账款平均余额 \times 变动成本 \div 销售收入 \\ &= 应收账款平均余额 \times 变动成本率\end{aligned}$$

【例 7-5】 东方公司年赊销收入净额为 2 700 000 元,应收账款周转期为 40 天,变动成本率为 60%,资金成本率为 10%。试计算该公司应收账款的机会成本。

解: 应收账款平均余额 = 2 700 000 ÷ 360 × 40 = 300 000(元)

维持赊销业务所需要的资金 = 300 000 × 60% = 180 000(元)

应收账款的机会成本 = 180 000 × 10% = 18 000(元)

(二) 管理成本

应收账款的管理成本是指企业对应收账款进行管理而耗费的开支,是应收账款成本的重要组成部分。应收账款的管理成本主要包括对客户的资信调查费用、收集信息的费用、催收账款的费用、账簿的记录费用等。

(三) 坏账成本

应收账款的坏账成本是指由于某种原因导致应收账款不能收回而给企业造成的损失。它一般与应收账款数量成正比,即应收账款越多,坏账成本越多。发生坏账对企业非常不利,企业应该尽量防范其发生,并按应收账款余额的一定比例提取坏账准备。

三、信用政策

信用政策又称为应收账款的管理政策,包括信用标准、信用条件和收账政策三部分。信用标准确定哪些潜在客户可以享受企业的商业信用,成为企业真正的客户;信用条件明确的是企业向客户提出的付款要求;收账政策是客户违反信用条件时企业采取的收账策略。

(一) 信用标准

信用标准是指客户获得本企业商业信用所应具备的条件,如客户达不到信用标准,则本企业将不给信用优惠,或只给较低的信用优惠。信用标准定得过高,会使销售减少并影响企业的市场竞争力;信用标准定得过低,会增加坏账风险和收账费用。

1. 信用标准的定性分析

客户的信用状况通常可以从以下五个方面来评价,简称 5C 评价法。这五个方面是品德(character)、能力(capacity)、资本(capital)、抵押品(collateral)、经济条件(conditions)。

(1) 品德。品德是指客户愿意履行付款义务的可能性。客户是否愿意尽自己最大努力归还货款,直接决定账款的回收速度和数量。品德因素在信用评估中是最重要的因素。

(2) 能力。能力是指客户偿还货款的能力。这主要取决于其资产特别是流动资产的数量、质量、流动比率及现金的持有水平等因素。一般来说,企业的流动资产数量越多,质量越好,流动比率越高,其支付账款的能力就越强;反之,其支付账款的能力就越弱。分析客户偿还货款的能力,主要借助于对财务报表的分析。

(3) 资本。资本是指一个企业的财务实力状况。这主要根据有关的财务比率来测定客户净资产的大小及其获利的可能性。

(4) 抵押品。抵押品是指客户拒付或无力支付款项时能被用作抵押的资产。当对客户的信用状况有怀疑时,如果客户能够提供足够的抵押品或质押品,就可以向其提供商业信用。一旦客户违约,也可以变卖抵押品或质押品,挽回经济损失。

(5) 经济条件。经济条件是指可能影响客户付款能力的条件,包括一般经济发展趋势和某些地区的特殊发展情况。

2. 信用标准的定量分析

信用标准常常以坏账损失率作为判定标准,对客户划分信用等级。坏账损失率越高,信用等级越低,要求的信用标准就越高;坏账损失率越低,信用等级越高,要求的信用标准就越低。确定客户的信用等级主要通过以下三个步骤完成。

(1) 设定信用等级的评价标准。即对客户信用资料进行调查分析,选取一组具有代表性的、能够说明付款能力和财务状况的若干比率,作为信用风险评价指标,并给出不同信用状况的指标标准值及其对应的拒付风险系数。通常可以选用的评价指标有流动比率、速动比率、现金比率、资产负债率、已获利息倍数等。

(2) 根据特定客户的财务数据,计算出以上选定指标的指标值,并与本企业制定的标准值相比较,然后确定各指标相对应的拒付风险系数(或称坏账损失率增加系数),最后计算总的拒付风险系数。

(3) 根据上面计算出的该客户的拒付风险系数,确定其信用等级,并将其与制定的信用标准(坏账损失率)进行比较,以确定是否给该客户提供商业信用。

【例 7-6】 某企业根据以往的经验确定客户信用等级评价标准,如表 7-2 所示。

表 7-2 客户信用等级评价标准

指标	比率范围	拒付风险系数/%
流动比率	≥2.0	0
	1.5~2.0	5
	≤1.5	10
速动比率	≥1.0	0
	0.8~1.0	5
	≤0.8	10
现金比率	≥0.5	0
	0.3~0.5	5
	≤0.3	10

续表

指　标	比率范围	拒付风险系数/%
资产负债率	≤40	0
	40～60	5
	≥60	10
已获利息倍数	≥3	0
	1.5～3	2.5
	≤1.5	5
应收账款周转率	≥12	0
	6～12	2.5
	≤6	5
总资产报酬率(%)	≥15	0
	5～15	2.5
	≤5	5
赊购付款履约情况	及时	0
	拖欠	60

该企业将客户按拒付风险系数分成三个等级：A级、B级、C级。其中：A级，拒付风险系数≤5%；B级，拒付风险系数为5%～10%；C级，拒付风险系数>10%。如果某客户的各项指标值及累计拒付风险系数如表7-3所示，要求确定该企业是否应给该客户提供商业信用。假设拒付风险系数与坏账损失率相等。

表7-3　客户信用状况评价表

指　标	比率	拒付风险系数/%
流动比率	1.8	5
速动比率	1.0	0
现金比率	0.4	5
资产负债率	40	0
已获利息倍数	5	0
应收账款周转率	12	0
总资产报酬率	8	2.5
赊购付款履约情况	及时	0
累计拒付风险系数		12.5

资料表明，当给该客户提供商业信用时发生坏账损失的可能性为12.5%，其信用等级为C级。若本企业的信用标准为坏账损失率不超过15%，则可以给该客户提供商业信用；若

本企业的信用标准为坏账损失率不超过 12%，则不应该给该客户提供商业信用。

对信用标准进行定量分析，有利于企业提高应收账款投资决策的效果。但由于实际工作中的具体情况十分复杂，不同企业的同一指标往往存在很大的差异，难以按照统一的标准进行衡量。因此，企业的财务管理者必须在深刻地考查各指标内在质量的基础上，结合以往的经验，对各项指标进行具体的分析、判断，不能机械照搬。

（二）信用条件

1. 信用条件的构成

信用条件是指企业要求客户偿还赊销款项的条件，包括信用期限、折扣期限、现金折扣三部分，一般形式如"2/10，n/30"。其中，"10"是折扣期限，表示若客户在 10 天内付款，可以享受 2% 的现金折扣；"30"是信用期限，表示若客户在 10~30 天内付款，不能享受现金折扣，但也得付款；超过 30 天付款，客户的行为即为违约、失信。

（1）信用期限。信用期限是企业允许客户从购货到付清货款的最长时间。一般来说，信用期限越长，对客户的吸引力就会越大，从而可以在一定程度上增加销售额，但是占用在应收账款上的资金增加，从而导致应收账款的机会成本、坏账成本和收账费用增加。信用政策决策的标准是：判断调整信用期限所增加的收益是否超过相应增加的信用成本，扣除信用成本后收益最高的方案为最佳方案。

（2）折扣期限和现金折扣。现金折扣是企业为鼓励客户早日偿还货款而给予客户的优惠条件，其折扣金额与赊销金额、货款的偿还时间、现金折扣率紧密相关。现金折扣可以吸引客户早日还款，减少应收账款的机会成本、坏账成本和收账费用，但会相应增加企业的折扣成本，减少商品销售的净收益。因此，企业是否采用现金折扣方式，应当核定多长的现金折扣期限、现金折扣率多高，必须综合考虑采用现金折扣方式增加的收益与增加的折扣成本之间的关系。现金折扣决策的标准：采用现金折扣方式增加的收益是否能超过由此增加的现金折扣成本。

2. 信用条件的选择评价

信用条件的选择评价的基本方法是比较不同信用条件下的销售收入及相关成本，最后计算出各自的净收益，并选择净收益最大的信用条件。

【例 7-7】 宇通公司有两种信用标准可供选择，其有关资料如表 7-4 所示。

表 7-4 信用标准选择资料表

项 目	A 方案（坏账损失率 10%）	B 方案（坏账损失率 15%）
赊销收入/元	1 500 000	1 800 000
固定成本/元	300 000	300 000
变动成本/元	600 000	720 000
可能的收账费用/元	50 000	90 000
可能的坏账损失/元	150 000	270 000
平均收账期/天	60	90

宇通公司的综合资金成本率为 10%，请选择对宇通公司有利的信用标准。

解：(1) 采用 A 方案。

$$\text{变动成本率} = \frac{600\,000}{1\,500\,000} = 40\%$$

销售毛利 = 1 500 000 − 300 000 − 600 000 = 600 000(元)

$$\text{维持赊销业务所需要的资金} = \frac{1\,500\,000}{360 \times 60 \times 40\%} = 100\,000(元)$$

应收账款的机会成本 = 100 000 × 10% = 10 000(元)

采用 A 方案的净收益 = 600 000 − 10 000 − 50 000 − 150 000 = 390 000(元)

(2) 采用 B 方案。

$$\text{变动成本率} = \frac{720\,000}{1\,800\,000} = 40\%$$

销售毛利 = 1 800 000 − 300 000 − 720 000 = 780 000(元)

$$\text{维持赊销业务所需要的资金} = \frac{1\,800\,000}{360 \times 90 \times 40\%} = 180\,000(元)$$

应收账款的机会成本 = 180 000 × 10% = 18 000(元)

采用 B 方案的净收益 = 780 000 − 18 000 − 90 000 − 270 000 = 402 000(元)

比较 A、B 方案的净收益，宇通公司选择 B 方案较为有利。

【例 7-8】 东方公司有两种信用政策可供选择：政策一，信用政策为"$n/60$"，预计销售收入为 5 000 万元，货款将于第 60 天收到，其信用成本为 140 万元；政策二，信用政策为"$2/10, 1/20, n/90$"，预计销售收入为 5 400 万元，将有 30% 的货款于第 10 天收到，20% 的货款于第 20 天收到，其余 50% 的货款于第 90 天收到(前两部分货款不会产生坏账，后一部分货款的坏账损失率为该部分货款的 4%)，收账费用为 50 万元。该企业的资金成本率为 8%，变动成本率为 60%。问：东方公司应采取何种信用政策？

解：政策一的信用成本：140 万元

政策二的信用成本：

应收账款平均收账天数 = 10 × 30% + 20 × 20% + 90 × 50% = 52(天)

应收账款平均余额 = 5 400/360 × 52 = 780(万元)

维持赊销业务所需要的资金 = 780 × 60% = 468(万元)

应收账款的机会成本 = 468 × 8% = 37.44(万元)

应收账款的坏账成本 = 5 400 × 50% × 4% = 108(万元)

现金折扣 = 5 400 × 30% × 2% + 5 400 × 20% × 1% = 43.2(万元)

政策二的信用成本 = 37.44 + 108 + 43.2 + 50 = 238.64(万元)

政策一扣除信用成本后的收益为

5 000(1 − 60%) − 140 = 1 860(万元)

政策二扣除信用成本后的收益为

5 400(1 − 60%) − 238.64 = 1 921.36(万元)

由于政策二扣除信用成本后的收益大于政策一扣除信用成本后的收益，所以东方公司应采取政策二。

（三）收账政策

收账政策是指客户超过信用期限仍未付款时企业采取的收账策略。企业如果采取积极的收账政策，就会减少应收账款的坏账损失，但会增加收账费用；反之，如果采取消极的收账政策，虽然可以减少收账费用，但会增加坏账损失。

当账款被拖欠或拒付时，首先应该调查并分析其原因，是企业本身的信用标准、信用审批制度或对客户的信用等级评定存在问题，还是客户方面出现了问题。其次，针对客户拖欠的具体情况采取对应的收账措施。

（1）信函。当账款刚过期时，可以寄信或发电子邮件提醒对方。

（2）电话。当信件或电子邮件不起作用时，给客户打电话催收。

（3）派人催款。在打电话也不起作用的情况下，可以派收账人员亲自到对方单位催款。

（4）在派人催款无效果的情况下，可以考虑聘请专业的代理收款机构帮助收款，但这类机构通常收费较高。

（5）法律程序。如果款项足够大，公司可以采取法律行动起诉债务人。

无论采取何种方式催收账款，都需要付出一定的代价，即收账费用。一般而言，收账费用支出越多，坏账损失越少，但它们之间并不一定存在线性关系。

在制定收账政策时，应权衡增加收账费用与减少应收账款的机会成本和坏账损失之间的得失。

【例7-9】 某企业不同收账政策条件下的有关资料如表7-5所示。

表7-5 收账政策资料表

项 目	现行收账政策	建议收账政策
年收账费用/元	150 000	300 000
应收账款平均收现期/天	45	30
坏账损失率 （占赊销收入的百分比）/（%）	3	2

该企业当年赊销额为18 000 000元，不考虑收账政策对销售收入的影响，应收账款的机会成本为10%，变动成本率为60%，要求确定该企业是否应采用建议的收账政策。

解：根据以上资料可列表计算，如表7-6所示。

表7-6 收账政策计算表

项 目	现行收账政策	建议收账政策
年赊销收入/元	18 000 000	18 000 000
应收账款平均收现期/天	45	30
维持赊销业务所需要的资金/元	1 350 000	900 000
应收账款的机会成本/元	135 000	90 000
应收账款的坏账损失/元	540 000	360 000
收账费用/元	150 000	300 000
信用成本合计/元	825 000	750 000

可见，建议的收账政策的成本与费用合计低于当前的收账政策的成本与费用合计。所以，应采用建议的收账政策。

四、应收账款的日常管理

（一）应收账款内部监控制度

完善应收账款的内部监控制度是控制坏账的基本前提，其内容包括建立销售合同责任制，即对每项销售都应签订销售合同，并在合同中对有关付款条件做出明确的说明；设立赊销审批的职能权限，规定业务员、业务主管能够批准的赊销额度；建立货款回笼责任制，谁销售谁负责收款，并据以考核其工作绩效。总之，企业应针对应收账款在赊销业务中的每个环节，健全应收账款的内部监控制度，努力形成一整套规范化的应收账款的事前、事中、事后的控制程序。

（二）应收账款追踪分析

应收账款一旦形成，企业就必须考虑如何按时足额收回欠款，而不是消极地等待对方付款，应该经常对所持有的应收账款进行动态跟踪分析。企业赊销产品后，客户能否按期偿还货款，主要取决于客户的5C，即客户的品德、能力、资本、抵押品及经济条件。早在赊销之前，企业就对客户进行过5C分析。但在赊销之后，还应进行追踪分析，因为这五个因素随时可能发生变化。当发现客户的这五个因素有发生变化的可能性时，企业应采取果断的措施，尽快收回应收账款，哪怕是只能暂时收回部分应收账款，并且应该对客户的信用记录进行相应的调整。当然，企业不可能也没有必要对全部的应收账款都进行追踪分析，应该将主要精力集中在那些交易金额大、交易次数频繁或信用品质有问题的客户身上。

（三）应收账款账龄分析

企业已发生的应收账款时间长短不一，有的尚未超过信用期，有的则已逾期拖欠。一般来说，逾期拖欠时间越长，账款催收的难度越大，成为坏账的可能性就越大。因此，进行账龄分析，密切注意应收账款的回收情况，是提高应收账款收现率的重要环节。

应收账款账龄分析就是考查研究应收账款的账龄结构，即各账龄应收账款的余额占应收账款总计余额的比重。

【例 7-10】 某企业应收账款账龄结构如表 7-7 所示。

表 7-7　应收账款账龄结构

应收账款账龄	金额/万元	比重/％
信用期内	1 400	70
逾期半年内	300	15
逾期半年至一年	100	5
逾期一年至两年	80	4
逾期两年至三年	70	3.5
逾期三年以上	50	2.5
应收账款总计	2 000	100

表 7-7 表明，该企业逾期的应收账款为 600 万元，占 30％，比重较大，所以应引起财务管

理人员的高度重视。首先应分析产生这种情况的原因,看是属于企业问题还是客户问题。如果属于企业信用政策问题,应立即进行信用政策的调整;如果属于客户问题,则应具体分析每个客户拖欠的具体情况,弄清这些客户发生拖欠的具体原因;其次,针对不同的情况采取不同的收账方法,制订经济可行的收账方案;最后,对尚未过期的应收账款也不应放松管理,防止发生新的逾期拖欠。

(四)应收账款坏账准备金制度

一般来讲,确定坏账损失的标准主要有如下两条。

(1)因债务人破产或死亡,以其破产财产或遗产清偿后仍不能收回的账款。

(2)债务人逾期未履行偿债义务,且有明显特征表明无法收回。

企业的应收账款只要符合上述任何一个条件,均可作坏账损失处理。需要注意的是,当企业的应收账款按照第二个条件已经作为坏账损失处理后,并非意味着企业放弃了对该项应收账款的索取权。实际上,企业仍然拥有继续收款的法定权利,企业与欠款人之间的债权债务关系不会因为企业已作坏账处理而解除。既然应收账款的坏账损失无法避免,因此,遵循谨慎性原则,企业应当在期末或年终对应收账款进行检查,合理预计可能发生的坏账损失,计提坏账准备,以便减少企业的风险成本。

第四节 存货管理

存货是指企业在日常生产经营过程中持有以备出售,或者仍然处在生产过程中将要消耗,或者在生产或提供劳务的过程中将要耗用的各种材料或物料,包括库存商品、半成品、在产品以及各种材料等。存货的种类繁多,不同行业存货的内容和分类有所不同。一般来讲,商业企业存货是指商业企业采购的以供销售的商品。制造业存货是用于制造产品的各种存货,主要包括原材料、燃料、包装物、低值易耗品、在产品、自制半成品、外购半成品、产成品、外购配套商品等。其他行业企业(既不生产产品也不经销商品的企业),如旅游饮食服务企业的存货是指日常经营活动中存有的各种办公用品、低值易耗品等物料用品。

一、存货的功能

(一)保证生产经营活动的正常进行

实际上,企业很少能做到随时购入生产或销售所需的各种物资,即使是市场供应量充足的物资也如此。这不仅因为有时会出现某种材料的市场断档,还因为企业距供货点较远而需要必要的途中运输及可能出现的运输故障。企业主要是通过产品或商品的不断流转而获得利润的,一旦物资短缺,就会导致企业经营流转过程不顺畅,给企业造成经济损失。对于生产企业来说,如果原材料存货不足,就必然会造成生产中断,停工待料;对于商业企业来说,如果畅销商品存货不足,就必然会失去销售良机;而对于生产或销售具有季节性变化的企业来说,一定数量的存货就具有更加重要的意义。

(二)降低进货成本

存货进货的总成本与其采购物资的单位售价及采购的次数有密切的关系。许多企业为鼓励客户购买其产品,往往给购货方提供较优厚的商业折扣,即当客户的采购量达到一定数量时,便可以在价格上给予相应的折扣。所以,企业进行大批量的集中采购可以降低单位物资的买价。同时,在采购总量一定的情况下,增加每次进货的数量可以减少进货的次数,从而降低采购费用。

(三) 维持均衡生产

许多产品的市场需求具有季节性,如空调、冰箱、羽绒服等,但这些产品的生产不能完全按市场需求的季节性来安排。因为,企业若完全按照季节变动组织生产活动,就会造成生产的不均衡,忙时超负荷运转,闲时生产能力得不到充分利用。这样不仅会提高生产成本,而且对企业的生产设备、人员安排十分不利。所以对这些产品的生产既要考虑季节性的变动,又要考虑生产的均衡性,在销售淡季适当增加产品库存,拥有合理的存货可以缓冲这种变化对企业生产活动和获利能力的影响。

(四) 获取市场变化带来的好处

企业面对的市场是千变万化的,市场对本企业产品的需求量是不稳定的。一定数量的存货储备,特别是产成品和商品储备能够增强企业在生产和销售方面的机动性,从而适应市场变化。企业有足够的产成品或商品,在满足顾客需要的同时,当市场的需求量突然增加时,能及时占领市场份额,获得收益。另外,当发生通货膨胀时,适当地储备一定数量的存货,能使企业获得物价上涨的好处。

二、存货的成本

(一) 进货成本

进货成本是指取得存货时发生的成本,通常用 TC_a 表示,主要包括存货的购置成本和订货成本两个方面。

购置成本是指存货本身的价值,经常用数量与单价的乘积来确定。存货年需要量用 D 表示,单价用 U 表示,于是购置成本为 DU。

订货成本是指企业取得订单的成本,如办公费、差旅费、邮费、电报电话费、专设采购机构的基本开支等。订货成本中有一部分与订货次数无关,属于决策的无关成本,如专设采购机构的基本开支等,称为订货的固定成本,用 F_1 表示;另一部分与订货次数有关,如差旅费、邮资等,称为订货的变动成本。每次订货的变动成本用 K 表示,订货次数则等于存货年需要量 D 与每次进货量 Q 之商。

订货的变动成本总额为 $K \times \dfrac{D}{Q}$

$$订货成本 = F_1 + K \times \frac{D}{Q}$$

$$进货成本 = 购置成本 + 订货成本$$

即

$$TC_a = DU + F_1 + K \times \frac{D}{Q}$$

(二) 储存成本

储存成本是指企业为储存存货而发生的支出,主要包括存货资金占用费(以借入资金购买存货应支付的利息费用)或机会成本(以自有资金购入存货而丧失的再投资收益)、仓储费用(如仓库管理人员的工资、仓库的折旧费用)、保险费用、存货库存损耗等。储存成本可以分为固定性储存成本和变动性储存成本。其中固定性储存成本(如仓库的折旧费用、仓库职工的固定月工资等)与存货的储存数量没有直接关系,属于决策无关成本,常用 F_2 表示。变动性储存成本与储存数量成正方向变化,属于决策相关成本,其单位成本用 K_c 表示。

用公式表达的储存成本为

储存成本＝固定性储存成本＋变动性储存成本

$$TC_c = F_2 + K_c \times \frac{Q}{2}$$

(三)缺货成本

缺货成本是指因存货短缺而给企业造成的损失,主要包括由于原材料供应中断造成的停工待料损失、库存商品不足造成的丧失销售机会损失等。缺货成本不易计量,只能大致估计。若企业允许缺货,则缺货成本随平均存货的减少而增加,与存货数量成反向关系,属于决策相关成本;若企业不允许缺货,则缺货成本为零。缺货成本用 TC_s 表示。由于缺货成本计量十分困难,常常不予考虑。

如果以 TC 来表示储备存货的总成本,它的计算公式为

$$TC = TC_a + TC_c + TC_s = DU + F_1 + K \times \frac{D}{Q} + F_2 + K_c \times \frac{Q}{2} + TC_s$$

企业存货采购的最优化,即使 TC 值最小。

三、经济进货批量决策

存货的经济进货批量是指能够使一定时期存货的总成本达到最低的采购数量。存货的总成本由进货成本、储存成本、缺货成本构成。这些成本中有些是固定性的,有些是变动性的。显然,只有变动性成本才是经济批量决策时的相关成本。与经济批量决策相关的成本主要包括变动性订货成本、变动性储存成本及允许缺货时的缺货成本。不同的成本项目与进货批量有着不同的变动关系。订购的批量大,储存存货就多,储存成本升高,同时,采购次数减少,变动性订货成本和缺货成本相应减少;订购的批量小,储存的存货就少,储存成本降低,同时,采购次数增加,变动性订货成本和缺货成本相应增加。经济进货批量决策就是要权衡这些成本和费用,使它们的总和最低。

(一)经济进货批量的基本模型

经济进货批量模型有很多形式,但各种形式的模型都是在基本经济进货模型的基础上发展起来的。与存货总成本有关的变量很多,为解决比较复杂的问题,有必要简化或舍弃一些变量,先研究解决简单的问题,然后再扩展到复杂的问题,这就需要做一些假设。经济进货批量决策时,常常作如下假设。

(1)企业一定时期的进货总量可以较为准确地预测,即 D 为已知常量。

(2)存货的价格稳定,且不考虑商业折扣,即 U 为已知常量。

(3)存货的耗用或销售过程比较均匀,且每当企业存货余额不足时,下一批存货可以马上到位,不允许缺货。

(4) 存货仓储条件及所需现金不受限制。
(5) 存货集中到货,而不是陆续到货。
(6) 企业能及时补充存货,订货与到货没有时间间隔。

在满足以上假设的前提下,存货的买价和短缺成本都不是决策的相关成本。此时,经济进货批量考虑的仅仅是使变动性的订货成本与变动性的储存成本之和最低,即

$$TC = K \times \frac{D}{Q} + K_c \times \frac{Q}{2}$$

为求出 TC 的极小值,式子两边同时对 Q 求导,令导数为零,可得出:

$$经济进货批量\ Q^* = \sqrt{\frac{2KD}{K_c}}$$

此时,最小相关总成本

$$TC(Q^*) = \sqrt{2KDK_c}$$

与经济进货批量相关的最佳进货次数、最佳进货周期、存货平均占用资金额可以通过下列公式求得:

$$最佳进货次数\ N^* = \frac{D}{Q^*}$$

$$最佳进货周期\ T^* = \frac{360}{N^*}$$

$$存货平均占用资金额\ I = \frac{Q^*}{2} \times u$$

【例 7-11】 东风公司全年耗用甲材料 1 800 千克,每千克买价为 40 元,每千克每年的变动性储存成本为 4 元,每次变动性订货成本为 25 元。
要求计算:
(1) 存货的经济进货批量。
(2) 经济进货批量下的最小相关总成本。
(3) 经济进货批量下的最佳进货次数。
(4) 经济进货批量下的最佳进货周期。
(5) 经济进货批量下的存货平均占用资金额。

解:依上述资料计算:

(1) 经济进货批量 $Q^* = \sqrt{\frac{2KD}{K_c}} = \sqrt{\frac{2 \times 25 \times 1\ 800}{4}} = 150(千克)$。

(2) 最小相关总成本 $TC(Q^*) = \sqrt{2KDK_c} = \sqrt{2 \times 25 \times 1\ 800 \times 4} = 600(元)$。

(3) 最佳进货次数 $N^* = \frac{D}{Q^*} = \frac{1\ 800}{150} = 12(次)$。

(4) 最佳进货周期 $T^* = \frac{360}{N^*} = \frac{360}{12} = 30(天)$。

(5) 存货平均占用资金额 $= \frac{Q^*}{2} \times u = \frac{150}{2} \times 40 = 3\ 000(元)$。

可见,该材料的经济进货批量为 150 千克,经济进货批量下的相关总成本为 600 元,最佳的进货次数为每年 12 次,平均每 30 天进一次货,占用在存货方面的平均资金额为 3 000 元。

(二) 考虑数量折扣的经济进货批量模型

商业折扣是企业为鼓励客户多购买商品而采用的一种促销手段。企业购买商品越多,所能获得的优惠条件就越多,因此,不少企业为得到这种优惠而大批量购买存货。

在考虑商业折扣的情况下,企业除考虑存货的订货成本和储存成本外,还要考虑存货的购置成本,因为此时的存货购置成本已经与存货的采购量有直接的关系,属于决策相关成本。具体决策过程如下。

(1) 确定无数量折扣情况下的基本经济进货批量及其相关总成本。
(2) 计算享受商业折扣情况下的经济进货批量及其相关总成本。
(3) 比较这两种情况下的相关总成本并选择相关总成本较低的采购方案。

【例 7-12】 某企业每年耗用乙材料 14 400 千克,该材料的单位采购价格为 10 元,每千克材料的年变动性储存成本平均为 2 元,平均每次变动性订货成本为 400 元。一次性采购乙材料达到 2 880 千克,则可以获得 2% 的商业折扣,请做出采购量决策。

解:(1) 不考虑商业折扣。

$$经济进货批量 Q^* = \sqrt{\frac{2KD}{K_c}} = \sqrt{\frac{2 \times 400 \times 14\,400}{2}} = 2\,400(千克)$$

不考虑商业折扣情况下的乙材料最小相关总成本:

$$TC = \sqrt{2KDK_c} = \sqrt{2 \times 400 \times 14\,400 \times 2} = 4\,800(元)$$

考虑买价情况下的乙材料相关总成本 = 乙材料年需要量 × 单位买价 + 不考虑买价情况下的乙材料最小相关总成本
$$= 14\,400 \times 10 + 4\,800$$
$$= 148\,800(元)$$

(2) 考虑商业折扣(一次性采购 2 880 千克)。

考虑买价情况下的乙材料相关总成本 = 乙材料年需要量 × 单位买价 × (1−折扣率) + 年变动性进货费用 + 年变动性储存成本
$$= 14\,400 \times 10 \times (1 - 2\%) + 14\,400 \div 2\,880 \times 400 +$$
$$2\,880 \div 2 \times 2$$
$$= 146\,000(元)$$

计算结果表明,应考虑商业折扣,即应一次性采购 2 880 千克,这样可以节约 2 800 (148 800 − 146 000) 元的采购总成本。

(三) 订货提前期

一般情况下,企业不能等到存货用完再去订货,而应适当提前订货。那么,究竟在上一批购入的存货还有多少时就必须订购下一批存货呢?这就是订货点的确定问题。订货点也称为再订货点,是企业再次发出订单时尚有存货的库存量,用 R 表示。它的数量等于交货时间(L)和每日平均需用量(f)的乘积。

$$R = L \times f$$

如果甲材料从开始进货到到货时间为 10 天,甲材料每日耗用量为 8.8 千克,甲材料的再进货点为

$$R = L \times f = 10 \times 8.8 = 88(千克)$$

即企业在尚存 88 千克甲材料时,就应当再次进货,等到所进甲材料到货时,原有甲材料刚好用完。此时,有关存货的每次进货批量、进货次数、进货周期等并无变化,与存货基本模型相同。

四、存货的日常管理

存货的日常管理是指企业在日常生产经营过程中,对存货的采购、使用、库存和周转情况进行组织、调节和监督等活动。存货的日常管理主要包括以下几个方面。

(一)存货的归口分级管理

存货的归口分级管理是加强存货日常管理的重要方法。它是在厂长经理的领导下,以财务部门为核心,将存货的定额和计划指标按各职能部门所涉及的业务归口管理,然后各归口的职能部门再根据具体情况将资金计划指标进行分解,落实到车间、班组以至个人,实行分级管理。其基本原则是"谁使用谁管理,谁管理谁负责"。

(二)存货的 ABC 分类管理

一般来说,企业的存货品种繁多、数量巨大。如何对这些存货加强管理是财务管理工作的重要课题。19 世纪,意大利经济学家巴雷特首创了 ABC 控制法,存货的 ABC 分类管理就是这种方法在存货管理中的具体应用。其基本思想是对企业品种繁多的库存物资,按其重要程度、消耗数量、价值大小、资金占用量等情况进行分类排队,然后分别采用不同的管理方法,做到抓住重点、照顾一般。

1. ABC 分类管理的一般原则

存货的 ABC 分类管理是将存货按照一定标准分成 A、B、C 三类,然后按照各类存货的重要程度分别采取不同的方法进行管理。这样,企业就可以分清主次,突出管理重点,提高存货管理的整体效率。

采用 ABC 分类管理法,存货的划分标准主要有两个:一是存货的金额;二是存货的品种数量,以存货的金额为主。

A 类存货的标准:存货金额很大,品种数量很少。

B 类存货的标准:存货金额较大,品种数量较多。

C 类存货的标准:存货金额较小,品种数量繁多。

虽然每个企业的生产特点不同,每个企业存货的具体划分标准各不相同,但一般来说,存货的划分标准大体如下。

A 类存货金额占整个存货金额比重的 60%~80%,品种数量占整个存货品种数量的 5%~20%。

B 类存货金额占整个存货金额比重的 15%~30%,品种数量占整个存货品种数量的 20%~30%。

C 类存货金额占整个存货金额比重的 5%~15%,品种数量占整个存货品种数量的 60%~80%。

将存货划分成 A、B、C 类后,再采取不同的管理方法。A 类存货应按每一品种进行重点管理,经常检查这类存货的库存情况,严格控制该类存货的支出。B 类存货的金额相对较小,数量也较多,可以分类别进行一般控制。C 类存货占用的金额比重很小,品种数量又很多,可以只对其进行总量控制。

2. ABC 分类管理法的步骤

ABC 分类管理法就是将每一种存货的年需要量乘以单价,然后按价值大小排列进行分类管理的方法。下面通过实例说明如何进一步实施 ABC 分类管理法。

【例 7-13】 某公司一个仓库有存货 11 个品种,存货的年需要量和单价如表 7-8 所示。

(1) 计算每一种存货在一定时期内的资金占用额,如表 7-8 所示。

表 7-8 库存存货一览表

库存品种	(1) 存货年需要量/件	(2) 单价/元	(1)×(2) 存货占用资金/元
A—10	500	30.0	15 000
A—15	400	10.0	4 000
B—4	60	5 000.0	300 000
B—10	2 600	5.0	13 000
B—15	1 000	4.0	4 000
C—5	600	15.0	9 000
C—20	30	1 000.0	30 000
C—25	1 000	1.0	1 000
D—50	800	4.0	3 200
E—8	1 000	40.0	40 000
F—10	2 000	0.4	800

(2) 计算每一种存货资金占用额占全部资金占用额的百分比,并按大小顺序排列,如表 7-9 所示。

表 7-9 存货资金占用百分比一览表

库存品种	存货占用资金/元	占总资金的百分比/%
B—4	300 000	71.4
E—8	40 000	9.5
C—20	30 000	7.1
A—10	15 000	3.5
B—10	13 000	3.1
C—5	9 000	2.4
A—15	4 000	0.95
B—15	4 000	0.95
D—15	3 200	0.75
C—25	1 000	0.20
F—10	800	0.15
小 计	420 000	100

（3）根据事先确定的标准，将存货分成 A、B、C 三类，如表 7-10 所示。

表 7-10　ABC 分类一览表

类别	库存品种	存货占用资金/元	占总资金的百分比/%	资金累计百分比/%	品种累计百分比/%
A	B—4	300 000	71.4	71.4	9
B	E—8	40 000	9.5	16.6	18
	C—20	30 000	7.1		
C	A—10	15 000	3.5	12.0	73
	B—10	13 000	3.1		
	C—5	9 000	2.4		
	A—15	4 000	0.95		
	B—15	4 000	0.95		
	D—15	3 200	0.75		
	C—25	1 000	0.20		
	F—10	800	0.15		
小　　计		420 000	100	100	100

（4）分出 A、B、C 三种类型的存货后，采用相应的管理方法进行处理。

A 类存货，品种不多，而占用资金较多，应定位为存货管理的重点对象，一般应进行严格的连续控制方式，包括应有完整、精确的记录，最高的作业优先权，管理人员应经常检查，小心精确地确定订货量和订货点等，对来料期限、库存盘点、领发料等要严格要求。

C 类存货，由于占用的资金不多，品种繁多，一般采用比较粗放和简单的定量控制方式进行管理，可加大订购批量和安全库存。

B 类存货，其特点和重要程度介于 A 类存货和 C 类存货之间，企业要根据库存管理的能力和水平，采用不同的方法对其实施正常控制，包括良好的记录和常规检查，订购批量和安全库存量可根据历史数据和经验确定，进出库要有记录。

本章小结

营运资金是指一个企业维持日常经营所需的资金，等于流动资产减去流动负债后的差额。

确定最佳现金持有量的方法主要有成本分析模式、现金周转模式和存货模式。

应收账款的信用成本包括机会成本、管理成本、坏账成本、收账费用和折扣成本等。企业需要制定合理的信用政策对其进行有效管理，信用政策包括信用标准、信用条件和收账政策。

存货管理要求掌握存货经济进货批量的模型。根据经济进货批量基本模型确定最佳订货量、最佳订货周期、最佳订货次数、与存货数量有关的总成本。

思考题

1. 简述营运资金的特点。
2. 营运资金持有政策有哪些?
3. 营运资金筹集政策有哪几种?分别有什么特点?
4. 简述企业持有现金的动机。
5. 简述现金管理的目的和内容。
6. 简述应收账款的功能与成本。
7. 简述存货的功能与成本。

练习题

一、单项选择题

1. 在激进型筹资政策下,波动性流动资产的资金来源是( )。
   A. 临时性流动负债　　B. 长期负债　　C. 自发性负债　　D. 权益资金
2. 如果企业营运资金短缺成本较低,资本成本较高,则其持有政策宜采取( )。
   A. 宽松的营运资金政策　　　　　　B. 紧缩的营运资金政策
   C. 适中的营运资金政策　　　　　　D. 上述三种政策均可
3. 企业采取宽松的营运资金持有政策,产生的结果有( )。
   A. 收益性较高,资金流动性较低　　B. 收益性较低,风险性较低
   C. 资金流动性较高,风险较低　　　D. 收益性较高,资金流动性较高
4. 如果企业经营在季节性低谷时除自发性负债外不再使用短期借款,其所采用的营运资金融资政策属于( )。
   A. 配合型融资政策　　　　　　　　B. 激进型融资政策
   C. 稳健型融资政策　　　　　　　　D. 配合型或稳健型融资政策
5. 现金作为一种资产,它的( )。
   A. 流动性差,盈利性差　　　　　　B. 流动性强,盈利性强
   C. 流动性差,盈利性强　　　　　　D. 流动性强,盈利性差
6. 如果现金持有量( ),现金的机会成本就( ),转换成本就( )。
   A. 小　低　低　　B. 大　高　高　　C. 大　低　低　　D. 大　高　低
7. 下列各项中,不属于商业信用的是( )。
   A. 应付票据　　　　　　　　　　　B. 预付账款
   C. 应付账款　　　　　　　　　　　D. 应付职工薪酬
8. 企业的信用标准一般以预计的( )指标作为判断标准。
   A. 应收账款周转率　　　　　　　　B. 资产负债率
   C. 存货周转率　　　　　　　　　　D. 坏账损失率
9. 对存货进行 ABC 分类划分的最基本的标准是( )。
   A. 品种数量和金额　　B. 金额　　C. 数量　　D. 重量

10. 实行数量折扣的存货经济进货批量模型所应考虑的成本是(　　)。
    A. 进货成本和储存成本　　　　　　　B. 购置成本和储存成本
    C. 购置成本和缺货成本　　　　　　　D. 订货成本和储存成本
11. 某企业购入原材料 50 000 元,供货方规定的信用条件为"3/10,1/20,n/30",若在第 18 天付款,则该企业实际支付的货款为(　　)元。
    A. 49 500　　　　B. 50 000　　　　C. 48 500　　　　D. 49 000
12. 某企业全年耗用某材料 8 000 千克,该材料单价为 40 元,一次订货成本为 50 元,年单位储存成本为 5 元,则全年最佳订货次数为(　　)次。
    A. 16　　　　B. 8　　　　C. 10　　　　D. 20
13. 经济进货批量指(　　)。
    A. 订货成本最低的采购批量　　　　　B. 储存成本最低的采购批量
    C. 缺货成本最低的采购批量　　　　　D. 存货总成本最低的采购批量
14. 下列对现金折扣的表述中正确的是(　　)。
    A. 也称商业折扣　　　　　　　　　　B. 折扣率越低,企业付出的代价越高
    C. 为加快账款的回收　　　　　　　　D. 为增加利润,应当取消现金折扣

二、多项选择题

1. 下列(　　)属于波动性流动资产。
    A. 季节性存货　　　　　　　　　　　B. 最佳现金余额
    C. 保险储备存货量　　　　　　　　　D. 销售旺季的应收账款
2. 下列各项目中能够被视作自发性负债的项目有(　　)。
    A. 短期借款　　　B. 应交税费　　　C. 应付水电费　　　D. 应付工资
3. 在稳健型融资政策下,波动性流动资产的资金来源可以是(　　)。
    A. 临时性流动负债　B. 长期负债　　C. 自发性负债　　D. 权益资本
4. 利用成本分析模式确定最佳现金持有量时,需要考虑的成本费用项目有(　　)。
    A. 管理成本　　　B. 机会成本　　　C. 转换成本　　　D. 短缺成本
5. 确定最佳现金持有量的存货模式下涉及的成本有(　　)。
    A. 转换成本　　　B. 机会成本　　　C. 管理成本　　　D. 短缺成本
6. 影响应收账款机会成本的主要因素有(　　)。
    A. 变动成本率　　　　　　　　　　　B. 应收账款平均收账期
    C. 资金成本率　　　　　　　　　　　D. 赊销收入
7. 一般情况下,企业提供比较优惠的信用条件,可以增加商品的销售量,但也会付出一定代价,主要有(　　)。
    A. 应收账款的机会成本　　　　　　　B. 坏账成本
    C. 收账费用　　　　　　　　　　　　D. 现金折扣成本
8. 下列属于企业在进行经济进货批量决策时的假设条件是(　　)。
    A. 无缺货现象　　　　　　　　　　　B. 企业现金充足
    C. 存货耗用或销售过程比较均匀　　　D. 存货价格稳定
9. 存货的成本包括(　　)。
    A. 进货成本　　　B. 缺货成本　　　C. 储存成本　　　D. 管理成本

三、判断题
1. 一般来讲,如果企业能够驾驭资金的使用,采用稳健型融资政策是有利的。（　　）
2. 持有较高的营运资金,称为宽松的营运资金政策,因其收益和风险均较适中。（　　）
3. 营运资金融资政策主要是如何安排临时性流动负债和永久性流动负债的来源。
（　　）
4. 激进型融资政策下,临时性流动负债在企业全部资金来源中所占比重小于配合型融资政策。（　　）
5. 制定信用标准时,若企业承担违约风险的能力较强,则可以制定比较低的信用标准。
（　　）
6. 一般来讲,当某种存货数量比重达到70%时,可将其划分为A类存货,进行重点管理和控制。（　　）
7. 收账费用与坏账损失呈反方向变动,发生的收账费用越多,坏账损失就越小。因此企业应加大收账费用,使坏账损失降到最低。（　　）
8. 赊销是企业扩大销售的有力手段之一,企业应尽可能放宽信用条件,增加赊销量。
（　　）
9. 在有关现金折扣业务中,"1/10"表示若付款方在一天内付款,可以享受10%的价格优惠。（　　）
10. 企业的信用标准严格,给予客户的信用期很短,使应收账款周转率很高,将有利于增加企业的利润。（　　）

四、计算题
1. 某企业生产并销售A产品,该产品单价5元,单位变动成本为4元,固定成本为5 000元,预计信用期若为30天,年销量为10 000件,可能发生的收账费用为3 000元,可能发生的坏账损失率为1%。若信用期为60天,年销量可增加2 000件,但可能发生的收账费用为4 000元,增加销售部分的坏账损失率为1.5%,假定资金成本率为10%。根据上述情况,确定对企业有利的信用期。
2. 某企业年需用甲材料250 000千克,单价10元/千克,订货成本为320元/次,单位存货年储存成本为0.1元/千克。试计算:
(1) 该企业的经济进货批量;
(2) 经济进货批量平均占用资金;
(3) 经济进货批量的存货相关总成本。

第八章

利润分配

【学习目标】
(1) 掌握公司利润分配的程序。
(2) 掌握股利种类及股利的发放程序。
(3) 掌握股利分配政策的影响因素及股利分配政策的类型。
(4) 了解股票回购的动机与方式。

第一节 利润分配的内容及程序

一、利润分配的内容

股利分配是指公司制企业向股东分派股利,是企业利润分配的一部分。股利分配涉及的方面很多,如股利支付程序中各日期的确定、股利支付比率的确定、股利支付形式的确定、支付现金股利所需资金的筹集方式的确定等。其中最主要的是确定股利的支付比率,即用多少盈余发放股利,多少盈余为公司所留用(称为内部筹资),因为这可能会对公司股票的价格产生影响。支付股利是一项税后净利润的分配,但不是利润分配的全部。

按照《中华人民共和国公司法》的规定,公司利润分配包括以下两部分内容。

(一) 盈余公积金

盈余公积金是企业从当年所实现的净利润中按照一定比例提取而形成的一种积累性资金,它主要用于弥补企业亏损、扩大公司生产规模,或者转为增加公司资本,因而成为企业防范及抵御风险、补充资本的重要来源。盈余公积金可以分为法定盈余公积金和任意盈余公积金。法定盈余公积金从净利润中提取形成,用于弥补公司亏损、扩大公司生产经营或者转为增加公司资本。公司分配当年税后利润时应当按照10%的比例提取法定盈余公积金;当公积金累计额达到公司注册资本的50%时,可不再继续提取。任意盈余公积金一般是由公司章程或者股东大会按照公司管理发展需要决议一定的比例来提取的,其主要目的是满足企业经营、管理的需要。

(二)股利(向投资者分配的利润)

公司向股东(投资者)支付股利(分配利润)要在提取公积金之后。股利(利润)的分配应以各股东(投资者)持有股份(投资额)的数据为依据,每一股东(投资者)取得的股利(分配的利润)与其持有的股份数(投资额)成正比。股份有限公司原则上应从累计盈利中分派股利,无盈利不得支付股利,即所谓无利不分的原则。但若公司用公积金抵亏损后,为维护其股票信誉,经股东大会特别决议,也可用公积金支付股利。

二、利润分配的程序

企业实现的利润总额,首先应该按照国家税法的规定依法向国家缴纳所得税,税后利润应按以下基本程序进行分配。

(一)用于抵补被没收的财物损失、支付违反税法规定的各项滞纳金和罚款

这些被罚没的款项,由于是违反国家有关规定而发生的支出,应全部由企业承担,必须以税后利润支付。

(二)税后利润补亏

根据我国现行财务和税收制度的规定,企业发生的年度亏损可以用下一年度的税前利润弥补,下一年度的税前利润不足弥补的,可以延续在5年内用税前利润弥补;超过5年仍不足弥补的亏损,可用税后利润弥补。

(三)提取盈余公积金

盈余公积金是从税后利润中提取的积累资金,是企业用于防范和抵御风险、保证企业稳定经营和长期发展的必要条件。它实质上是属于所有者权益,为投资者所有。盈余公积金包括法定盈余公积金和任意盈余公积金。其中法定盈余公积金按税后利润扣除上述第一、第二两项分配后的10%提取。当法定盈余公积金达到注册资本50%时,可以不再提取。任意盈余公积金则根据企业发展需要由董事会决定提取比例。盈余公积金可用于弥补亏损、转增资本或用于向投资者分配利润。

(四)向投资者分配利润

企业当年实现的税后净利润,在弥补亏损、计提公积金和公益金以后,剩下的利润可以用于向投资者分配。如果企业当年无盈利,一般不得分配利润。但股份有限公司当年无利润的,在经股东大会特别决议后,可以按不超过股票面值6%的比例用积累的公积金分配股利。

三、利润分配的方式

企业通常以多种形式发放股利,股利支付形式一般有现金股利、股票股利、财产股利和负债股利,其中最为常见的是现金股利和股票股利。

(一) 现金股利

现金股利是指企业以现金的方式向股东支付股利,也称为红利。现金股利是企业最常用的、最易被投资者接受的股利支付方式。

企业选择现金股利方式的条件主要有资产流动性较强;企业有较强的外部筹资能力;现金的支付不存在债务契约的约束等。由于现金有较强的流动性,且现金股利还可以向市场传递一种积极的信息,因此,现金股利的支付有利于支撑和刺激企业的股价,增强投资者的投资信心。有的股东希望企业发放较多的现金股利,而有的股东不希望企业发放较多的现金股利。现金股利的发放会对股票价格产生直接的影响,在股票除息日之后,一般来讲股票价格会下跌。

(二) 股票股利

股票股利是指应分给股东的股利以额外增发股票形式来发放。以股票作为股利,一般都是按在册股东持有股份的一定比例来分派,将股东大会决定用于分配的资本公积金、盈余公积金和可供分配利润转化成股本,并通过中央结算登记系统按比例增加各个股东的持股数量。对于不满一股的股利应采用现金发放。因此,企业发放股票股利会使股票价格相应下跌。可见,分配股票股利,一方面扩张了股本,另一方面起到了类似股票分割的作用。高速成长的企业可以利用分配股票股利的方式来抑制股价的上涨,使股价保持在一个合理的水平上,避免因股价过高而造成投资者减少。

【例 8-1】 某企业在发放股票股利前的股东权益情况如表 8-1 所示。

表 8-1 发放股票股利前的股东权益情况 单位:元

项 目	金 额
普通股股本(面值 1 元,已发行 200 000 股)	200 000
盈余公积	400 000
资本公积	400 000
未分配利润	2 000 000
股东权益合计	3 000 000

假定该企业宣布发放 10% 的股票股利,即发放 20 000 股普通股股票,现有股东每持100 股可得 10 股新发股票。如果当时股票市价为 20 元,发放股票股利以市价计算,则

未分配利润划出的资金为 $20 \times 200\,000 \times 10\% = 400\,000$(元)

普通股股本增加为 $1 \times 200\,000 \times 10\% = 20\,000$(元)

资本公积增加为 $400\,000 - 20\,000 = 380\,000$(元)

发放股票股利后的股东权益情况如表 8-2 所示。

表 8-2 发放股票股利后的股东权益情况 单位:元

项 目	金 额
普通股股本(面值 1 元,已发行 220 000 股)	220 000
盈余公积	400 000

续表

项目	金额
资本公积	780 000
未分配利润	1 600 000
股东权益合计	3 000 000

可见,发放股票股利不会对企业股东权益总额产生影响,但会发生资金在各股东权益项目之间的再分配。

对企业来说,分配的股票股利不会增加其现金流出量,因此,如果企业出现现金紧张或者需要大量现金进行投资时,可以考虑采用股票股利的方式。但是,也应当注意,一直实行稳定的股利分配政策的企业,由于发放股票股利而扩张了股本,如果以后继续维护原有的股利水平,势必会增加未来的股利支付,这实际上是向投资者暗示本企业的经营业绩在今后将大幅度增长,从而会导致股价上扬。但是,如果不久以后的事实显示该企业的每股利润因股本扩张而被摊薄,这样就可能导致股价下跌。对于股东来说,虽然分得股票股利没有得到现金,可是如果发放股票股利后企业依旧维持原有的固定股利水平,股东在以后就可以得到更多的股利收入,或者股票数量增加之后股价并没有成比例下降,而是遇上了利好行情,这样股东的财富仍会增长。

【例 8-2】 假定例 8-1 中所述企业的本年盈利为 440 000 元,某股东持有 20 000 股普通股,发放股票股利对该股东的影响如表 8-3 所示。

表 8-3 发放股票股利对该股东的影响

项目	发放前	发放后
每股盈余	440 000÷200 000=2.2	2.2÷(1+10%)=2
每股市价	20	20÷(1+10%)=18.18
持股比例	20 000÷200 000=10%	22 000÷220 000=10%
所持股份价值	20×20 000=400 000	18.18×22 000=400 000

发放股票股利后的每股盈余和每股市价的计算公式为

$$发放股票股利后的每股盈余 = \frac{EPS}{1+D}$$

$$发放股票股利后的每股盈余 = \frac{M}{1+D}$$

其中,EPS 表示发放股票股利前的每股盈余;M 表示发放股票股利前的每股市价;D 表示股票股利发放率。

(三)财产股利

财产股利是指以现金以外的资产来抵付的股利。最常见的财产股利是以公司所拥有的其他公司的股票、债券等有价证券作为股利支付给股东。当公司有未分配利润,但无现金可供支付股利时,可采用财产股利的支付方式。

（四）负债股利

负债股利是指公司通过建立一项负债来支付股息和红利。通常，负债股利是以应付票据的形式来支付的；也有以公司债券的形式来抵付股利的情形，一般被称为"债券股利"。

第二节　股利分配政策

一、股利分配政策的类型及选择

股利分配政策是为指导企业股利分配活动而制定的一系列制度和策略，主要包括股利支付水平及股利分配方式等内容。股利分配政策由企业在遵守国家有关法律、法规的前提下，根据企业具体情况制定。股利分配政策既要保持相对稳定，又要符合企业的财务目标和发展目标。不同的股利分配政策会影响企业当期的现金流量和内部筹资的水平，并影响企业筹资方式的选择。因此，从某种程度上说，股利分配政策也是企业筹资政策的重要组成部分。在实际工作中，通常有剩余股利分配政策、固定或稳定增长的股利分配政策、固定股利支付率政策、低正常股利加额外股利分配政策可供选择。

（一）剩余股利分配政策

剩余股利分配政策是指企业在有良好的投资机会时，根据目标资本结构，测算出投资所需要的权益资本额，先从盈余中留用，然后将剩余的盈余作为股利来分配，即净利润首先满足企业的资金需求，如果还有剩余就派发股利；如果没有剩余则不派发股利。该股利分配政策对股利的支付要视企业利润的大小和投资机会的多少而定，属于波动性股利分配政策。

剩余股利分配政策的理论依据是 MM 股利无关理论。根据 MM 股利无关理论，在完全理想状态下的资本市场中，企业的股利分配政策与普通股每股市价无关，因而股利分配政策只需随着企业投资、融资方案的制订而自然确定。采用剩余股利分配政策时，企业要遵循以下四个步骤。

（1）设定目标资本结构，在此资本结构下，公司的加权平均资本成本将达到最低水平。

（2）确定企业的最佳资本预算，并根据公司的目标资本结构预计资金需求中所需增加的权益资本数额。

（3）最大限度地使用留存收益来满足资金需求中所需增加的权益资本数额。

（4）留存收益在满足企业权益资本增加需求后，如果还有剩余，再用来发放股利。

【例 8-3】某企业 2020 年税后净利润为 2 000 万元，2021 年的投资计划需要资金 1 800 万元，企业的目标资本结构为权益资本占 65％，债务资本占 35％。按照目标资本结构的要求，企业投资方案所需的权益资本数额为 1 800×65％＝1 170(万元)。

企业当年全部可用于分配的盈利为 2 000 万元，除满足上述投资方案所需的权益资本数额外，还有剩余可用于发放股利。

2020 年，企业可以发放的股利额为＝2 000－1 170＝830(万元)。

假设该企业当年流通在外的普通股为 1 500 万股，则每股股利＝830÷1 500＝0.55(元/股)。

剩余股利分配政策的优点：把投资放在首位，有利于企业把握投资机会，不断增加企业收益水平，增加股东财富；留存收益比增发新股成本低，有助于降低再投资的资金成本，保持最佳的资本结构,实现企业价值的长期最大化。

剩余股利分配政策的缺点:对股利的支付要视企业利润的大小和投资机会的多少而定,股利发放额会每年随着投资机会和盈利水平的波动而波动。在盈利水平不变的前提下,股利发放额与投资机会的多寡呈反方向变动;在投资机会维持不变的情况下,股利发放额将与企业盈利同方向波动。该股利分配政策不利于投资者安排收入与支出,也不利于企业树立良好的形象,一般适用于企业初创阶段。

(二)固定或稳定增长的股利分配政策

固定或稳定增长的股利分配政策是指企业将每年派发的股利额固定在某一个特定水平或是在此基础上维持稳定增长的股利分配政策。在这一股利分配政策下,应首先确定股利分配额,而且该分配额一般不随资金需求的波动而波动。

固定或稳定增长的股利分配政策的优点:稳定的股利向市场传递企业正常发展的信息,有利于树立良好的企业形象,增强投资者对企业的信心,稳定股票的价格;稳定的股利额有助于投资者安排股利收入和支出,有利于吸引打算进行长期投资并对股利有很高依赖性的股东。

固定或稳定增长的股利分配政策的缺点:股利的支付与企业的盈利脱节,不论企业盈利多少,均要支付固定的或稳定增长的股利,这可能导致企业资金紧缺、财务状况恶化。

采用固定或稳定增长的股利分配政策,要求企业对未来的盈利和支付能力做出准确的判断。一般来说,企业确定的固定股利额不宜太高,以免陷入无力支付的被动局面。固定或稳定增长的股利分配政策通常适用于经营比较稳定或正处在成长期的企业,且很难被长期采用。

(三)固定股利支付率政策

固定股利支付率政策是指企业按当期净利润或当期可供分配利润的固定比率向股东支付股利的政策,即按每股收益的一定比例来确定每股股利。这一比例通常称为股利支付率,股利支付率一经确定,一般不得随意变更。在这一股利分配政策下,只要企业的税后利润一经计算确定,所派发的股利也就相应确定了。固定股利支付率越高,企业留存的净利润越少。

固定股利支付率政策的优点:采用固定股利支付率政策使股利大小与盈利水平相对稳定,盈利水平高,股利发放就多,当企业亏损时,就无股利发放;由于企业的获利能力在年度间是经常变动的,因此,每年的股利也应当随着企业收益的变动而变动。采用固定股利支付率政策,企业每年按固定的比例从税后利润中支付现金股利,从企业的支付能力的角度看,这是一种稳定的股利分配政策。

固定股利支付率政策的缺点:大多数企业每年的收益很难保持稳定不变,导致年度间的股利额波动较大,由于股利的信号传递作用,波动的股利很容易给投资者带来经营状况不稳定、投资风险较大的不良印象,成为企业的不利因素;容易使企业面临较大的财务压力,因为企业实现的盈利多,并不能代表企业有足够的现金流用于支付较多的股利额;合适的固定股利支付率的确定难度比较大。

由于企业每年面临的投资机会、筹资渠道都不同,而这些都可以影响企业的股利分派,因此,一成不变地奉行固定股利支付率政策的企业在实际中并不多见,固定股利支付率政策比较适用于那些处于稳定发展且财务状况也较稳定的企业。

【例 8-4】 某企业长期以来用固定股利支付率政策进行股利分配,确定的股利支付率为 35%。2020 年税后净利润为 2 000 万元,如果继续执行固定股利支付率政策,企业 2020 年年度将要支付的股利为

$$2\,000 \times 35\% = 700(万元)$$

(四)低正常股利加额外股利分配政策

低正常股利加额外股利分配政策是指企业事先设定一个较低的正常股利额,每年除按正常股利额向股东发放股利外,还在企业盈余较多、资金较为充裕的年份向股东发放额外股利。在该股利分配政策下,企业的股利分为正常股利和额外股利两部分。正常股利基本上是固定的,往往被定位在一个较低水平上,不管企业经营状况如何,该部分股利每期都应发放。额外股利的大小视企业各经营期间的盈利状况而定,盈利较好时,额外股利也相应较多;盈利状况不良时,可以少发放或不发放额外股利。

低正常股利加额外股利分配政策的优点:赋予企业较大的灵活性,使企业在股利发放上留有余地,并具有较大的财务弹性,企业可根据每年的具体情况选择不同的股利发放水平,以稳定和提高股价,进而实现企业价值的最大化;使那些依靠股利度日的股东每年至少可以得到比较稳定的股利收入,从而吸引这部分股东。

低正常股利加额外股利分配政策的缺点:由于年份之间企业盈利的波动使额外股利不断变化,造成分派的股利不同,容易给投资者受益不稳定的感觉;当企业在较长时间持续发放额外股利后,可能会被股东误认为是"正常股利",一旦取消,传递出的信号可能会使股东认为这是企业财务状况恶化的表现,进而导致股价下跌。

低正常股利加额外股利分配政策适合于那些盈利随着经济周期波动较大的企业或者盈利与现金流量很不稳定时。

二、影响股利分配政策的因素

企业的利润分配涉及企业利益相关方的利益,受众多不确定因素的影响,因此,企业在确定分配政策时,必须认真审查这些影响因素,以便制定出适合本企业的股利分配政策。一般来说,影响股利分配政策的因素主要有法律因素、债务契约因素、公司自身因素、股东因素、行业因素等。

(一)法律因素

为保护投资者和债权人的利益,法律会对企业的股利分配进行一定的限制,如《公司法》《证券法》等。影响企业股利分配政策的主要法律因素有以下三个。

1. 资本保全约束

资本保全约束规定股份公司只能用当期利润或留用利润来分配,不能用资本(包括实收资本或股本和资本公积)发放股利,以维持企业资本的完整性,保护企业完整的产权基础,保障债权人的利益。

2. 资本积累约束

资本积累约束规定股份公司在分配股利之前,应当按法定的程序先提取各种公积金。只有当公积金累计数额已达到注册资本的 50% 时,才可不再提取。再者,在进行利润分配

时,一般应当贯彻"无利不分"的原则,即当企业出现年度亏损时,一般不进行利润分配。法律法规有关企业资本积累的规定有利于提高企业的生产经营能力,增强企业抵御风险的能力,维护债权人的利益。

3. 偿债能力的约束

偿债能力的约束规定企业在分配股利时,必须保持充分的偿债能力。企业必须考虑现金股利分配对偿债能力的影响,确定在分配后仍能保持较强的偿债能力,以维持企业的信誉和借贷能力,从而保证公司的正常资金周转。如果因分配现金股利而影响企业的偿债能力或正常的经营活动,股利分配就要受到限制。

(二)债务契约因素

债权人为防止企业过多发放现金股利影响其偿债能力、增加债务风险,会在债务契约中规定限制企业发放现金股利的条款。这些限制性条款主要表现为只能以长期借款协议履行后所产生的收益支付股利,而不能动用在此之前的留存收益;除非企业的盈利达到一定水平,否则不得发放现金股利;当净营运资本低于某一下限时不能支付股利;只能在优先股股利全部支付后才能支付普通股现金股利;将股利发放额限制在某一盈利额或盈利百分比上。

债务契约的限制性规定限制了企业的股利支付,促使企业增加留存收益,扩大再投资规模,从而增强企业的经营能力,保证企业能如期偿还债务。

(三)公司自身因素

企业在制定股利分配政策的过程中还要综合考虑生产经营的实际情况,最重要的是企业经营的现金流量情况。具体来说,公司自身因素包括现金流量、筹资能力、投资机会、盈利状况等方面。

1. 现金流量

企业在经营活动中必须有充足的现金流量,否则就会发生支付困难。股利支付是一项现金流出,过度的股利分派会影响维持企业正常生产经营所必需的资产流动性,因此,企业在分配现金股利时,必须考虑现金流量及资产的流动性。如果企业的现金流量充足,特别是在满足投资所需资本后,仍然有剩余的自由现金流量时,就应适当提高股利水平;反之,即使企业当期利润较多而现金流不足,也应当限制现金股利的支付,过多地分配现金股利会减少企业的现金持有量,影响未来的支付能力,甚至可能导致企业出现财务困难。

2. 筹资能力

不同的企业、同一个企业在不同时期的筹资能力是不同的,企业在分配现金股利时,应当在考虑自身的筹资能力的前提下确定股利支付水平。如果企业筹资能力较强,能够比较容易地在资本市场上筹集到资本,就可以采取比较宽松的股利分配政策,适当提高股利水平;如果企业的筹资能力较弱,就应当采取比较紧缩的股利分配政策,少发放现金股利。再者,留存收益是企业内部筹资的一种重要方式,它同发行新股或举债相比,不需要筹资费用,同时增加了企业的权益资本的比重,降低了财务风险。

3. 投资机会

企业在制定股利分配政策时需要考虑未来投资对资本的需求。如果企业的投资机会多,对资金的需求量大,那么它很可能会采取低股利支付水平的分配政策,增加留存收益,将资本用于再投资,这样可以加速企业的发展,增加未来的收益,这种股利分配政策也易于被股东接受；相反，如果企业的投资机会少，对资金的需求量小，那么它很可能倾向于采用较高的股利支付水平。

4. 盈利状况

企业的股利分配政策在很大程度上受其盈利稳定性的影响。一般来说，盈利稳定的企业比较有信心维持较高比率的股利支付。另外，盈利稳定的企业由于其经营和财务风险相对较少，因此，可以比其他企业以更低的成本筹集资金。所以说，一个企业的盈利越稳定，股利的支付率也越高。

（四）股东因素

股东作为企业的所有者，在企业中承担着最大的义务和风险，因此，企业经营的一个重要目的是实现股东财富的最大化。制定股利分配政策时，必须充分考虑股东的意愿，提升股东的财富。要制定合理的股利分配政策需要考虑以下几个方面的因素。

1. 纳税因素

企业的股利分配政策受股东应纳税状况的制约。如果一个企业拥有很大比例的因达到个人所得税的某种界限而按高税率课税的富有股东，则其股利分配政策将倾向于多留盈余、少发股利。由于股利收入的税率要高于资本利得的税率，因而这种多留少发的股利分配政策可以给这些富有股东带来更多的资本利得收入。相反，如果一个企业的绝大部分股东是低收入阶层，其所适用的个人所得税税率比较低，这些股东就会更重视当期的股利收入，宁愿获得没有风险的当期股利，而不愿冒风险去获得以后的资本利得。因而，对这类股东而言，税负并不是他们关心的内容，他们更喜欢较高的股利支付率。

2. 控制权

现有股东往往将股利分配政策作为维持其控制权地位的工具。企业支付较高的股利导致留存收益的减少，当企业为有利可图的投资机会筹集所需资金时，发行新股的可能性增大，新股东的加入必然稀释企业的控制权。所以，股东会倾向于较低的股利支付水平，以便从内部的留存收益中取得所需资金。

3. 股东的投资机会

企业通常会利用留存利润进行再投资，股东也有利用现金股利进行再投资的机会。基于股东财富最大化的考虑，如果企业的再投资利润率低于股东个人再投资利润率，那么企业就应该尽可能地把盈利以现金的形式分派给股东。

（五）行业因素

不同行业的股利支付率存在系统性差异。有调查研究显示，成熟行业的股利支付率通常比新兴行业高；公用事业的企业大多实行高股利支付率政策，而高科技行业的企业的股利支付率通常较低。

三、股利的支付程序

在我国，股份制企业的股利支付必须遵循法定的程序，按照日程来进行。一般情况下，先由董事会提出分配预案，然后提交股东大会决议通过才能进行分配。股东大会决议通过分配预案后，要向股东宣布发放股利的方案，并确定股利宣告日、股权登记日、除息日和股利支付日。

(一)股利宣告日

股利宣告日即股东大会决议通过并由董事会宣布发放股利的日期。在宣告分配方案的同时,要公布股权登记日、除息日和股利支付日。通常,股份制企业都应当定期宣布发放股利。我国股份制企业一般是一年发放一次或两次股利,即在年末和年中分配。在西方国家,股利通常是按季支付。

(二)股权登记日

股权登记日即有权领取本期股利的股东资格登记截止日期。规定股权登记日是为了确定股东能否领取股利的日期界限,因为股票是经常流动的,所以确定这个日期非常有必要。凡是在股权登记日这一天登记在册的股东都有资格领取本期股利,而在这一天之后登记在册的股东,即使是在股利发放日之前买到的股票,也无权领取本次分配的股利。

(三)除息日

除息日又叫除权日,是指股票购买者不再享有取得最近一期宣告的股利的权利的第一天。在除息日之前购买的股票才能领取本次股利,而在除息日当天或是以后购买的股票,则不能领取本次股利。由于失去了"付息"的权利,除息日的股票价格会下跌。

(四)股利支付日

股利支付日也称股利发放日或付息日,是企业按照公布的分红方案将股利正式发放给股权登记日在册的股东的日期。

【例8-5】 某上市公司2022年4月8日公布2021年度的最后分红方案,其公告如下:"2022年在上海召开的股东大会,通过了董事会关于每股分派0.25元的2021年股息分配方案。股权登记日为2022年4月21日,除息日为4月22日,股东可在4月29日通过上海交易所按交易方式领取股息。特此公告。"

该上市公司的股利支付程序如图8-1所示。

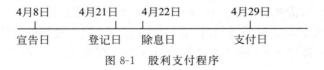

图8-1 股利支付程序

第三节 股票分割与回购

一、股票分割

(一)股票分割的含义

股票分割是指将面值较高的股票分割为几股面值较低的股票。例如,将原来每股面值为10元的普通股分割为2股面值为5元的普通股。

就会计而言,股票分割不会对企业的财务结构产生任何影响,而仅仅增加了发行在外的股票数量并使每股面值下降,而企业资产负债表中股东权益各账户的余额都保持不变,合计数也不会有变化。

(二)股票分割的动机

企业进行股票分割的主要动机:①降低股票价格,提高企业股票的市场流动性。通常认为,股票价格太高,会降低股票的吸引力,不利于股票交易,而股票价格下降则有助于股票交易。通过股票分割可以大幅度降低股票市价,提高投资吸引力;②向市场和投资者传递"公司发展前景良好"的信号。企业在实行股票分割时,往往也会向市场传递一种信息,暗示企业管理当局有信心不断提高企业的盈利能力,因而往往会刺激股价的上扬;③为发行新股做准备。股价太高会使许多潜在投资者力不从心而不敢轻易对企业股票进行投资。在发行新股之前,适时进行股票分割,有利于提高股票的可转让性,促进股票市场交易的活跃,更广泛地吸引各个层次投资者的注意力。

(三)股票分割与股票股利

股票分割和股票股利非常相似,都是在不增加股东权益的情况下增加股份的数量,但股票分割不会引起股东权益总额及其内部结构发生任何变化,变化的只是股票面值和股票数量。

【例 8-6】 某上市公司在 2021 年年末资产负债表上的股东权益情况如表 8-4 所示。

表 8-4 某上市公司的股东权益情况　　　　　　　　　　单位:万元

项　目	金　额
普通股(面值 10 元,发行在外 1 000 万股)	10 000
资本公积	10 000
盈余公积	5 000
未分配利润	8 000
股东权益合计	33 000

(1)假设股票市价为 20 元,该公司宣布发放 10%的股票股利,即现有股东每持有 10 股即可获赠 1 股普通股。发放股票股利后,股东权益有何变化?每股净资产是多少?

(2)假设该公司按照 1∶2 的比例进行股票分割。股票分割后,股东权益有何变化?每股净资产是多少?

解:根据上述资料,分析计算如下。

(1)发放股票股利后股东权益情况如表 8-5 所示。

表 8-5 发放股票股利后股东权益情况　　　　　　　　　单位:万元

项　目	金　额
普通股(面值 10 元,发行在外 1 100 万股)	11 000
资本公积	11 000
盈余公积	5 000
未分配利润	6 000
股东权益合计	33 000

每股净资产＝33 000÷(1 000＋100)＝30(元/股)

(2) 股票分割后股东权益情况如表8-6所示。

表8-6 股票分割后股东权益情况　　　　　　　　单位:万元

项　　目	金　　额
普通股(面值5元,发行在外2 000万股)	10 000
资本公积	10 000
盈余公积	5 000
未分配利润	8 000
股东权益合计	33 000

每股净资产＝33 000÷(1 000×2)＝16.5(元/股)

二、股票回购

(一) 股票回购的含义及方式

股票回购是指上市公司出资将其发行在外的普通股以一定价格购买回来予以注销或作为库存股的一种资本运作方式。企业不得随意收购本企业的股份,只有满足相关法律规定的情形才允许股票回购。

股票回购的方式主要包括公开市场回购、要约回购和协议回购三种。其中,公开市场回购是指企业在公开交易市场上以当前市价回购股票;要约回购是指企业在特定期间向股东发出的以高出当前市价的某一价格回购既定数量股票的要约;协议回购是指企业以协议价格直接向一个或几个主要股东回购股票。

(二) 股票回购的动机

1. 传递股价被低估信号的动机

由于信息不对称和预期差异,证券市场上的公司股票价格可能被低估,而过低的股价将会对企业产生负面影响。一般情况下,投资者会认为股票回购意味着企业认为其股票价值被低估而采取的应对措施。

2. 现金股利的替代

现金股利分配政策会对企业产生未来的派现压力,而股票回购不会。当企业有富余资金时,通过购回股东所持股票将现金分配给股东,股东就可以根据自己的需要选择继续持有股票或出售获得现金。

3. 保证控制权,防止敌意收购

控股股东为保证其控制权,往往采取直接或间接的方式回购股票,从而巩固既有的控制权。再者,股票回购使流通在外的股份数变少,股价上升,从而可以有效地防止敌意收购。

4. 改变企业的资本结构

无论是现金回购还是举债回购股份,都会提高企业的财务杠杆水平,改变企业的资本结构。企业认为权益资本在资本结构中所占比例较大时,为调整资本结构而进行股票回购,可以在一定程度上降低整体资金成本。

本章小结

利润分配是企业财务活动的重要内容,旨在解决如何将企业的净利润在投资者的股利和企业用于再投资的留存收益之间进行分配的问题。利润分配关系到国家、企业、投资者、债权人、经营者及职工等多方面的利益,企业利润分配管理的质量对各方面的经济利益都会产生一定的影响,因此,进行利润分配管理必须正确处理各利益相关者的关系。本章首先说明了利润分配应遵循的基本原则和程序,在此基础上重点介绍了股份制企业股利分配的基本理论,以及影响股利分配政策的因素。本章还探讨了股利分配政策的选择类型及股利支付等问题。

1. 利润分配应遵循哪些原则?
2. 利润分配的程序是怎样的?
3. 常用的股利分配政策有哪些类型?
4. 影响股利分配政策的因素有哪些?
5. 你认为公司的股利分配政策是否必须保持稳定?如何评价股利分配政策是否合理?

一、单项选择题

1. 企业的法定盈余公积金应当从( )中提取。
   A. 利润总额　　　　B. 税后净利润　　　　C. 营业利润　　　　D. 营业收入
2. 提取法定盈余公积的比例是( )。
   A. 10%　　　　　　B. 5%　　　　　　　C. 15%　　　　　　D. 25%
3. 企业当年可以不提取法定盈余公积金的标志是当年盈余公积金累计额达到企业注册资本的( )。
   A. 10%　　　　　　B. 30%　　　　　　C. 40%　　　　　　D. 50%
4. ( )可能给公司造成较大的财务负担。
   A. 剩余股利分配政策　　　　　　　　B. 固定股利支付率的股利分配政策
   C. 固定股利或稳定增长股利分配政策　D. 低正常股利加额外股利分配政策
5. 在下列股利分配政策中,能保持股利与收益之间一定的比例关系,并体现多盈多分、少盈少分、无盈不分原则的是( )。
   A. 剩余股利分配政策　　　　　　　　B. 固定或稳定增长股利分配政策
   C. 固定股利支付率政策　　　　　　　D. 低正常股利加额外股利分配政策
6. 在下列各项中,能够增加普通股股票发行在外股数,但不改变公司资本结构的行为是( )。
   A. 支付现金股利　　　　　　　　　　B. 增发普通股

C. 股票分割
D. 股票回购
7. 股票分割一般不会引起( )。
A. 每股市价变化
B. 公司发行的股数变化
C. 每股盈余变化
D. 公司财务结构
8. 如果发放股票股利,不会受影响的指标是( )。
A. 每股市价
B. 每股收益
C. 股东权益各项目的比例
D. 股东权益总额

二、多项选择题

1. 按照国家的相关法律规定,公司可以在税后提取或分配的项目包括( )。
A. 法定盈余公积
B. 任意盈余公积
C. 公益金
D. 股利
2. 影响股利分配政策的因素有( )。
A. 法律因素
B. 债务契约因素
C. 公司自身因素
D. 股东因素
3. 我国的股份制企业的股利支付的一般形式有( )。
A. 现金股利　　　B. 股票股利　　　C. 财产股利　　　D. 负债股利
4. 企业在制定股利分配政策的过程中要考虑企业自身的因素包括( )。
A. 现金流量　　　B. 筹资能力　　　C. 投资机会　　　D. 盈利状况

三、判断题

1. 固定股利支付率股利分配政策使公司各年股利较为稳定。( )
2. 在其他条件不变的情况下,股票分割会使发行在外的股票总数增加,进而降低公司的资产负债率。( )
3. 企业的法定盈余公积金是按利润总额的10%计提的。( )
4. 企业应当在弥补亏损、提取盈余公积金和公益金之后才能向投资者分配利润。( )
5. 公益金除用于职工集体福利支出外,也可用于增加企业的注册资本。( )
6. 采用剩余股利分配政策,首先要确定企业的最佳资本结构。( )

四、计算题

1. 某公司2021年拟投资4 000万元购置一台生产设备以扩大生产能力,该公司的目标资本结构下的权益乘数为2。该公司2020年度的税前利润为4 000万元,所得税税率为25%。

(1) 计算2020年度的净利润。

(2) 按照剩余股利分配政策,企业分配的现金股利为多少?

(3) 如果该企业采用固定股利支付率政策,固定的股利支付率是40%。在目标资本结构下,计算2021年度该公司为购置该设备需要从外部筹集自有资金的数额。

(4) 如果该企业采用的是固定或稳定增长的股利分配政策,固定股利为1 200万元,稳定的增长率为5%,从2020年开始执行稳定增长股利分配政策,在目标资本结构下,计算2021年度该公司为购置该设备需要从外部筹集自有资金的数额。

(5) 如果该企业采用的是低正常股利加额外股利分配政策,低正常股利为1 000万元,额外股利为净利润超过2 000万元的部分的10%,在目标资本结构下,计算2021年度该公司为购置该设备需要从外部筹集自有资金的数额。

2. 2020年,A公司获得1 500万元净利润,其中300万元用于支付股利。2020年企业经营正常,在过去5年中,净利润增长率一直保持在10%。然而,预计2021年净利润将达到1 800万元,2020年公司预测将有1 200万元的投资机会。预计A公司未来无法维持2021年的净利润增长水平(2015年的高水平净利润归因于当年引进的盈余水平超常的新生产线),公司仍将恢复到10%的增长率。2021年,A公司的目标负债率为40%,未来将维持在此水平,分别计算在以下情况下A公司的预期股利。

(1) 公司采取稳定增长的股利分配政策,2021年的股利水平设定旨在使股利能够按长期盈余增长率增长。

(2) 公司保持2020年的股利支付率。

(3) 公司采用剩余股利分配政策。

(4) 公司采用低正常股利加额外股利分配政策,固定股利基于长期增长率,超额股利基于剩余股利分配政策(分别指明固定股利和超额股利)。

3. 某公司本年实现净利润为500万元,资产合计5 600万元,当前每股市价10元。年终利润分配前的股东权益情况如表8-7所示。

表8-7 年终利润分配前的股东权益情况　　　　　　　　　　单位:万元

项目	金额
股本——普通股(每股面值4元,200万股)	800
资本公积	320
未分配利润	1 680
所有者权益合计	2 800

(1) 计划按每10股送1股的方案发放股票股利,股票股利的金额按市价计算,计算完成这一分配方案后的股东权益各项目数额,以及每股收益和每股净资产。

(2) 计划按每10股送1股的方案发放股票股利,股票股利的金额按市价计算,并按发放股票股利前的股份数派发每股现金股利0.2元。计算完成这一分配方案后的股东权益各项目数额,以及每股收益和每股净资产。

(3) 若计划每1股分割为4股,计算完成这一分配方案后的股东权益各项目数额,以及每股收益和每股净资产。

第九章 财务分析

【学习目标】
(1) 掌握财务分析的含义及内容。
(2) 掌握偿债能力分析、营运能力分析、获利能力分析和发展能力的各项指标的含义及计算。
(3) 了解财务综合分析的方法。

第一节 财务分析概述

一、财务分析的含义

财务分析是以会计核算和报表资料及其他相关资料为依据,采用一系列专门的分析技术和方法,对企业等经济组织过去和现在有关筹资活动、投资活动、经营活动的偿债能力、盈利能力和营运能力状况进行分析与评价,为企业的投资者、债权人、经营者及其他关心企业的组织或个人了解企业过去、评价企业现状、预测企业未来、做出正确决策提供准确的信息或依据的经济应用学科。

二、财务分析的目的

财务分析的最终目标是为财务报表使用者做出相关决策提供可靠的依据。

财务分析的目的受财务分析主体的制约,不同的财务分析主体进行财务分析的目的是不同的。财务分析的主体包括投资人、债权人、经理人员、政府机构和其他与企业有利益关系的人士。他们出于不同目的使用财务报表,需要不同的信息,采用不同的分析程序。

1. 投资人

投资人是指公司的权益投资人,即普通股东。权益投资人财务分析是为解决以下几方面的问题。

(1) 公司当前和长期的收益水平高低,以及公司收益是否容易受重大变动的影响。

(2) 目前的财务状况如何,公司资本结构决定的风险和报酬如何。

(3) 与其他竞争者相比,公司处于何种地位。

2. 债权人

债权人是指借款给企业并得到企业还款承诺的人。债权人财务分析是为解决以下几方面的问题。

(1) 公司为什么需要额外筹集资金。

(2) 公司还本付息所需资金的可能来源是什么。

(3) 公司对于以前的短期和长期借款是否按期偿还。

(4) 公司将来在哪些方面还需要借款。

3. 经理人员

经理人员是指被所有者聘用的、对公司资产和负债进行管理的个人组成的团体,有时称为"管理当局"。

经理人员关心公司的财务状况、盈利能力和持续发展的能力。经理人员可以获取外部使用人无法得到的内部信息。他们进行财务分析的主要目的是改善报表。

4. 政府机构

政府机构也是公司财务报表的使用人,包括税务部门、国有企业的管理部门、证券管理机构、会计监管机构和社会保障部门等。它们进行财务分析是为履行自己的监督管理职责。

5. 其他与企业有利益关系的人士

其他与企业有利益关系的人士如职工、中介机构(审计人员、咨询人员)等。审计人员通过财务分析可以确定审计的重点。财务分析领域的逐渐扩展与咨询业的发展有关,在一些国家,"财务分析师"已经成为专门职业,他们为各类报表使用人提供专业咨询。

财务分析的对象是企业的各项基本活动。财务分析就是从报表中获取符合报表使用人分析目的的信息,认识企业活动的特点,评价其业绩,发现其问题。

三、财务分析的意义

财务分析的意义主要体现在四个方面:一是判断企业的财务实力;二是评价和考核企业的经营业绩,揭示财务活动存在的问题;三是寻求提高企业经营管理水平和经济效益的途径;四是评价企业的发展趋势。

四、财务分析的内容

(一) 偿债能力分析

偿债能力是指企业如期偿付债务的能力,它包括短期偿债能力和长期偿债能力。由于短期债务是企业日常经营活动中弥补营运资金不足的一个重要来源,通过分析有助于判断企业短期资金的营运能力及营运资金的周转状况。通过对长期偿债能力的分析,不仅可以判断企业的经营状况,还可以促使企业提高融通资金的能力,因为长期负债是企业资本化资金的重要组成部分,也是企业的重要融资途径。而从债权人的角度看,通过偿债能力分析,有助于了解其贷款的安全性,以保护其债务本息能够即时、足额地得以偿还。

(二)营运能力分析

营运能力分析主要是对企业所运用的资产进行全面分析,分析企业各项资产的使用效果、资金周转的快慢及挖掘资金的潜力,提高资金的使用效果。

(三)盈利能力分析

盈利能力分析主要是通过将资产、负债、所有者权益与经营成果相结合来分析企业的各项报酬率指标,从而从不同角度判断企业的获利能力。投资者和债权人都非常关注企业的盈利能力,提高盈利能力不仅可以提高企业偿还债务的能力,还可以提高企业信誉。

(四)发展能力分析

企业的发展能力也称企业的成长性,它是企业通过自身的生产经营活动不断扩大积累而形成的发展潜能。无论是企业的管理者还是投资者、债权人,都非常关心企业的发展能力,因为这关系到他们的切身利益。通过对企业发展能力的分析,可以判断企业的发展潜力,预期企业的经营前景,从而为企业管理者和投资者进行经营决策和投资决策提供重要依据,避免决策失误给其带来重大经济损失。

以上四个方面的财务分析指标中,偿债能力是财务目标实现的稳健保证,营运能力与发展能力是财务目标实现的物质基础,盈利能力是三者共同作用的结果,同时也对三者的增强起着推动作用,四者相辅相成,共同构成企业财务分析的基本内容。

五、财务分析的步骤

财务分析的步骤可以归纳为四个阶段。

(一)财务分析信息搜集整理阶段

(1)明确财务分析目的。
(2)制订财务分析计划。
(3)搜集整理财务分析信息。

(二)战略分析与会计分析阶段

1. 企业战略分析

企业战略分析是通过对企业所在行业或企业拟进入行业的分析,明确企业自身地位及应采取的竞争战略。

企业战略分析通常包括行业分析和企业竞争策略分析。

(1)行业分析的目的在于分析行业的盈利水平与盈利潜力。影响行业的盈利水平与盈利潜力的因素有许多,归纳起来主要可分为两类:一是行业的竞争程度;二是市场谈判或议价能力。

(2)企业竞争策略分析的关键在于企业如何根据行业分析的结果正确选择企业的竞争策略,使企业保持持久竞争优势和高盈利能力。企业进行的竞争策略有很多,最重要的竞争策略主要有两种,即低成本竞争策略和产品差异策略。

企业战略分析是会计分析和财务分析的基础与导向,通过企业战略分析,分析人员能深入了解企业的经济状况和经济环境,从而能进行客观、正确的会计分析与财务分析。

2. 会计分析

会计分析的目的在于评价企业会计所反映的财务状况与经营成果的真实程度。会计分析的作用,一方面通过对会计政策、会计方法、会计披露的评价,揭示会计信息的质量;另一方面通过对会计灵活性、会计估价的调整,修正会计数据,为财务分析奠定基础,并保证财务分析结论的可靠性。进行会计分析,一般可按以下步骤进行:第一,阅读会计报表;第二,比较会计报表;第三,解释会计报表;第四,修正会计报表信息。

会计分析是财务分析的基础,通过会计分析,对发现的由于会计原则、会计政策等原因引起的会计信息差异,应通过一定的方式加以说明或调整,消除会计信息的失真问题。

(三) 财务分析的实施阶段

财务分析的实施阶段是在战略分析与会计分析的基础上进行的。

1. 财务指标分析

财务指标包括绝对指标和相对指标两种。对财务指标进行分析,特别是进行财务比率指标分析,是财务分析的一种重要方法或形式。财务指标能准确反映某方面的财务状况。进行财务分析,应根据分析的目的和要求选择正确的分析指标。债权人要进行企业偿债能力分析,必须选择反映偿债能力的指标或反映流动性情况的指标,如流动比率指标、速动比率指标、资产负债率指标等;而潜在投资者对企业投资的决策分析,应选择反映企业盈利能力的指标,如总资产报酬率、资本收益率,以及股利报偿率和股利发放率等。

正确选择与计算财务指标是正确判断和评价企业财务状况的关键所在。

2. 基本因素分析

财务分析不仅要解释现象,而且要分析原因。基本因素分析就是在报表整体分析和财务指标分析的基础上,对一些主要指标的完成情况,从其影响因素角度深入地进行定量分析,确定各因素对其影响方向和程度,为企业正确进行财务评价提供最基本的依据。

(四) 财务分析综合评价阶段

财务分析综合评价阶段是财务分析实施阶段的继续。

1. 财务综合分析与评价

财务综合分析与评价是在应用各种财务分析方法进行分析的基础上,与定性分析判断及实际调查情况结合起来得出财务分析结论的过程。财务分析结论是财务分析的关键步骤,结论的正确与否是判断财务分析质量的唯一标准。结论的得出往往需要经过几次反复分析。

2. 财务预测与价值评估

财务分析既是一个财务管理循环的结束,又是另一财务管理循环的开始。应用历史或现实财务分析结果预测未来财务状况与评估企业价值,是现代财务分析的重要任务之一。

财务分析不能仅满足于事后分析原因,得出结论,而且要对企业未来发展及价值状况进行预测与评估。

3. 财务分析报告

财务分析报告是财务分析的最后步骤。它将财务分析的基本问题、财务分析结论,以及针对问题提出的措施建议以书面的形式表示出来,为财务分析主体及财务分析报告的其他受益者提供决策依据。财务分析报告作为对财务分析工作的总结,还可作为历史信息供后来的财务分析参考,保证财务分析的连续性。

财务分析的程序和步骤如表 9-1 所示。

表 9-1 财务分析的程序和步骤一览表

阶 段	步 骤	简 要 内 容
财务分析信息搜集整理阶段	明确财务分析目的	评价企业经营业绩
		进行投资决策
		制定未来经营策略
	制订财务分析计划	人员组成及分工
		时间进度与安排
		分析内容及拟采用的方法
	搜集整理财务分析信息	内部信息(会计信息、统计与业务信息、计划与预算信息);外部信息(政策与法规信息、综合部门发布的信息、企业间交换的信息等)
		定期信息、不定期信息
		实际信息、标准信息
战略分析与会计分析阶段	企业战略分析	行业分析
		企业竞争策略分析
	会计分析	阅读会计报表
		比较会计报表
		解释会计报表
		修正会计报表信息
财务分析的实施阶段	财务指标分析	建立指标体系(按分析主体、分析内容等)
		计算指标
		比较分析指标
	基本因素分析	连环替代法
		差额计算法
财务分析综合评价阶段	财务综合分析与评价	财务综合分析方法
	财务预测与价值评估	财务分析➡财务预测➡确定现金流➡企业价值
	财务分析报告	基本财务情况反映
		主要成绩和重大事项说明
		存在问题的分析
		提出改进措施意见

六、财务分析的方法

(一) 比较分析法

财务分析中最常见的三种比较分析法是财务报表的比较、重要财务指标的比较、财务报表项目构成的比较。

1. 财务报表的比较

财务报表的比较是将连续数期的会计报表的金额并列起来,比较其相同指标的增减变动金额和幅度,据以判断企业财务状况和经营成果发展变化的一种方法。财务报表的比较具体包括资产负债表的比较、利润表的比较、现金流量表的比较等。比较时,既要计算出表中有关项目增减变动的绝对额,又要计算出其增减变动的百分比。

2. 重要财务指标的比较

重要财务指标的比较是将不同时期财务报告中的相同指标或比率进行比较,直接观察其增减变动情况及变动幅度,考查其发展趋势,预测其发展前景的一种方法。对不同时期财务指标的比较有以下两种方法。

(1) 定基动态比率。定基动态比率是以某一时期的数值为固定的基期数值而计算出来的动态比率。其计算公式为

$$定基动态比率 = 分析期数值 \div 固定基期数值 \times 100\%$$

(2) 环比动态比率。环比动态比率是以每一分析期的前期数值为基期数值而计算出来的动态比率。其计算公式为

$$环比动态比率 = 分析期数值 \div 前期数值 \times 100\%$$

3. 财务报表项目构成的比较

财务报表项目构成的比较是在财务报表比较的基础上发展而来的。它是以财务报表中的某个总体指标作为100%,再计算出其各组成项目占该总体指标的百分比,从而比较各个项目百分比的增减变动,以此来判断有关财务活动的变化趋势的一种方法。它既可用于同一企业不同时期财务状况的纵向比较,又可用于不同企业之间的横向比较。

(二) 比率分析法

比率分析法是通过财务相对指标的比较,对企业的经济活动的变动程度进行分析和考查,借以评价企业的财务状况和经营成果的一种方法。根据不同的分析目的和用途,可将比率分为以下两类。

1. 相关比率

相关比率是指两个相互联系的不同性质的指标相除所得的比率。常用的相关比率有反映企业营运能力的存货周转率、流动资产周转率;反映企业盈利能力的净资产收益率、资产利润率;反映偿债能力的流动比率、速动比率等。通过相关比率分析,可以了解企业资产的周转状况是否正常,分析企业投入资本的盈利情况,考查企业偿付流动负债和长期负债的能力,使财务分析更为全面、深刻。

2. 构成比率

构成比率又称结构比率,是指某项财务分析指标的各组成部分的数值占总体数值的百分比,反映部分与总体的关系。其计算公式为

构成比率＝指标某部分的数值÷指标总体数值×100%

常用的构成比率有流动资产、固定资产、无形资产占总资产的百分比构成的企业资产构成比率；长期负债与流动负债占全部债务的比率；营业利润、投资收益、营业外收支净额占利润总额的百分比构成的利润构成比率等。利用构成比率与目标数、历史数、同行业平均数相比较，可以考查总体中某个部分的现状和安排是否合理，充分揭示企业财务业绩构成和结构的发展变化情况，以便协调各项财务活动。

（三）趋势分析法

趋势分析法又称为水平分析法，是指将企业两期或连续数期的财务会计报表中的相同指标或比率相比较，以确定其增减变动的方向、数额和幅度，揭示企业财务状况和经营成果增减变化的性质与变动趋势的一种分析方法。

（四）因素分析法

因素分析法又称为连环替代法，是用于确定几个相互联系的因素对某个财务指标的影响程度，据以说明财务指标发生变动或差异的主要原因的一种分析方法。采用此法的出发点是，当有若干因素对分析对象发生影响时，假定其他各个因素都无变化，顺序确定每一个因素单独变化所产生的影响。

因素分析法的具体步骤如下。

(1) 将分析对象——某综合性指标分解为各项构成因素。

(2) 确定各项因素的排列顺序。

(3) 按确定的顺序对各项因素的基数进行计算。

(4) 顺序以各项因素的实际数替换基数，计算替换后的结果，并将结果与前一次替换后的计算结果进行比较，计算出影响程度，直到替换完毕。

(5) 计算各项因素影响程度之和，与该项综合性指标的差异总额进行对比，检查是否相符。

【例 9-1】 2021 年 6 月，红星公司某种原材料费用的实际值是 9 240 元，而其计划值是 8 000 元。实际比计划增加 1 240 元。由于原材料费用是由产品产量、单位产品材料消耗用量和材料单价 3 个因素的乘积构成的，因此可以将材料费用这一总指标分解为 3 个因素，然后逐个分析它们对材料费用总额的影响方向和程度。现假定这 3 个因素的数值如表 9-2 所示。

表 9-2 材料费用的影响因素及数值情况

项目	单位	计划值	实际值
产品产量	件	100	110
单位产品材料消耗量	千克	8	7
材料单价	元	10	12
材料费用总额	元	8 000	9 240

解：根据表 9-2 的资料，材料费用总额的实际值较计划值增加了 1 240 元。运用连环替代法，可以计算各因素变动对材料费用总额的影响方向和程度如下。

计划值 $100 \times 8 \times 10 = 8\,000$(元) (1)

第一次替代(产品产量因素)$110 \times 8 \times 10 = 8\,800$(元) (2)

第二次替代(单位材料消耗量因素)$110 \times 7 \times 10 = 7\,700$(元) (3)

第三次替代(材料单价因素)$110 \times 7 \times 12 = 9\,240$(元) (4)

由于产品产量增加对材料费用的影响为

(2)－(1)＝$8\,800 - 8\,000 = 800$(元)

由于单位产品材料消耗量节约对材料费用的影响为

(3)－(2)＝$7\,700 - 8\,800 = -1\,100$(元)

由于材料单价提高对材料费用的影响为

(4)－(3)＝$9\,240 - 7\,700 = 1\,540$(元)

综合这3个因素对材料费用总额的影响为

$800 - 1\,100 + 1\,540 = 1\,240$(元)

七、财务分析的局限性

(一)财务报表本身的局限性

财务报表是会计的产物,会计有特定的假设前提,并要执行统一的规范。我们只能在规定意义上使用报表数据,不能认为报表揭示了企业的全部实际情况。

财务报表的局限性表现在以下三个方面。

1. 会计假设和会计原则的限制

会计假设和会计原则虽然可以为会计工作提供规范与基础,但它们同样限制了会计报表的功能和表达。例如,以历史成本报告资产,不代表其现行成本变现价值;假设币值不变,不按通货膨胀或物价水平调整;稳健原则要求预计损失而不预计收益,有可能夸大费用,少计收益和资产;按年度分期报告,只报告了短期信息,不能提供反映长期潜力的信息。

2. 会计政策与会计处理方法的多种选择,使不同企业同类的报表数据缺乏可比性

对同一会计事项的账务处理,会计准则允许使用几种不同的规则和程序,企业可以自行选择。例如,存货发出计价方法、固定资产折旧方法、坏账的计提方法等。即使两家企业的实际经营情况完全相同,不同的会计处理方法会使得到的财务报表的有关数据不相同,使两家企业的财务分析发生歪曲。

3. 会计估计的存在对财务报表的影响也较大

财务报表中的某些数据并不是十分准确的,有些项目数据是会计人员根据经验和实际情况加以估计计量的,如固定资产折旧年限、无形资产摊销年限、坏账准备计提比例等。因此,财务报表所提供的数据的质量必然受到这些人为估计准确程度的影响。

(二)财务报表的真实性问题

公司管理当局有时为自身的利益,往往采用粉饰技术蒙骗财务报表使用者。只有根据真实的财务报表才有可能得出正确的分析结论,粉饰后的财务报表使财务分析受到了限制。

(三)财务分析方法的局限性

财务分析较常用到比较分析法,在比较分析时,必须要选择比较的基础,作为评价本企业当前实际数据的参照标准,包括本企业历史数据、同业数据和计划预算数据。例如,以本

企业历史数据作为比较基础,并不代表合理性,历史数据代表过去,由于经营环境的变化,今年比去年利润提高了,不一定说明企业经营管理水平提高了。同理,以同业数据和计划预算数据作为比较基础,也不一定合理。

第二节 偿债能力分析

企业的偿债能力是指企业用其资产偿还长期债务与短期债务的能力。企业有无支付现金的能力和偿还债务能力,是企业能否生存和健康发展的关键。

企业偿债能力是反映企业财务状况的重要标志。偿债能力指标是一个企业财务管理的重要管理指标,是指企业偿还到期债务(包括本息)的能力。偿债能力指标包括短期偿债能力指标和长期偿债能力指标。

为便于说明,下面以"鸿星公司"的财务报表数据为例,该公司的资产负债表(简表)、利润表(简表)如表 9-3 和表 9-4 所示。

表 9-3　资产负债表(简表)

编制单位:鸿星公司　　　　　2021 年 12 月 31 日　　　　　　　　　　　　单位:万元

资产	年初余额	期末余额	负债和所有者权益	年初余额	期末余额
流动资产:			流动负债:		
货币资金	125	250	短期借款	225	300
交易性金融资产	60	30	交易性金融负债	0	0
应收票据	55	40	应付票据	20	25
应收账款	995	1 990	应付账款	545	500
预付账款	20	60	预收账款	20	50
应收利息	0	0	应付职工薪酬	85	70
应收股利	0	0	应交税费	145	520
其他应收款	110	110	应付股利	0	0
存货	1 630	595	持有待售负债	0	0
持有待售资产			其他应付款	60	35
一年内到期的非流动资产	55	425	一年内到期的非流动负债	0	0
其他流动资产	0	0	其他流动负债	0	0
流动资产合计	3 050	3 500	流动负债合计	1 100	1 500
非流动资产:			非流动负债:		
可供出售金融资产	0	0	长期借款	1 225	2 250
持有至到期投资	0	0	应付债券	1 300	1 200
长期应收款	0	0	长期应付款	0	0

续表

资　产	年初余额	期末余额	负债和所有者权益	年初余额	期末余额
长期股权投资	225	150	专项应付款	0	0
固定资产	4 835	6 190	预计负债	0	0
在建工程	175	90	递延所得税负债	0	0
固定资产清理	0	0	其他非流动负债	375	350
无形资产	40	30	非流动负债合计	2 900	3 800
开发支出	0	0	负债合计	4 000	5 300
商誉	0	0	股东权益：		
长期待摊费用	0	0	实收资本	3 000	3 000
递延所得税资产	75	25	资本公积	50	80
其他非流动资产	0	15	减：库存股	0	0
非流动资产合计	5 350	6 500	盈余公积	200	370
			未分配利润	1 150	1 250
			所有者权益合计	4 400	4 700
资产总计	8 400	10 000	负债和所有者权益合计	8 400	10 000

表 9-4　利润表（简表）

编制单位：鸿星公司　　　　2021 年度　　　　　　　　　　单位：万元

项　目	上年金额	本年金额
一、营业收入	14 250	15 000
减：营业成本	12 515	13 220
税金及附加	40	40
销售费用	100	110
管理费用	120	230
财务费用	480	550
加：投资收益	120	200
二、营业利润	1 115	1 050
加：营业外收入	85	50
减：营业外支出	25	100
三、利润总额	1 175	1 000
减：所得税费用	375	320
四、净利润	800	680

(一) 短期偿债能力分析

短期偿债能力是指企业流动资产对流动负债及时足额偿还的保证程度,是衡量企业当期财务能力(尤其是流动资产变现能力)的重要标志。

企业短期偿债能力的衡量指标主要有流动比率、速动比率和现金流动负债比率。

1. 流动比率

流动比率是流动资产与流动负债的比率,它表明企业每一元流动负债有多少流动资产作为偿还保证,反映企业用可在短期内转变为现金的流动资产偿还到期流动负债的能力。其计算公式为

$$流动比率 = 流动资产 \div 流动负债$$

流动资产是指企业可以在一年或者超过一年的一个营业周期内变现或者运用的资产,主要包括货币资金、短期投资、应收票据、应收账款和存货等。流动负债也叫短期负债,是指将在一年或者超过一年的一个营业周期内偿还的债务,包括短期借款、应付票据、应付账款、预收账款、应付股利、应交税费、其他暂收应付款项、预提费用和一年内到期的长期借款等。

一般情况下,流动比率越高,说明企业短期偿债能力越强。流动比率过低,表明企业可能难以按期偿还债务。流动比率过高,表明企业流动资产占用较多,会影响资金的使用效率和企业的筹资成本,进而影响获利能力。因此,国际上通常认为,流动比率的下限为 100%,而流动比率等于 200% 时较为适当。

【例 9-2】 根据表 9-3 的资料,计算该公司 2021 年的流动比率

解: 2021 年年初流动比率 = 3 050 ÷ 1 100 = 2.773

2021 年年末流动比率 = 3 500 ÷ 1 500 = 2.333

该公司 2021 年年初和年末的流动比率与国际公认的标准一致,从这个指标来看,该公司具有较强的短期偿债能力。

具体运用流动比率时,应注意以下几点。

(1) 无法评估未来资金流量。流动性代表企业运用足够的现金流入以平衡所需现金流出的能力。而流动比率的各项要素都来自资产负债表的时点指标,只能表示企业在某一特定时刻一切可用资源及需偿还债务的状态或存量,与未来资金流量并无因果关系。因此,流动比率无法用于评估企业未来资金的流动性。

(2) 未反映企业资金融通状况。在一个注重财务管理的企业中,持有现金的目的在于防范现金短缺现象。然而,现金属于非获利性或获利性极低的资产,一般企业均尽量减少现金数额。事实上,通常有许多企业在现金短缺时转向金融机构借款,此项资金融通的数额未能在流动比率的公式中得到反映。

(3) 应收账款的偏差性。应收账款额度的大小往往受销货条件及信用政策等因素的影响,企业的应收账款一般具有循环性质,除非企业清算,否则应收账款应经常保持相对稳定的数额,因而不能将应收账款作为未来现金净流入的可靠指标。在分析流动比率时,如把应收账款的多寡视为未来现金流入量的可靠指标,而未考虑企业的销货条件、信用政策及其他有关因素,难免会发生偏差。

(4) 存货价值确定的不稳定性。由存货产生的未来短期现金流入量常取决于销售毛利的大小。一般企业均以成本表示存货的价值,并据以计算流动比率。事实上,由存货产生的未来短期现金流入量,除了销售成本外,还有销售毛利,然而流动比率未考虑毛利因素。

(5) 粉饰效应。企业管理者为显示出良好的财务指标,会通过一些方法粉饰流动比率。例如,对以赊购方式购买的货物,故意把接近年终要进的货推迟到下年年初再购买;或年终加速进货,将计划下年年初购进的货物提前至年内购进等,都会人为地影响流动比率。当公司的流动比率大于1时,利用现金偿还部分应收账款,流动比率会进一步增大。

2. 速动比率

速动比率是企业速动资产与流动负债的比率。其中,速动资产是指流动资产减去变现能力较差且不稳定的存货、预付账款、待摊费用等后的余额。其计算公式为

$$速动比率 = 速动资产 \div 流动负债$$

$$速度资产 = 流动资产 - 存货 - 预付账款 - 待摊费用$$

计算速动比率时从流动资产中扣除存货,是因为存货的变现速度较慢,有些存货可能滞销,无法变现。至于预付账款和待摊费用根本不具有变现能力,只是减少企业未来的现金流出量,所以理论上也应加以剔除,但实务中,由于它们在流动资产中所占的比重较小,计算速动资产时也可以不扣除。

传统经验认为,速动比率维持在1较为正常,它表明企业的每1元流动负债就有1元易于变现的速动资产来抵偿,短期偿债能力有可靠的保证。

一般情况下,速动比率越高,说明企业偿还流动负债的能力越强。国际上通常认为,速动比率等于1时较为适当。速动比率小于1,表明企业面临很大的偿债风险。速动比率大于1,表明企业会因现金及应收账款占用过多而增加企业的机会成本。但以上评判标准并不是绝对的。

【例 9-3】 根据表 9-3 的资料,计算该公司 2021 年的速动比率。

解: 2021 年年初速动资产 = 125 + 60 + 55 + 995 + 20 + 110 = 1 365(万)
2021 年年末速动资产 = 250 + 30 + 40 + 1 990 + 60 + 110 = 2 480(万)
2021 年年初速动比率 = 1 365 ÷ 1 100 = 1.241
2021 年年末速动比率 = 2 480 ÷ 1 500 = 1.653

该公司 2021 年年初和年末的速动比率比国际公认的标准高,从这个指标来看,该公司具有较强的短期偿债能力。但进一步分析可以发现,在鸿星公司的速动资产中应收账款的比重很高(分别占 73% 和 80%),应收账款不一定能按时收回,所以还必须计算分析第三个比率——现金流动负债比率

3. 现金流动负债比率

现金流动负债比率是企业一定时期的经营现金净流量与流动负债的比率,它可以从现金流量的角度来反映企业当期偿付短期负债的能力。

$$现金流动负债比率 = 年经营活动现金净流量 \div 期末流动负债 \times 100\%$$

式中,年经营现金净流量是指一定时期内,由企业经营活动所产生的现金及现金等价物的流入量与流出量的差额。

现金流动负债比率一般大于 100% 比较合适,表示企业流动负债的偿还有可靠保证。企业的现金流量分为三大类,即经营活动产生的现金流量、投资活动产生的现金流量、筹资活动产生的现金流量。计算企业现金流动负债比率时所取的数值仅为经营活动产生的现金流量,这是因为企业的现金流量来源主要取决于该企业的经营活动,评价企业的财务状况也主要是为衡量企业的经营活动业绩。

现金流动负债比率越大,表明企业经营活动产生的现金净流量越多,越能保障企业按期偿还到期债务。但是,需要注意的是,现金流动负债指标过大也不好,该指标太大表明公司对于现金的使用不够充分,会影响公司的盈利能力,在分析该指标时最好还是结合同行业其他公司的平均水平来进行比较分析。

该指标是从现金流入和流出的动态角度对企业实际偿债能力进行考查,用该指标评价企业偿债能力更为谨慎。

【例9-4】 根据表9-3的资料,假定该公司2020年度和2021年度经营活动产生的现金流量净额分别为1 350万元、1 500万元,计算该公司2020年度和2021年度的现金流动负债比率。

解: 2020年度的现金流动负债比率=1 350÷1 100×100%=122%

2021年度的现金流动负债比率=1 500÷1 500×100%=100%

鸿星公司现金流动负债比率两年均大于或等于100%,比较合适,表示企业流动负债的偿还有可靠保证。

(二)长期偿债能力分析

长期偿债能力是指企业偿还长期负债的能力。企业长期偿债能力的衡量指标主要有资产负债率、产权比率、已获利息倍数。

1. 资产负债率

资产负债率又称负债比率,是指企业负债总额与资产总额的比率,反映企业资产对债权人权益的保障程度。其计算公式为

$$资产负债率 = \frac{负债总额}{资产总额} \times 100\%$$

资产负债率表示公司总资产中有多少是通过负债筹集的,该指标是评价公司负债水平的综合指标,同时也是一项衡量公司利用债权人资金进行经营活动能力的指标,反映债权人发放贷款的安全程度。如果资产负债比率达到100%或超过100%,说明公司已经没有净资产或资不抵债。

一般情况下,资产负债率越小,说明企业长期偿债能力越强。保守的观点认为,资产负债率不应高于50%,而国际上通常认为资产负债率等于60%时较为适当。对债权人来说,该指标越小越好,这样企业偿债越有保证。对企业所有者来说,该指标过小表明企业对财务杠杆利用不够。企业的经营决策者应当将偿债能力指标与获利能力指标结合起来分析。

【例9-5】 根据表9-3的资料,计算该公司2021年的资产负债率。

解: $2021年年初的资产负债率 = \frac{4\ 000}{8\ 400} \times 100\% = 47.62\%$

$2021年年末的资产负债率 = \frac{5\ 300}{10\ 000} \times 100\% = 53\%$

鸿星公司年初资产负债率为47.62%,低于50%;年末资产负债率为53%,虽然偏高,但在合理的范围内,说明鸿星公司有一定的偿债能力和负债经营能力。

2. 产权比率

产权比率也称资本负债率,是指企业负债总额与所有者权益总额的比率,反映企业所有者权益对债权人权益的保障程度。其计算公式为

$$产权比率 = \frac{负债总额}{所有者权益总额} \times 100\%$$

产权比率用于表明由债权人提供的资本和由所有者提供的资本的相对关系,反映企业基本财务结构是否稳定。一般来说,所有者提供的资本大于借入资本为好,但也不能一概而论。该指标同时也表明债权人投入的资本受到所有者权益保障的程度,或者说是企业清算时对债权人利益的保障程度。

产权比率还反映企业自有资金偿还全部债务的能力,因此它又是衡量企业负债经营是否安全有利的重要指标。一般来说,这一比率越低,表明企业长期偿债能力越强,债权人权益保障程度越高,承担的风险越小。一般认为这一比率为1:1,即100%以下时,应该是有偿债能力的,但还应该结合企业的具体情况加以分析。当企业的资产收益率大于负债成本率时,负债经营有利于提高资金收益率,获得额外的利润,这时的产权比率可适当高些。产权比率高,是高风险、高报酬的财务结构;产权比率低,是低风险、低报酬的财务结构。一般情况下,产权比率越低,说明企业长期偿债能力越强。产权比率与资产负债率对评价偿债能力的作用基本相同,两者的主要区别:资产负债率侧重于分析债务偿付安全性的物质保障程度;产权比率则侧重于揭示财务结构的稳健程度,以及自有资金对偿债风险的承受能力。

【例9-6】 根据表9-3的资料,计算该公司2021年的产权比率。

解：$$2021年年初的产权比率 = \frac{4\ 000}{4\ 400} \times 100\% = 90.91\%$$

$$2021年年末的产权比率 = \frac{5\ 300}{4\ 700} \times 100\% = 112.77\%$$

由计算结果可知,鸿星公司年初的产权比率不是很高,而年末的产权比率偏高,表明年末该公司举债经营程度偏高,财务结构不稳定。

3. 已获利息倍数

已获利息倍数是指企业一定时期息税前利润与利息支出的比率,反映了获利能力对债务偿付的保障程度。其中,息税前利润总额是指利润总额与利息支出的合计数,利息支出是指实际支出的借款利息、债券利息等。其计算公式为

$$已获利息倍数 = \frac{税息前利润}{利息费用} = \frac{利润总额 + 利息费用}{利息费用}$$

计算公式中的"利润总额"包括税后利润和所得税;"利息费用"是支付给债权人的全部利息,包括财务费用中的利息,也包括计入固定资产成本的资本化利息。

一般情况下,已获利息倍数越高,说明企业长期偿债能力越强。国际上通常认为,该指标为3时较为适当,从长期来看至少应大于1。

【例9-7】 根据表9-4的资料,假定财务费用全部为利息费用,资本化利息为0,则计算该公司2020年和2021年的已获利息倍数。

解：$$2020年已获利息倍数 = \frac{1\ 175 + 480}{480} = 3.45$$

$$2021年已获利息倍数 = \frac{1\ 000 + 550}{550} = 2.82$$

由计算结果可知,鸿星公司这两年的利息保障倍数虽不太高,但都大于1,说明其有一定的偿债能力,但还需要与其他企业,特别是本行业平均水平进行比较来分析评价。从稳健

角度来看,还要比较本企业连续几年的该项指标进行分析评价。

第三节 营运能力分析

企业营运能力(analysis of enterprises' operating capacity)主要指企业营运资产的效率与效益。企业营运资产的效率主要是指资产的周转率或周转速度。企业营运资产的效益通常是指企业的产出量与资产占用量之间的比率。

企业营运能力分析就是要通过对反映企业资产营运效率与效益的指标进行计算与分析,评价企业的营运能力,为企业提高经济效益指明方向。营运能力分析是盈利能力分析和偿债能力分析的基础与补充。

企业营运能力指标包括流动资产周转情况指标、固定资产周转情况指标和总资产周转情况指标。

一、流动资产周转情况指标

反映企业流动资产周转情况的指标主要有应收账款周转率、存货周转率和流动资产周转率。

(一)应收账款周转率

应收账款在流动资产中有着举足轻重的地位,及时收回应收账款,不仅可以增强企业的短期偿债能力,也反映出企业在管理应收账款方面的效率。

反映应收账款周转速度的指标是应收账款周转率,也就是年度内应收账款转为现金的平均次数,它说明应收账款流动的速度。用时间表示的周转速度是应收账款周转天数,也叫平均应收账款回收期或平均收现期,它表示企业从取得应收账款的权利到收回款项、转换为现金所需要的时间。其计算公式为

$$应收账款周转率(周转次数) = \frac{主营业务收入净额}{平均应收账款余额}$$

$$应收账款周转天数 = \frac{360}{应收账款周转率} = \frac{平均应收账款余额 \times 360}{营业收入}$$

$$主营业务收入净额 = 主营业务收入 - 销售折扣与折让$$

式中,"平均应收账款余额"是指资产负债表中"期初应收账款余额"与"期末应收账款余额"的平均数,即

$$平均应收账款余额 = \frac{应收账款余额年初数 + 应收账款余额年末数}{2}$$

有人认为,"营业收入"应扣除"现金销售"部分,即使用"赊销额"来计算。从道理上看,这样可以保持分母和分子的一致性。但是,不仅财务报表的外部使用人无法取得这项数据,财务报表的内部使用人也未必容易取得该数据,因此,把"现金销售"视为收账时间为零的赊销也是可以的。只要保持历史的一贯性,使用营业收入来计算该指标一般不影响其分析和利用价值。因此,在实务上采用"营业收入"来计算应收账款周转率。

一般来说,应收账款周转率越高,平均收账期越短,说明应收账款的收回越快。否则,企业的营运资金会过多地呆滞在应收账款上,影响正常的资金周转。使用应收账款周转率指

标分析应收账款运转效率时,应剔除影响企业应收账款异常波动的因素,如季节性营销、年末销售大幅度提高或大幅度下降等,以保证应收账款周转率指标的可比性。

【例9-8】 根据表9-3和表9-4的资料,鸿星公司2021年度销售收入净额15 000万元,2021年年末应收账款及应收票据净额为2 030(1 990+40)万元,年初数为1 050(995+55)万元,计算2021年该公司应收账款周转率指标。

解: 2021年应收账款周转率(周转次数) $= \dfrac{15\,000}{(2\,030+1\,050)\div 2} = 9.74$(次)

2021年应收账款周转率(周转天数) $= \dfrac{360}{9.74} = 36.96$(天)

利用应收账款周转率时,需要注意以下几个问题。

第一,公式中的应收账款应包括会计核算中"应收账款"和"应收票据"等全部赊销账款。

第二,如果应收账款余额的波动性较大,应尽可能使用更详尽的计算资料,如按每月的应收账款余额来计算其平均占用额。

第三,分子、分母的数据应注意时间的对应性。

(二)存货周转率

一般情况下,企业的流动资产中存货所占的比重较大。存货周转速度的快慢不仅影响企业的资产管理效率,也影响企业流动资产的流动性,从而影响企业的流动比率及短期偿债能力。因此,必须特别重视对存货的分析。在财务分析中,常用存货周转率和存货周转天数指标来反映存货的流动性。

存货周转率指标是衡量、评价企业购入存货、投入生产、销售收回等各环节管理状况的综合性指标。它是企业一定时期的主营业务成本与平均存货余额的比率,也叫存货的周转次数。用时间表示的存货周转率就是存货周转天数。其计算公式为

$$存货周转率(周转次数) = \dfrac{主营业务成本}{平均存货余额}$$

$$存货周转期(周转天数) = 360 \div 存货周转率$$

公式中的"平均存货余额"是资产负债表中的"期初存货"与"期末存货"的平均数,即

$$平均存货余额 = \dfrac{存货余额年初数+存货余额年末数}{2}$$

一般来讲,存货周转速度越快,存货占用水平越低,流动性越强,存货转换为现金或应收账款的速度越快。提高存货周转率可以提高企业的变现能力,而存货周转速度越慢,则变现能力越差。

【例9-9】 根据表9-3和表9-4的资料,鸿星公司2021年度主营业务成本为13 220万元,期初存货1 630万元,期末存货595万元,计算该公司存货周转率指标。

解: 2021年存货周转期(周转次数) $= \dfrac{13\,220}{(1\,630+595)\div 2} = 11.88$(次)

2021年存货周转期(周转天数) $= \dfrac{360}{11.88} = 30.3$(天)

存货周转分析的目的是从不同的角度和环节上找出存货管理中的问题,使存货管理在保证生产经营连续性的同时,尽可能少占用经营资金,提高资金的使用效率,增强企业短期偿债能力,促进企业管理水平的提高。

在计算存货周转率时应注意以下几个问题。

第一,存货计价方法对存货周转率具有较大的影响,因此,在分析企业不同时期或不同企业的存货周转率时,应注意存货计价方法的口径是否一致。

第二,分子与分母的数据在时间上的对应性。

(三)流动资产周转率

流动资产周转率是营业收入与全部流动资产平均余额的比值。其计算公式为

$$流动资产周转率(周转次数)=\frac{营业收入}{平均流动资产总额}$$

$$流动资产周转期(周转天数)=\frac{360}{流动资产周转率}=\frac{平均流动资产总额\times360}{营业收入}$$

$$平均流动资产总额=\frac{年初流动资产总额+年末流动资产总额}{2}$$

流动资产周转率反映流动资产的周转速度。周转速度快,会相对节约流动资产,等于相对扩大资产投入,增强企业盈利能力;而延缓周转速度,需要补充流动资产参加周转,形成资金浪费,降低企业盈利能力。

【例 9-10】 根据表 9-3 和表 9-4 的资料,鸿星公司 2021 年度销售收入净额为 15 000 万元,流动资产期初数为 3 050 万元,期末数为 3 500 万元,计算该公司流动资产周转率指标。

解: $2021 年流动资产周转率(周转次数)=\frac{15\ 000}{(3\ 050+3\ 500)\div2}=4.58(次)$

$2021 年流动资产周转期(周转天数)=\frac{360}{4.58}=78.6(天)$

二、固定资产周转情况指标

反映固定资产周转情况的主要指标是固定资产周转率,也称固定资产利用率,它是企业一定时期营业收入与平均固定资产净值的比值,是衡量固定资产利用效率的一项指标。

$$固定资产周转率(周转次数)=\frac{营业收入}{平均固定资产净值}$$

$$固定资产周转期(周转天数)=\frac{平均固定资产净值\times360}{营业收入}=\frac{360}{固定资产周转率}$$

$$平均固定资产净值=\frac{期初固定资产净值+期末固定资产净值}{2}$$

这项比率主要用于分析厂房、设备等固定资产的利用效率,它表示每 1 元的固定资产投资可发挥多少元的销售效能。该比率越高,说明固定资产的利用效率越高,管理水平越好。如果这一指标与同行业平均水平相比偏低,则说明企业对固定资产的利用效率低,可能会影响企业的获利能力。

【例 9-11】 根据表 9-3 和表 9-4 的资料,鸿星公司 2020、2021 年度销售收入净额分别为 14 250 万元、15 000 万元,2021 年年初固定资产净值为 4 775 万元,2021 年年末为 6 190 万元。假设 2020 年年初固定资产净值为 4 000 万元,计算该公司固定资产周转率。

解: $2020 年固定资产周转率(周转次数)=\frac{14\ 250}{(4\ 000+4\ 775)\div2}=3.25(次)$

$$2020\text{年固定资产周转期(周转天数)} = \frac{360}{3.25} = 110.77(\text{天})$$

$$2021\text{年固定资产周转率(周转次数)} = \frac{15\,000}{(4\,775+6\,190)\div 2} = 2.74(\text{次})$$

$$2021\text{年固定资产周转期(周转天数)} = \frac{360}{2.74} = 131.39(\text{天})$$

2021年固定资产周转率(周转次数)为2.74,小于2020年固定资产周转率(周转次数)3.25,说明2021年固定资产的周转速度相比2020年有所减慢,其原因在于固定资产净值增加幅度大于销售收入净额增长幅度,企业营运能力有所减弱。但这种减弱是否合理,要结合同行业水平及公司目标而定。

运用固定资产周转率时,需要考虑固定资产因计提折旧的影响其净值在不断减少,以及因更新重置其净值突然增加的影响。同时,由于计提折旧方法的不同,可能影响其可比性。故在分析时,一定要剔除这些不可比因素。

三、总资产周转情况指标

反映总资产周转情况的主要指标是总资产周转率,它是企业一定时期营业收入与平均资产总额的比值,可以用于反映企业全部资产的利用效率。其计算公式为

$$\text{总资产周转率(周转次数)} = \frac{\text{营业收入}}{\text{平均资产总额}}$$

$$\text{总资产周转期(周转天数)} = \frac{\text{平均资产总额} \times 360}{\text{营业收入}} = \frac{360}{\text{总资产周转率}}$$

$$\text{平均资产总值} = \frac{\text{年初资产总额} + \text{年末资产总额}}{2}$$

总资产周转率用于分析企业资产经营的整体效能,反映企业资产总额的周转速度。总资产周转越快,说明销售能力越强。企业可以通过薄利多销的办法加速资产的周转,带来利润绝对额的增加。

【例9-12】 根据表9-3和表9-4的资料,鸿星公司2020、2021年度销售收入净额分别为14 250万元、15 000万元,2021年年初资产总额为8 400万元,2021年年末资产总额为10 000万元。假设2020年年初资产总额为7 500万元,计算该公司总资产周转率。

解:
$$2020\text{年总资产周转率(周转次数)} = \frac{14\,250}{(7\,500+8\,400)\div 2} = 1.79(\text{次})$$

$$2020\text{年总资产周转期(周转天数)} = \frac{360}{1.79} = 201.12(\text{天})$$

$$2021\text{年总资产周转率(周转次数)} = \frac{15\,000}{(8\,400+10\,000)\div 2} = 1.63(\text{次})$$

$$2021\text{年总资产周转期(周转天数)} = \frac{360}{1.63} = 220.86(\text{天})$$

通过计算表明,鸿星公司2021年总资产周转率比2019年有所减慢,这与前面计算分析固定资产周转速度减慢的结论一致,该公司应该扩大销售额,处理闲置资产,从而提高资产使用效率。

总之,各项资产的周转指标用于衡量企业运用资产赚取收入的能力,经常和反映获利能力的指标结合在一起使用,可全面评价企业的获利能力。

第四节　盈利能力分析

盈利能力是指企业获取利润的能力。利润是企业内外有关各方都关心的中心问题。利润是投资者取得投资收益、债权人收取本息的资金来源,是经营者经营业绩和管理效能的集中表现,也是职工集体福利设施不断完善的重要保障。因此,企业盈利能力分析十分重要。

盈利能力分析是财务分析中的一项重要内容,盈利是企业经营的主要目标。

一、企业盈利能力一般分析

反映企业盈利能力的指标主要有销售利润率、成本费用利润率,总资产报酬率和股东权益利润率。

（一）销售利润率

销售利润率(operating margin)是企业利润总额与营业收入之间的比率。它是以营业收入为基础分析企业获利能力,反映营业收入收益水平的指标,即每元营业收入所获得的利润。

$$销售利润率 = \frac{利润总额}{营业收入} \times 100\%$$

该项比率越高,表明企业为社会新创的价值越多,贡献越大,也反映企业在增产的同时,为企业多创造了利润,实现了增产增收。影响销售利润率的因素是销售额和销售成本。销售额高而销售成本低,则销售利润率高;销售额低而销售成本高,则销售利润率低。

（二）成本费用利润率

成本费用利润率是指企业利润总额与成本费用总额的比率。它是反映企业生产经营过程中发生的耗费与获得的收益之间的关系的指标,其计算公式为

$$成本费用利润率 = \frac{利润总额}{成本费用总额} \times 100\%$$

式中的利润总额和成本费用总额来自企业的损益表。成本费用一般是指主营业务成本及附加和三项期间费用(销售费用、管理费用、财务费用)。

成本费用利润率指标表明每付出一元成本费用可获得多少利润,体现了经营耗费所带来的经营成果。该比率越高,表明企业耗费所取得的收益越高。这是一个能直接反映增收节支、增产节约效益的指标。企业生产销售的增加和费用开支的节约都能使这一比率提高。

【例9-13】　根据表9-4的资料,计算鸿星公司2020年、2021年度成本费用利润率。

解：$2020 年成本费用利润率 = \frac{1\ 175}{12\ 515 + 40 + 100 + 120 + 480} \times 100\% = 8.86\%$

$2021 年成本费用利润率 = \frac{1\ 000}{13\ 220 + 40 + 110 + 230 + 550} \times 100\% = 7.07\%$

计算表明,鸿星公司2021年成本费用利润率指标比2020年也有所下降,说明其盈利能力在下降。公司应进一步分析利润下降、成本上升的原因,采取有效措施,降低成本,提高盈

利能力。

(三) 总资产报酬率

总资产报酬率又称资产所得率,以投资报酬为基础来分析企业获利能力,是企业投资报酬与投资总额之间的比率。企业的投资报酬是指支付利息和缴纳所得税之前的利润之和,投资总额为当期平均资产总额。

$$总资产报酬率 = \frac{息税前利润}{平均资产总值} \times 100\% = \frac{净利润+所得税费用+利息费用}{\frac{(期初资产+期末资产)}{2}}$$

总资产报酬率表示企业全部资产获取收益的水平,全面反映了企业的获利能力和投入产出状况。通过对该指标的深入分析,可以增强各方面对企业资产经营的关注,促进企业提高单位资产的收益水平。一般情况下,企业可将此指标与市场资本利率进行比较,如果该指标大于市场利率,则表明企业可以充分利用财务杠杆,进行负债经营,获取尽可能多的收益。该指标越高,表明企业投入产出的水平越好,企业的资产运营越有效。

【例 9-14】 鸿星公司 2020 年净利润为 800 万元,所得税为 375 万元,利息支出为 480 万元,年末资产总额为 8 400 万元;2021 年净利润为 680 万元,所得税为 320 万元,利息支出为 550 万元,年末资产总额为 10 000 万元。假设 2020 年年初资产总额为 7 500 万元,计算鸿星公司的总资产报酬率。

解:2020 年总资产报酬率=(800+375+480)÷[(7 500+8 400)÷2]×100%=20.82%

2021 年总资产报酬率=(680+320+550)÷[(8 400+10 000)÷2]×100%=16.85%

由计算结果可知,鸿星公司 2021 年总资产报酬率大幅低于上年,需要将公司资产的使用情况、增产节约情况,结合成本效益指标一起分析,以改进管理,提高资产利用效率和企业经营管理水平,增强企业盈利能力。

(四) 股东权益报酬率

股东权益报酬率(return on stockholders' equity,ROE)又称为净值报酬率、净资产收益率,是指普通股投资者获得的投资报酬率。股东权益或股票净值、普通股账面价值或资本净值,是公司股本、公积金、留存收益等的总和。股东权益报酬率表明普通股投资者委托公司管理人员应用其资金所获得的投资报酬,所以数值越大越好。其计算公式为

$$股东权益报酬率 = \frac{净利润}{平均股东权益} \times 100\%$$

该指标是企业盈利能力指标的核心,也是杜邦财务指标体系的核心。

【例 9-15】 根据表 9-3 和表 9-4 的资料,鸿星公司 2020 年净利润为 800 万元,年末所有者权益为 4 400 万元;2021 年净利润为 680 万元,年末所有者权益为 4 700 万元。假设 2020 年年初所有者权益为 4 000 万元,计算鸿星公司股东权益报酬率。

解: 2020 年股东权益报酬率 $= \frac{800}{(4\ 000+4\ 400)\div 2} \times 100\% = 19.05\%$

2021 年股东权益报酬率 $= \frac{680}{(4\ 400+4\ 700)\div 2} \times 100\% = 14.95\%$

由于该公司股东权益的增长快于净利润的增长,2021 年股东权益报酬率要比上年低 4.1%,盈利能力明显降低。

二、股份公司税后利润分析

股份公司税后利润分析所用的指标很多,主要有每股利润、每股股利和市盈率。

(一) 每股利润

股份公司中的每股利润(earnings per share,EPS)是指普通股每股税后利润。该指标中的利润是利润总额扣除应缴所得税的税后利润,如果发行了优先股还要扣除优先股应分的股利,然后除以流通股数,即发行在外的普通股平均股数。其计算公式为

$$普通股每股利润 = \frac{税后利润 - 优先股股利}{流通股数}$$

每股利润为公司获利能力的最后结果。每股利润高,代表公司每单位资本额的获利能力高,这表示公司具有某种较佳的能力——产品行销、技术能力、管理能力等,使公司可以用较少的资源创造出较高的获利。

(二) 每股股利

每股股利(dividends per share,DPS)是企业股利总额与流通股数的比率。股利总额是用于对普通股分配现金股利的总额,流通股数是企业发行在外的普通股股份平均数。其计算公式为

$$每股股利 = \frac{股利总额}{流通股数}$$

每股股利是反映股份公司每一普通股获得股利多少的一个指标。

每股股利的高低,一方面取决于企业获利能力的强弱,另一方面还受企业股利发放政策与利润分配需要的影响。如果企业为扩大再生产、增强企业的后劲而多留利润,则每股股利就少;反之,则每股股利就多。

【例 9-16】 根据表 9-3 和表 9-4 的资料,假设鸿星公司 2020 年和 2021 年分别发放普通股股利 360 万元和 300 万元,2020—2021 年发行在外的普通股加权平均数为 3 000 万股,利润表中的净利润全部归属于普通股股东,计算鸿星公司每股股利。

解: 2020 年每股股利 = 360 ÷ 3 000 = 0.12(元)
2021 年每股股利 = 300 ÷ 3 000 = 0.10(元)

在公司分配方案的公告中,每股股利通常表述为"每 10 股发放现金股利××元",所以投资者需要将分配方案中的现金股利再除以 10 才可以得到每股股利。此外,如果公司一年中有两次股利发放,需要将两次股利相加后除以总股本得出年度每股股利。计算每股股利一是可以衡量公司股利发放的多寡和增减,二是可以作为股利收益率指标的分子,计算股利收益率是否诱人。每股股利与每股收益一样,由于分母是总股本,所以也会有因为股本规模扩大导致的摊薄效应。对于投资者而言,不论公司股本是否扩大,都希望每股股利保持稳定,尤其对于收益型股票,每股股利的变动是投资者选股的重要考量。

(三) 市盈率

市盈率又称价格-盈余比率(price-earning ratio,P/E)是普通股每股市场价格与每股利润的比率。它是反映股票盈利状况的重要指标,也是投资者对从某种股票获得 1 元利润所愿支付的价格。其计算公式为

$$市盈率 = \frac{普通股每股市场价格}{普通股每股利润}$$

市盈率表示的是投资者为获得公司每一单位的收益或盈利而愿意支付多少倍的价格。比如,某只股票有 1 元的业绩,投资者愿意以市价 10 元购买该股票,该股票相应的市盈率就为 10 倍。一般来说,市盈率可以用于衡量投资者承担的投资风险,市盈率越高说明投资者承担的风险相对越高。当然,仅用市盈率作为投资决策的标准是远远不够的,投资者还应该参考其他因素。此外,不同行业上市公司的市盈率也是不同的,投资者应该加以注意。该项比率越高,表明企业获利的潜力越大。反之,则表明企业的前景并不乐观。股票投资者对市盈率的比较可用作投资选择的参考。

第五节 发展能力分析

发展能力是企业在生存的基础上扩大规模、壮大实力的潜在能力。在分析企业发展能力时,主要考查以下指标。

一、销售(营业)增长率

销售(营业)增长率是指企业本年销售(营业)收入增长额同上年销售(营业)收入总额的比率。这里,企业销售(营业)收入是指企业的主营业务收入。销售(营业)增长率表示与上年相比,企业销售(营业)收入的增减变化情况,是评价企业成长状况和发展能力的重要指标。其计算公式为

$$销售增长率 = 本年销售增长额 \div 上年销售总额$$
$$= (本年销售额 - 上年销售额) \div 上年销售总额$$

【例 9-17】 根据表 9-4 的资料,计算鸿星公司 2021 年度的销售增长率。

解:
$$销售增长率 = \frac{15\,000 - 14\,250}{14\,250} \times 100\% = 5.26\%$$

该指标是衡量企业经营状况和市场占有能力、预测企业经营业务拓展趋势的重要标志,也是企业扩张增量和存量资本的重要前提。不断增加的销售(营业)收入是企业生存的基础和发展的条件,世界 500 强就主要以销售收入的多少进行排序。该指标若大于零,表示企业本年的销售(营业)收入有所增长。该指标值越高,表明增长速度越快,企业市场前景越好;若该指标小于零,则说明企业产品不适销对路、质次价高,或是在售后服务等方面存在问题,产品销售不出去,市场份额萎缩。该指标在实际操作时应结合企业历年的销售(营业)水平、企业市场占有情况、行业未来发展及其他影响企业发展的潜在因素进行前瞻性预测,或者结合企业前三年的销售(营业)收入增长率做出趋势性分析判断。

二、总资产增长率

总资产增长率是企业本年总资产增长额同年初资产总额的比率。它可以衡量企业本期资产规模的增长情况,评价企业经营规模总量上的扩张程度。其计算公式为

$$总资产增长率 = \frac{本年总资产增长额}{年初资产总额} \times 100\%$$

本年总资产增长额＝年末资产总额－年初资产总额

【例 9-18】 根据表 9-3 的资料,计算鸿星公司 2021 年度的总资产增长率。

解： $$总资产增长率 = \frac{10\,000 - 8\,400}{8\,400} \times 100\% = 19.05\%$$

该指标从企业资产总量扩张方面衡量企业的发展能力,表明企业规模增长水平对企业发展后劲的影响。该指标越高,表明企业一个经营周期内资产经营规模扩张的速度越快。但实际操作时,应注意资产规模扩张的质与量的关系,以及企业的后续发展能力,避免资产的盲目扩张。

三、三年利润平均增长率

三年利润平均增长率表明企业连续三年的利润增长情况,体现企业的发展潜力。其计算公式为

$$三年利润平均增长率 = \left(\sqrt[3]{\frac{年末利润总额}{三年前年末利润总额}} - 1\right) \times 100\%$$

三年前年末利润总额是指企业三年前的利润总额数。假如评价企业 2022 年的效绩状况,则三年前年末利润总额是指 2019 年利润总额年末数。

【例 9-19】 假如 A 企业在 2018—2021 年间各年度实现的利润分别为 100 万元、150 万元、250 万元、400 万元,即四年实现利润总额为 900 万元;B 企业在 2018—2021 年间各年度实现的利润分别为 50 万元、－100 万元、－200 万元、200 万元,即四年累计亏损总额 50 万元。从上例可以看出,A 企业利润逐年稳步增长,有较好的发展能力,而 B 企业实现利润不均衡,年度间经营状况有较大起伏。对企业未来发展能力的判断,还要具体分析其各年度实现利润或亏损的具体原因,两企业的综合发展能力状况有着显著的区别。但依据新企业效绩评价指标,A、B 两企业 2019—2021 年三年利润平均增长率指标相同,均为 58.74%。由此可见,新效绩评价指标体系中,将三年利润平均增长率作为评价企业发展能力状况的修正指标是有缺陷的。

利润是企业积累和发展的基础,该指标越高,表明企业积累越多,可持续发展能力越强,发展的潜力越大。利用三年利润平均增长率指标能够反映企业的利润增长趋势和效益稳定程度,较好地体现企业的发展状况和发展能力,避免因少数年份利润不正常增长而对企业发展潜力的错误判断。

四、三年资本平均增长率

三年资本平均增长率表示企业资本连续三年的积累情况,体现企业的发展水平和发展趋势。其计算公式为

$$三年资本平均增长率 = \left(\sqrt[3]{\frac{年末所有者权益总额}{三年前年末所有者权益总额}} - 1\right) \times 100\%$$

三年前年末所有者权益总额是指企业三年前的所有者权益年末数。假如评价 2022 年企业效绩状况,三年前所有者权益年末数是指 2019 年年末数。

由于一般增长率指标在分析时具有"滞后"性,仅反映当期情况。利用该指标能够反映

企业资本保增值的历史发展状况,以及企业稳步发展的趋势。该指标越高,表明企业所有者权益得到的保障程度越大,企业可以长期使用的资金越充足,抗风险和保持连续发展的能力越强。

需要强调的是,上述四类指标不是相互独立的,它们相辅相成,有一定的内在联系。企业周转能力好,获利能力就较强,可以提高企业的偿债能力和发展能力。

第六节 财务综合分析

所谓财务综合分析,就是将企业营运能力、偿债能力和盈利能力等方面的分析纳入一个有机的分析系统中,全面地对企业财务状况、经营状况进行解剖和分析,从而对企业经济效益做出较为准确的评价与判断。

一、财务综合分析的特点

一个健全、有效的财务综合指标体系必须具有以下特点。

(1)评价指标要全面。设置的评价指标要尽可能涵盖偿债能力、营运能力和盈利能力等各方面的考核要求。

(2)主辅指标功能要匹配。在分析中要做到:明确企业分析指标的主辅地位;能从不同侧面、不同层次反映企业财务状况,揭示企业经营业绩。

(3)满足各方面经济需求。设置的指标评价体系既要能满足企业内部管理者决策的需要,也要能满足外部投资者和政府管理机构决策及实施宏观调控的要求。

二、财务综合分析的方法

财务综合分析的方法主要有两种:杜邦财务分析体系法和沃尔比重评分法。

(一)杜邦财务分析体系法

这种分析方法首先由美国杜邦公司的经理创立并首先在杜邦公司成功运用,称为杜邦系统(the Du Pont system)。

杜邦财务分析体系法是一种用于评价公司盈利能力和股东权益回报水平,从财务角度评价企业绩效的经典方法。这种分析方法利用几种主要的财务比率之间的关系来综合地分析企业的财务状况。其基本思想是将企业净资产收益率逐级分解为多项财务比率的乘积,这样有助于深入分析比较企业经营业绩。

杜邦财务分析体系各主要指标之间的关系如下:

净资产收益率=主营业务净利率×总资产周转率×权益乘数

主营业务净利率=净利润÷主营业务收入净额

总资产周转率=主营业务收入净额÷平均资产总额

权益乘数=资产总额÷所有者权益总额=1÷(1-资产负债率)

杜邦财务分析体系如图9-1所示。

杜邦财务分析体系最显著的特点是将若干个用以评价企业经营效率和财务状况的比率按其内在联系有机地结合起来,形成一个完整的指标体系,并最终通过权益收益率来综合反

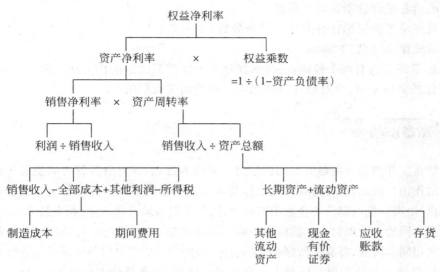

图 9-1 杜邦财务分析体系

映。采用这一方法,可使财务比率分析的层次更清晰、条理更突出,为报表分析者全面、仔细地了解企业的经营和盈利状况提供方便。

杜邦财务分析体系法的基本思路如下。

(1) 净资产收益率是一个综合性最强的财务分析指标,是杜邦分析系统的核心。

(2) 资产净利率是影响权益净利率的最重要的指标,具有很强的综合性,而资产净利率又取决于销售净利率和总资产周转率的高低。总资产周转率反映总资产的周转速度。对资产周转率的分析需要对影响资产周转的各因素进行分析,以判明影响公司资产周转的主要问题在哪里。销售净利率反映销售收入的收益水平。扩大销售收入、降低成本费用是提高企业销售利润率的根本途径,而扩大销售同时也是提高资产周转率的必要条件和途径。

(3) 权益乘数表示企业的负债程度,反映公司利用财务杠杆进行经营活动的程度。资产负债率高,权益乘数就大,这说明公司负债程度高,公司会有较多的杠杆利益,但风险也高;反之,资产负债率低,权益乘数就小,这说明公司负债程度低,公司会有较少的杠杆利益,但相应所承担的风险也低。

杜邦财务分析体系法有助于企业管理层更加清晰地看到净资产收益率的决定因素,以及销售净利润率与总资产周转率、债务比率之间的相互关联关系,给管理层提供一张明晰的考查公司资产管理效率和是否最大化股东投资回报的路线图。

(二) 沃尔比重评分法

亚历山大·沃尔在 20 世纪初出版的《信用晴雨表研究》和《财务报表比率分析》中提出了信用能力指数的概念,他选择了 7 个财务比率即流动比率、产权比率、固定资产比率、存货周转率、应收账款周转率、固定资产周转率和自有资金周转率,分别给定各指标的比重,然后确定标准比率(以行业平均数为基础),将实际比率与标准比率相比,得出相对比率,将此相对比率与各指标比重相乘,得出总评分。

沃尔比重评分法的基本步骤如下。

(1) 选择评价指标并分配指标权重。

（2）确定各项评价指标的标准值。

（3）对各项评价指标计分并计算综合分数。

（4）形成评价结果。

沃尔比重评分法有两个缺陷：一是选择这 7 个比率及给定的比重缺乏说服力；二是如果某一个指标严重异常时，会对总评分产生不合逻辑的重大影响。

财务管理工作要达成的最终目的就是财务管理的目标，其对财务管理的发展方向能够起到关键性的作用。因此，所有财务管理工作都应当在具体的整体目标基础上开展。通常情况下，整体目标由高到低可以分为企业价值最大化、股东财富最大化、每股利润最大化、利润最大化等。针对不同的企业理财目标就应当采取不同的措施，各项措施执行的深入及最终的理财效果也不尽相同。因此，要真正做好企业的财务管理工作，应当对财务管理目标进行明确。

同学们要结合财务管理目标对人生目标进行设计，财务管理工作离不开目标，人生更离不开目标，人没有目标就没有努力的方向，不同的人生目标会产生不同的努力程度。唯利是图的人生是黑暗的，人生有目标才能明朗，同学们要树立远大的理想，制定人生各个阶段的奋斗目标，并为实现目标而坚持不懈地付出努力。

巴菲特成功的股票投资经历作为传奇被人们津津乐道。在造就这种成功的诸多原因中，巴菲特对上市公司股票理智、专业的财务分析功不可没。

大学期间，在所有课程中，巴菲特最重视的是财务会计。巴菲特认为必须懂会计，而且必须要懂会计的微妙之处。会计是商业的语言，尽管是一种并不完美的语言。除非你愿意投入时间、精力学习掌握财务会计、学会如何阅读和分析财务报告，否则，你就无法真正独立地选择股票。而且，巴菲特读大学时最喜欢看的也是公司年度财务报告。他对伙伴说："我阅读我所关注的公司的年度财务报告，同时我也阅读它们竞争对手的年度财务报告，这些是我最主要的阅读材料。"正是依靠这些财务分析的专业知识，巴菲特从 19 岁开始便走上了他的股票投资之道。

请思考财务报表分析对投资者和财务经理的重要性。

一、单项选择题

1. 在下列财务分析主体中，必须对企业营运能力、偿债能力、盈利能力和发展能力的全部信息予以详尽了解和掌握的是（　　）。

  A. 短期投资者　　　　B. 企业债权人　　　　C. 企业经营决策者　　　　D. 政府

2. 企业所有者作为投资人，关心其资本的保值和增值状况，因此较为重视企业的（　　）。

  A. 偿债能力　　　　B. 营运能力　　　　C. 盈利能力　　　　D. 发展能力

3. 下列比率指标的不同类型中,流动比率属于( )。
　　A. 构成比率　　　　B. 动态比率　　　C. 相关比率　　　　D. 效率比率
4. 下列各项中不属于速动资产的是( )。
　　A. 现金　　　　　　　　　　　　　B. 产成品
　　C. 应收账款　　　　　　　　　　　D. 交易性金融资产

二、多项选择题

1. 下列分析方法中,属于财务综合分析方法的有( )。
　　A. 趋势分析法　　　　　　　　　　B. 杜邦财务分析体系法
　　C. 沃尔比重评分法　　　　　　　　D. 因素分析法
2. 下列属于评价企业盈利能力的基本指标的有( )。
　　A. 销售利润率　　　　　　　　　　B. 成本费用利润率
　　C. 总资产报酬率　　　　　　　　　D. 股东权益报酬率

三、判断题

1. 若资产增加幅度低于营业收入增长幅度,则会引起资产周转率增大,表明企业的营运能力有所提高。　　　　　　　　　　　　　　　　　　　　　　　　　( )
2. 市盈率是反映股票投资价值的重要指标,该指标数值越大,表明投资者越看好该股票的投资预期。　　　　　　　　　　　　　　　　　　　　　　　　　　( )

四、简答题

1. 简述财务分析的意义。
2. 简述财务分析的内容。

参 考 文 献

[1] 王化成,刘俊彦,荆新.财务管理学[M].9版.北京:中国人民大学出版社,2021.
[2] 财政部会计资格评价中心.中级财务管理[M].北京:经济科学出版社,2020.
[3] 中国注册会计师协会.财务成本管理[M].北京:中国财政经济出版社,2021.
[4] 陆正飞.财务报告与分析[M].3版.北京:北京大学出版社,2020.
[5] 李昕,孙艳萍.财务报表分析[M].大连:东北财经大学出版社,2019.
[6] 李忠宝,肖峰.财务管理概论[M].5版.大连:东北财经大学出版社,2019.
[7] 曹军.财务报表分析[M].4版.北京:高等教育出版社,2021.
[8] 李迪,赵靖.财务管理[M].北京:科学出版社,2021.
[9] 劳伦斯·J.吉特曼.财务管理原理[M].杨子江,等译.11版.北京:中国人民大学出版社,2009.
[10] 孙丽,毛晶莹.财务管理[M].北京:经济管理出版社,2009.